写在中小学教育的边缘

钱理群 著

中国出版集团　东方出版中心

图书在版编目（CIP）数据

写在中小学教育的边缘 / 钱理群著. −上海：东
方出版中心，2020.9
  ISBN 978-7-5473-1463-0

  Ⅰ. ①写… Ⅱ. ①钱… Ⅲ. ①中小学教育－教育改革
－研究－中国 Ⅳ. ①G639.21

  中国版本图书馆CIP数据核字（2019）第080758号

写在中小学教育的边缘

著　　者　钱理群
策 划 人　郑纳新
责任编辑　张芝佳
封面设计　陈绿竞

出版发行　东方出版中心
地　　址　上海市仙霞路345号
邮政编码　200336
电　　话　021-62417400
印 刷 者　山东韵杰文化科技有限公司

开　　本　710mm×1000mm　1/16
印　　张　22.5
字　　数　253千字
版　　次　2020年9月第1版
印　　次　2020年9月第1次印刷
定　　价　58.00元

目　录

我和中小学教育（代序）

无意的介入：从服务开始

2014年我出版了《中学语文教材中的鲁迅作品解读》一书，赠送给了近一百位中学语文教师，并写了这样的题词："这是我最后的服务。在做完了可能做的一切以后，我将祝福送给仍然坚守在岗位上的朋友们。"这正是我为自己介入中小学语文教学的一个定位：为第一线语文老师提供服务，具体地说，就是提供两个东西：一是教育理念，一是专业文本解读的思路与方法，以达到学术研究与基础教育的交流与对话。

而这样的服务，是从20年前开始的。我当时在上海《语文学习》杂志上开辟了一个"名作重读"专栏，而专栏的设立，则有很大的偶然因素，可以说是"无意的介入"。当时《语文学习》有一位编辑是我的小朋友，他向我约稿，并寄来了一部分当时课文里的鲁迅作品的阅读参考资料。我看了大吃一惊。一是教参的观念过于陈旧，几乎是原封不动保留了极左思潮下"对鲁迅神化、曲解，简单、庸俗化的理解"。一是"分析得过于绝对，仿佛对作品（课文）只能有一种理解，一种阐释；教学就是要追求唯一正确的定论"。我发现了这些问题，首先想到的是作为研究者的自己的责任："我们不仅应该注重学术水平的提高，同时也应该注重学术成果的普及，而中小学语文教学正是文学普及教育的最重要的阵地。这两个阵地上的工作者——学者与中小学教师彼此应该互相合作,而前者应该负更大责任。"我还想到,"同时兼负普及与提高,学者与教师的重责,本是新文学的一个传统",朱自清先生去世前所做的最后一项工作,就是为中学语文课本作注释,写阅读提示(《"名作重读"与我》,见《名作重读》,上海教育出版社1996年版)。听说朱自清先生的学生王瑶先生也奉老师之命,作过部分注释工作,那也算是有了一个传统了。因此,我的"名作重读"的写作,就是出于对新文学这一传统的继承自觉,也可以说是自有师承的,追求的是学术提高与普及的统一,学术界与教育界,大学里的学者与中小学教师的沟通,并没有直接介入中小学教育的意思。

在这一时期,我还写过一篇《也说"语文与人生"》,是应中文系的一位同事所约,为他的朋友主编的教育杂志写的命题作文。为了切题,就谈到了自己曾担任过18年中专教学工作的"语文教师出身",而且特地说及当年(20世纪60年代)就感觉到的语文课程的双重性——人文性与工具性——所带来的困惑:"最初因为没有经验,就按照大学老师上文学课的办法,着重于文学的教育,在课堂上常作自由发挥,自己讲得起劲,学生也听得有味。但老教师一听课,就说我上的不是语文课,弄得我十分沮丧。后来,语文教学界提出'抓基本功训练',着重于字、词、句、篇章结构的讲授,并逐渐形成一套操作程序,如先扫除文字障碍,再分段,概括段落大意,总结中心思想,最后分析写作特点,等等。既然有了可遵循的规范,我也就学会'把语文课上成语文课'(这也是当时流行的口号)了。后来在师范学校教书,带学生实习,又把这一套教给那些未来的中小学语文教师。应该说这一套也还管用,也有一定的效果。但用着用着就感到不知什么地方出了问题,好像缺了一点神儿。本来很生动活泼的课程,越变越枯燥,老师教得乏味,学生学得也没劲。我又开始苦恼了。这回没有来得及想清楚，就因为一个偶然的机会，脱离了中学语文界，说实在的我当时是大大地松了一口气，有一种从某种束缚中解放出来的感觉——教了18年的语文，最后告别时，竟会有这样的感觉，现在想起来，真有些可悲。"

但我万万没有想到，说完这话三年之后，"告别"中学语文界的我，竟又"回来"了。

既被动又主动地参与
"中学语文教育大讨论"

今天人们回顾语文教育改革，大概都会提到1997—1998年"中学语文教育大讨论"。起端是1997年11月《北京文学》刊登了王丽《中学语文教学手记》等文章，对现行中学语文教育提出尖锐的批评，引起社会广泛关注，展开了一场大讨论，涉及语文教育观念、教材、教法、考试制度等多方面的问题。讨论受到了教育部门的重视，加快了酝酿中的基础教育改革的步伐。我在这次讨论中，仅接受了两次采访，写了一篇文章，"以后不同的人，出于不同的动机想夸大我在这次讨论中的影响，我自己却总有些莫名其妙"（《〈语文教育门外谈〉后记》，见《语文教育门外谈》，广西师范大学出版社2003年版）。

事情是由王丽对我的一次专访引起的，王丽则是因为读了我的《名作重读》而引发采访兴趣的：这么说，都是《名作重读》"惹的祸"。采访记录后来以《重新确立教育的终极目标》为题，发表在《北京文学》1998年第7期上，应该是为这次讨论助威吧。但我的回应却是十分认真的，是深思熟虑的结果。我谈了两点意见。一是强调我现在的悲观，"就在于教育。别的东西可以弥补，但人耽搁了，没法弥补"。二是明确提出，教育改革所要解决的就是教育的基本价值问题，"首先要追问，追问到教育的原点上，追问到教育的前提性问题上:我们办教育是干什么的? 大学是干什么的? 中学是干什么的? 小学是干什么的? 如果这些问题不解决,其他枝节问题就没法讲清楚"。也就在这次访谈里,我亮出了自己的教育价值观:教育就是为了"立人";而中小学教育的基本任务,就是为人的一生发展打好"底子",一是"精神的底子",二是"学习的底子"。语文教育的任务,也有两点:一是提供学生的"个体的精神自由"的空间,培养、发挥"个人的创造力与想象力",二是"培养学生对语言的敏感、欣赏语言的美的能力和对语言的驾驭能力"。从一开始就提出的"立人说"和"底子说",贯穿了我以后所有关于中小学教育和语文教育改革的言说;而且我的这"两说",在许多中小学教师那里得到了认同,产生了一定影响。

可以注意到,我的问题意识是针对整个中国教育的,不仅是中小学教育,也包括大学教育。访谈中不断提及蔡元培的教育思想和他为中国教育制定的全面的教育目标。而这正是1997—1998年间,我集中思考的问题。在《我与北大》一文里,曾谈到当时我正酝酿着要走出象牙塔,参与社会变革;而如上所说,在我看来,根本问题是教育问题。因此,从教育改革实践开始,就成为我的人生、学术的一个重大选择。落实下来,就是通过北大百周年的民间纪念,推动北大的教育改革;通过参加语文教育的大讨论,参与中小学语文教育改革。从这个意义上说,接受王丽等的采访,又是我所自愿的。

接着,我在《中国青年报》上,又发表了《往那里去?!》一文。这是专门讨论高考问题的,这也是人们普遍关注的、最敏感的问题。而我的讨论一开始就说明,所要质疑的,"不是考试本身,而是考试所要引导的方向","要追问考题的背后,所暗含的课程标准、培养目标"。为此,我分析了考题的两大特点,一是着重要求考生思维的正确、明确与准确,并进行机械而刻板的理解,"实际是按照'非此即彼’的思维模式去要求考生”；二是“把考生的思维与写作纳入早已预设好的、符合社会公共意志与规范的，几乎没有个人意志、想象、创造空间的模式之中，并且是强制性的”。我所在意的，是这样的标准化的试题背后的人才标准，并且有如下分析与阐释：这将是这样的人才，“他们有很强的能力，能够正确无误、准确无偏差地理解他者（在学校里是老师、校长，在考试中是考官，以后在社会上是老板、领导）的意图和要求；自觉地压抑自己不同于他者要求的一切想法，然后正确、准确、周密地，甚至是机械、死板地贯彻执行，所谓‘一切照章（规定，社会规范）办事’，做到恰当而有效率，并且能够以明确、准确、逻辑性很强而又简洁的语言文字，作出总结，并及时向他者汇报。这样的人才正是循规蹈矩的、标准化、规范化的官员、技术人员与职员。他们能够提供现代国家与公司所要求的效率，其优越性是明显的，但其局限也同样明显：缺乏创造力、情感力与想象力，不过是能干的与有用的工具”。我进一步分析说：“我们所面对的，正是现代教育的一个悖论：一方面，它确实需要培养有能力、有效率的专门科学技术人才（包括技术官员），但它同时又存在着使人工具化的陷阱与危险”。这正是我观察、思考教育问题的核心：究竟要培养什么样的人才？从这里开始对“能干、有用的工具”的担忧，到晚年对“精致的、高智商的利己主义者”的警戒，是有一条内在的贯穿线索的。

　　后来一些年轻朋友将讨论中的最尖锐、激进的文章，汇集成《审视中学语文教育》一书，编者之一对我进行了一次访谈，并将其作为书的“代序”，收入我的《语文教育门外谈》时，题为《语文教育的弊端及其背后的教育理念》。这是专门谈语文教育问题的。我再一次明确提出语文教育的“双重性”：“既是人文教育，又要对学生进行语言文字能力的训练”，并进一步提出“中学语文教育的目标，是培养话语方式，即怎样说话，怎样写作”，而“对人的培养和对写作的训练是统一的，培养一个人怎样写作，在一定意义上，就是培养一个人怎样做人"。我据此对语文教育的问题提出了尖锐的批评:"目前我们的写作教育就是在培养学生写各种各样的八股,包括土八股、洋八股……土八股的特点是模仿和服从;洋八股的特点是颠倒黑白、混淆是非,形式上非常华丽,其实是写假、大、空的文章,危害性更大。"

在访谈里,我特意谈到,"我对整个中国教育改革的期待是,改革要早,步子要慢,也就是态度要积极,行动要谨慎","语文教育的问题确实很严重,我们是要积极地呼吁这方面的改革,但在具体操作上是一定要谨慎的","改革是好事,改得不对也许更加糟糕"。后来在《一个理想主义者对中学语文教育改革的期待与忧虑》(见《语文教育门外谈》)一文里,我谈了两个理由。一是中小学语文教育改革"是涉及千家万户、子孙后代的大事,搞不好影响极大,而且不容易挽回",因此必须慎之又慎。二是要看到今天进行教育改革,存在某些"先天性的弱点"。在当前情况下进行教育改革,就"必须看到现有格局下改革的限度,对这一点要有清醒的估计"。其次,我又提醒说,"教育改革必须在科学民主的基础上进行",而"某种程度上可以说,我们是仓促上阵的,改革的理论准备不足,教育科学研究始终是一个薄弱环节。这构成了教育改革能否健康、持续发展的另一个重要的制约因素"。不难看出,我在一开始介入中学语文教育改革时,就有一个清醒的认识。如我的文章标题所示,我是既有"期待"又充满"忧虑"的。因此,我所坚持的态度,既是理想主义的——在我看来,教育本身就是理想主义的事业,教育改革就更需要以理想主义为动力,但同时又是低调的,是"知难而上"。

在具体的语文教育观念上,我也是既追求创新,又保守的。一方面,认为语文教育"目前最主要的弊端是太忽略人文教育的作用",因此,无论讲话,还是写文章,都着重批评知识化倾向,强调要打好学生"精神的底子";但也不时提醒"不能因此否认中小学教育的技术性内容","汉字难学和两套语言(文言与白话)的特点决定了中小学语文教育相当重要的一个任务是要让学生掌握中国语言，我担心我们忽略了这一点，也会走到另一个极端"（《语文教育的弊端及其背后的教育理念》）。因此，在整个讨论中，我并不认同把人文教育推到极端的，以文学教育等同于语文教育的激进观念，而始终坚持语文教育的双重性，即人文性与工具性的矛盾统一。

或许正是这样的态度，使教育行政部门注意到我，由教育部基础教育司出面，聘任我担任新成立的"九年制义务教育语文课程改革"工作小组的顾问。小组的任务是，负责起草新的课程标准、教学大纲，同时准备对现行教材进行改革。我开始是拒绝的，理由也很简单：教育是科学，教育改革更要建立在科学研究的基础上；我只是关心语文教育，并没有专门的研究。在门外发发议论，摇旗呐喊，是可以的，真要登堂入室，做专业性极强的制定大纲、编写教材的工作，就不行了。但基础教育司领导态度坚决而诚恳，一再登门说服。最后还是他们说的一句话打动了我："现在要进行教育改革，中小学教育界内部阻力很大，正需要门外人参与，借助大学的教育力量来推动。"我觉得他们说的是实话，问题恐怕真的是这样。现在回过头去想，我当时还是对"中小学教育界内部阻力"估计不足。当时最终同意参加，也有我自己的考虑，即意识到教育主要是一个国家行为，教育改革也必须以国家自上而下的领导、发动为主，如果能够在制定教学大纲、编写教材方面起一点作用，自然是有利于我的教育理想的实现的。当然，"更为根本的驱动，则来自内心，在自己历经沧桑、步入老年时，又处于世纪之末，我越来越感觉到，或许为正在成长中的孩子们做点事，才是更为实在而又有意义的"（《以"立人"为中心》，见《语文教育门外谈》）。这样，我就决心要把晚年相当的精力投入到中小学语文教育改革，当作一个新开辟的事业来做，哪怕因此多少影响我的专业研究，也在所不惜。

同时，我也力图在新文学传统里，找到参与中小学教育改革的依据。后来我还专门写了一篇学术论文《五四新文化运动与中小学国文教育改革》(见《语文教育门外谈》)。文章指出,胡适等人在发动五四文学革命时,"所采取的策略是:在理论的新倡导之后,着力于新文学实绩的创造;再将新文学作品作为'国语文'的典范选入中小学课本,使其在一代代的年轻国民中普及,从而真正形成全民族的共同'国语'"。这样,中小学国文教育的改革,就成为五四文学革命的有机组成部分;结果,1920年,北洋政府教育部发出通告,宣布废止用文言文编的教科书,全国中小学逐步采用经审定的语体文教科书,这不仅是中小学国文教育改革的决定性步骤,而且是五四文学革命最具有实质性与决定意义的成果。这样的文学变革与语文教育改革的相辅相成,就成为一个新的传统。文学变革的先驱同时参与语文教育理论的创造,像胡适的《中学国文的教授》,周作人的《儿童的文学》成为语文教育理论的经典之作,都不是偶然的。这样,我今天对中小学语文教育改革的参与,就真的成为我一直追求的"接着五四往下讲,往下做了",就有了一种历史感,心里也踏实多了。

但我仍然不能排除内心的紧张,甚至有一种忐忑不安、如履薄冰之感:实在是因为责任太重大了,生怕自己认识上的不足与闪失,给年轻一代的成长造成负面的影响。我决定先补课,对语文教育的历史、现状与理论进行一番梳理,并力图建立自己的语文教育观。于是,就集中了一段时间,把我能找到的有关著作、文章,都收集来仔细阅读,还对世界各国的课程标准作了一番研究,写了一堆"随想",最后整理成了一篇长文《以"立人"为中心——关于九年制义务教育的语文课程改革的一些思考》(收《语文教育门外谈》)。文章主要谈了四个问题。

第一,赞成跳出"工具说"与"人文说"的争论,"回归到人与语文的关系来思考,回到语文教学对人的成长和发展的作用中来思考",提倡"以'立人'为中心的语文教育",重申我的"打底子"的概念:"打好终身学习的底子与终身精神发展的底子,以保证每一个人的一生可持续发展。这应该是九年制义务教育中的语文基础教育的出发点与归宿"。

第二,建立以"语文能力训练"为中心的"知识传授,能力培育,习惯养成"三大语文教学结构。强调"语文课程的听、说、读、写的能力培养,绝不是一个单纯的技能训练,它实质上是对人的智力、潜能的全面开发,是人的精神素质、境界的全面提高",因此,中小学语文教育的打精神与学习底子的两大功能,"都应该在,也可以在听、说、读、写基本能力的培育中得到落实"。

第三,提出"我们所进行的是一种母语教育,必须充分注意作为母语的汉语文特点,并以此为出发点,来建立起我们民族的语文教育体系"。这又包括了:"让青少年、儿童认识和热爱祖国语言,培养民族自尊心、自信心、自豪感";"应该有不同于外语教学的自己的特点,从汉语的表意性、韵律感、重感悟等特点出发,建立新的教学模式,从传统的汉语文教育中吸取有益资源";"正视汉字难学的事实,加强字、词、句的训练"等方面的内容与要求。

第四,强调教育的"自主性原则、个性化原则和教学相长原则"。在我看来,"中小学教育改革,是一次教育的解放:不仅是解放千百万中小学生,连同他们的家长,而且也同时解放我们的语文老师与教育工作者,使整个教育从以应试教育为中心的体制、观念中解放出来,让教师与学生真正成为教育的主人,恢复其应有的自主权"。因此,在"让学生成为语文学习的实践主体"的同时,也"不可回避教师在教学中的主导作用",尊重和鼓励教师个性化的教学,最终达到学生与教师在教学过程中的生命共同成长。

以上四个方面,构成了我的语文教育观的基本内容,也是我在参与中学语文教育改革时一以贯之的指导思想。可以看出,它是有极强的现实针对性的,同时也是理想主义的。一运用于语文教育改革的实践,就遇到了许多意想不到的麻烦。

我的坚守之一：编写《新语文读本》等课外读物，推动民间教育

尽管遭到很多质疑和批评,但事关原则,我还是决定留下来。当然,更为内在的原因,还是我对孩子的爱。我知道自己的力量有限,但总希望因为我的努力,孩子的童年、少年能多一些温暖,我后来热心编选语文读本,就是出于这样的动因。

既然决定不走,那么,到哪里去寻求发展空间呢? 教育改革是一个从上而下的政府行为,具有强制性、外在性,似乎与校长、教师、学生自身的生命发展关系不大。这样,教育改革,甚至教育本身的内在动力与内在尺度的匮缺,就成了中小学教育改革的不足。这就需要民间教育来进行补充。民间教育的优势,恰恰在于它是一个教育理想主义者的自愿聚合,参与者都是出于内在生命的需要。而它的相对独立性,决定了它多少可以摆脱体制的限制,以更加解放的思想,更加开阔的视野,更为自由的心态,去进行多样的教育实验。从根本上说,教育关系每一个家庭与个人,它应该是全民的事业,民间参与,是每一个公民的权利与义务。我们的理想是:形成自上而下的改革与自下而上的改革的良性互动,创建一个比较健康的教育生态。

参与这样的民间教育,就意味着我的自我角色的一个调整。我说过,在初期参与教育改革时,我主要是"站在思想者的立场,发表批判性与建设性的意见";现在,我就需要"做一些实践性的工作"。而思想者与实践者是有各自不同的逻辑的:思想者要求思想的彻底,并具有一定的超前性,因而带有更多的理想主义色彩,不考虑具

体的操作；实践者面对的是教育的现状，更要考虑在现实的主客观条件下，改革的可能性与有限性，因而奉行"逐步推进"的改良策略，其中也包括必要的妥协。在我看来，对于教育改革，思想者与实践者都是不可或缺的：没有思想者所提供的大视野、新理念及其锐利的批判形成的巨大冲击力，改革或许根本没有可能进行，或者只能在既有框架内打转；没有实践者对思想者理想的调整和具有可行性的操作与试验，也会因为理想与实际脱节、过于超前而造成灾难性的后果。现在，我要做的，就是"将思想者与实践者的不同逻辑统一起来，作为自己介入中学教育改革的指导思想与行为准则"（《我与清华大学的"网络评价"试验》，见《语文教育门外谈》）。

从哪里入手？我和朋友们的选择，是从编写《新语文读本》开始。我请中学语文教育专家、浙江师范大学王尚文教授和我共同主持编写工作，并组成了一个编委会，其中有语文教育专家（商友敬、赵志伟），中学语文老师（王栋生、黄玉峰），学者（张中、吴福辉、朱珩青等），青年作者等。而且说干就干，于1999年9月开始启动，经过种种曲折，初中卷与高中卷于2001年由广西教育出版社出版。小学卷由王尚文先生出任主编。2002年编选《新语文作文》，我也只是顾问。以后恢复了我《新语文读本》主编的署名。2006年8月，在我的主持下，对《新语文读本》作了一次修订，并编辑出版了《〈新语文读本〉：一段历史，一段故事》一书，汇集了相关资料，算是一段历史的总结，同时又宣布，这是一个"未完成的过程"：民间语文教育试验还要继续下去。

《新语文读本》编写一开始，我们就定下了四条原则：坚持理想主义；立足于建设，从一件件具体琐碎的事做起；坚持民间立场；把每一个项目都当作学术工作来做。

坚持理想主义，不仅表现在编写工作是"理想主义者的聚合"，也体现为我们的教育理念。我们坚持教育，特别是学校教育的理想性,它不同于以影视、网络为中心的大众文化、社会语文教育,必须坚持"经典阅读"与"基本写作训练",因此,我们提出的口号是:"用我们民族与全人类最美好的精神食品来滋养我们的孩子"(《〈新语文读本〉编者的话》,见《语文教育门外谈》)。我们提出,"中国传统经典、中国现代经典与外国经典,在《新语文读本》的选文结构中,大体保持各占三分之一的比例,在中国经典的选目中,要注意少数民族的经典,外国经典的选择,更是要注意选择多民族、多国家、多地区的经典文章,特别要注意东方国家、拉丁美洲、非洲等往往被忽视的国家的经典";同时强调,"要有一个'文化'的观念,不仅选文学经典,还要选具有丰富历史、哲学、科学、宗教等内涵的,文字又是一流的,特别是由这些领域的杰出学者所撰写的经典文章",这就可以"使年轻一代从生命与学习的起点上,就站在巨人的肩上,占据了精神的制高点",而"经典的阅读,又是激发学生学习语言的兴趣,使语文教学真正介入学生生命活动的关键与基本手段"(《关于〈新语文读本〉编选的一些设想》,见《语文教育门外谈》)。

我们的预设读者和目标,也强调要有一定的高度:不同于面对全体学生的教科书,它的目标是"既能满足一些希望进一步学习的学生的欲求,对中等程度的学生也自会有吸引力"。我们认为,"教育必须注意学生的可接受性,同时也要有一定的超前性,为学生设置一定的难度,使学生在克服困难中成长。而一旦战胜困难,就会使每一个学生的语言感悟力与精神境界提到一个前所未有的高度"。

作为学者,我更是把《新语文读本》的编写"当作学术工作来做"。因此,我用很大精力,提升读本的学术性,提出了两个基本理念和目标。

我们首先提出,"通过立言以立人,是中学语文教育的基本目的与任务",并这样为《新语文读本》定位:"既是语文读本,也是精神读本。"这就贯穿了一个"基本启蒙"的理念。它包含了三个方面的意义。

其一，是基本观念的启蒙。《新语文读本》以精神命题组成单元，并提出一系列精神命题，使人类文明和民族传统的基本价值理念与理想，在孩子的心上扎根：强调自由、民主、平等的观念，提倡独立思考和怀疑精神；强调对真、善、美的追求，提倡人与人、人与自然关系的和谐，提倡人道、博爱精神；强调和培育与自己脚下的土地、土地上的文化、普通民众的血肉联系，提倡对底层社会的关怀，对生命的敬畏与关爱。

其二，是对青少年内在精神素养的培育。因此，"自觉地将开发学生的感官，进行审美力的培育作为编写《新语文读本》的一个贯穿性线索"。同时还提出了"基本想象"的概念，强调"作为民族和人类精神积淀下来的基本想象的传递"和"学生自身的基本想象——对物质、生命基本元素（例如水、火、土……）的基本想象，对基本图形的想象，对时空的想象等的开发"。在引导学生发挥想象，诱发他们对未知的远方世界的好奇心的同时，注意引导学生感受身边日常生活的美，培育他们的生活情趣。

其三，也是中小学语文教育的基本启蒙任务，就是言说方式、阅读方式的改变，培养全新的话语方式，文明的言说习惯。

"基本启蒙"之外，我们的第二个学术目标是做"中学语文教育学"的自觉实验。如前所述，教育改革的一个基本弱点，就是理论准备不足；我之所以把《新语文读本》定位为"课外读物"，而不是教材，就是看清楚这先天不足，而采取谨慎的态度。但也并不放弃自己的责任，而要从编写课外读物的角度，提出自己的一套理论设想与追求。简单说来，主要有两个要点。

首先是"生命语文观和语文教学观"。"在我们看来，语文不仅是交际与思维的工具，更是人的生存空间、生存条件和生存方式。语文活动就是人的一种生命运动。离开'人'，'言'无从依附；离开'言'，'人'难以自立。"人类精神文明的成果，大都积淀在语言文字中；学生正是通过"听"和"读"的语文活动，"吸取前人创造的文明结晶，使自己成为'有文化教养的人'"。同时，通过"写"和"说"，"实现和他人、社会的交流，成为'社会的人'"。因此，我们绝不能将这样的听、说、读、写的语文活动的内在文化内涵、生命内涵遮蔽了，把它变成纯知识的活动。我们同时强调，听、说、读、写能力是需要训练的，而且这样的能力训练，应该是语文课程的核心；而训练又需要以一定的知识为基础，因此，又不能走到完全忽视和否定知识的另一个极端。

我们认为，学生语文能力的提高，和他们的生命成长、生理与心理发育之间存在着密切而复杂的关系，据此提出了《新语文读本》编选的新原则："不按语文知识的逻辑顺序来编选，而是依学生生命发展阶段的特征与需要，他们学习、领悟语言的阶段特征与需要来进行编选。"(《关于〈新语文读本〉编写的一些设想》)在《新语文作文》里，我们又做了将人类学的研究成果运用于写作教育的实验，提出："学生从童年——少年——青年，以及相应的从小学——初中——高中的写作，与人类从原始——现代的写作的发展程序是有着相同或类似之处的。而我们知道，人类的原初表达有三个特点：一是口头的，二是群体性的，三是将音乐、绘画、舞蹈与文学(诗歌、戏剧)混融为一体，是游戏性的。随着人类文明的发展，才逐渐产生书面的表达，以及文学(从诗歌、戏剧开始，发展为各种文类)的独立表达，这是一个逐渐分离(书面从口头中分离，个体从群体中分离，文学从音乐、舞蹈、绘画中分离，意义从游戏中分离)而又保持千丝万缕的联系的过程。我们的中小学写作教育正是应该遵循这样的发展程序来安排，以形成一个科学的体系。"我们正是据此而提出了"儿童趣味写作，少年率性写作与青年自由写作"的"作文三阶段论"(《关于中小学写作教育的断想》，见《语文教育门外谈》)。

可以看出，我们的生命语文观和语文教育观，是有很强的理想主义色彩的，同时它是建立在多学科的理论基础上的，它涉及脑科学、生长发育学、人类学、心理学、语言学、社会学等自然科学、社会科学、人文科学的多种学科。而这正是教育改革，也包括我们自己在内的一个薄弱环节，而且至今还没有引起足够的重视。我们在编选《新语文读本》时，也只能提出这样的原则，而难以有更多的实验。

我们的教育理论的第二个要点是所谓"对话论"。我们多次说过，"对话"与"发现"是《新语文读本》的核心概念。在我们看来，"阅读活动实际上是通过与作者的对话，达到对作者和自我的双重发现，最终达到知识的传递和精神的升华，使自己的内在生命本质获得一种更高层次的新的形式"。而"我们通常所说的阅读教育，又是一种特殊的阅读活动"："其一，它是在教师的指导下进行的，这就有了教师与作者的对话，教师与学生的对话。其二，所阅读的是按一定的教育理念与体系编写的教材或读本，这就有了编者的参与，从而形成编者与作者的对话，编者与学生的对话，以至编者与教师的对话。其三，它是在一个教育集体中进行的，这就有了同学间的对话。""中学语文教育中的阅读，就包含了这样多重的复杂的对话关系"，而又是"以每一个学生个体作为主体与作者对话为中心、出发点与归宿。教师与学生的对话，编者与学生的对话，同学之间的对话，都是为学生的个体阅读营造一个良性的语言环境，提供某种条件，而不能代替学生自己的阅读。我们再三强调'学生的主体性的自由阅读'，就是这个意思"。因此，我们给《新语文读本》规定的任务是，"为生动活泼的语文教学的生命运动提供基本的语言材料，营造尽可能广阔而自由的语言环境，从而形成'读本作者——编者——教师——学生（包括学生群体）'四者之间的交流、对话关系"（《〈新语文读本〉编写手记》，见《语文教育门外谈》）。

在写作教学中，我们也强调"对话"与"发现"。在我们看来，"作文，就是对话，是与他者（他人、社会，以至自然）对话，也是自己和自己对话"。从这样的对话观出发,我们认为,在作文教学中,有不可忽视的两个环节。一方面是如何调动学生的写作积极性。孩子早就本能地和大自然、玩具"说悄悄话"了。初中学生经常萌发许多新鲜的思想,又极敏感,不时产生莫名的忧伤,因此有极强的倾诉欲望。高中学生更是有发出自己独立的声音,与社会进行对话的发表欲望。作文教学最重要的是要善于诱发、引导学生的这些内在的写作欲望,变他人(老师、家长)"要我写"为"我要写",使作文真正成为学生自我精神发展的需要,而不是外在强加的不堪承受的负担。另一方面,"作为学校教育中的写作,还应该注意对学生生命本身的开发与提升"。因此,我们主张,要把"引导学生发现周围世界以及自我内心世界",即所谓"发现大自然,发现自我,发现社会与发现大师","作为作文教学的重要内容,并贯穿小学到高中的全过程"(《关于中小学写作教学的断想》)。

我们的这些理论思考与实验,当然是有限的,并不试图一下子就建立起新的语文教育学体系,不过是希望为之贡献一砖一瓦而已。但我自己,却倾注了极大心血:不仅提供大的思路,和朋友们一起提出理论与实际编写的设计,而且自己动手撰写篇目阅读建议,通读全书,进行统稿。"特别是(2000年)6月至8月那两个月,面对外界空前的压力,我每天早晨7时起床,中午稍事休息,一直工作到深夜12时。后来统计了一下,两个月输入电脑的文字竟有20余万字。"(《我在做这些事——2000年总结》,见《生命的沉湖》,生活·读书·新知三联书店2006年版)

2001年《新语文读本》推向市场时,出乎意外地受到了老师、学生、家长的欢迎,教育界和学术界的专家也给予高度评价,一时成为新闻媒体关注的对象,并产生越来越大的影响。面对这种情况我又喜又忧:我深知市场对于我们这样的有理想主义启蒙追求的民间教育实验,是一把双刃剑。它既能使我们的读本通过商业运作成为社会的公共读物，又会对我们的理想形成制约，以至伤害。特别是《新语文读本》成为品牌、时尚时，我就更陷入深深的忧虑之中。我意识到，《新语文读本》可能面临被歪解、变形的危机。本来，《新语文读本》的一些理念、编排、选文被某些课外读物，以至教材所借鉴、借用，都是可以接受的，但一旦超出其"课外读物"的限度，被一些人变成"教材"模式，就会出问题，而且还要断章取义地将我们的教育理念推向极端，就产生了混乱。比如不顾我们对阅读过程中"多重对话"的全面论述，把学生的主体性阅读变成对教师作用的全盘否定，陷入我们所警惕的"儿童中心主义"；不顾我们对文本阐释的多种可能性与制约性的全面论述，将其推向随意解释课文，任意发挥、曲解的极端，等等。当我最终发现，我的某些批评者一夜之间成了最激烈的改革者，我从内心里就不愿再侈谈"语文教育改革"了。

但这只是一时之风。在喧嚣过去，恢复正常以后，《新语文读本》自身的力量就显示出来：它不再畅销，却成为常销。从2001年到今天，十余年来，一直有学生和年轻读者读它，有老师教它，这就实现了我们预定的目标："期待《新语文读本》能够成为众多的课外读物中有自己特色的一种"，"为中国的语文教育改革增添一砖一瓦"（《〈新语文读本〉编者的话》）。

从《新语文读本》开始，我一直把编写语文课外读物作为我参与中小学语文教育的主要方式和重要工作，为此不遗余力。我先后主编了三套读本，即《诗歌读本》（学前卷，小学卷，初中卷，高中卷，大学卷，爷爷奶奶、孙子孙女合读卷六卷本），《小学生名家文学读本》（《小学生鲁迅读本》《小学生叶圣陶读本》《小学生丰子恺读本》《小学生朱自清读本》《小学生老舍读本》《小学生冰心读本》《中学生沈从文读本》《小学生巴金读本》《小学生萧红读本》《小学生汪曾祺读本》十卷本），以及《地域文化读本》（《北京读本》《上海读本》《江南读本》《楚湘读本》四卷本）。我的"主编"都是名副其实的：既提出总体思路、理论与编选设计，也负责统稿、修订，甚至参加具体篇目的阅读建议的编写，而且一如既往地坚持理想主义，有自觉的教育学的追求。如《诗歌读本》提出"让诗歌伴随一生"的口号，提议进行恢复"诗教"传统的试验，特别提倡"家庭诗教"，并注意"人在生命成长的不同时期——童年、少年、青年、中年、老年——和诗歌发生的不同关系，据此而编选读本"（《〈诗歌读本〉总序》，见《经典阅读与语文教学》，漓江出版社2012年版）。《小学生名家文学读本》则是我和现代文学专家以及浙江、上海、江苏的小学特级教师合作，进行现代文学经典进入小学课堂的试验，并提供家长和孩子课外共读的理想读本（《〈小学生名家文学读本〉丛书总序》，见《经典阅读与语文教学》）。《地域文化读本》则是我和学术界朋友的一次合作，"意在倡导对地域文化的关注，对本土文化资源的开发"，引导青少年"认识脚下的土地"（《〈地域文化读本〉总序》）。这几套书有的销售得很好（如《小学生名家文学读本》），有的由于种种原因则不尽如人意（如《诗歌读本》《地域文化读本》）。但我都感到欣慰，因为无论如何，包括《新语文读本》在内的这"四大课外读物"，是我对中国的中小学教育的倾力奉献，我实现了自己的承诺："用我们民族与全人类最美好的精神食粮来滋养我们的孩子。"（《〈新语文读本〉编者的话》）

我的坚守之二：参与"网络评价"试验，关注网络教育

在我决心投入民间教育时，清华大学云舟网络教育实验室的韩锋先生找到我，希望我担任"网络评价"语文组的顾问。我在了解了他们计划的详细内容后，立即表示"欣然同意"。原因有两个：一是他的建议和我的一个想法不谋而合。在我看来，中学教育改革，除了

要根本改变观念外，在操作层面上，最关键的有两个环节，一是教材的改革，二是教育评价观念、方法和制度的改革。这两个方面的改革当然主要依靠政府的力量，但也大有民间参与的必要和空间。如果说，编写《新语文读本》是从课外读物方面推动教材改革，那么清华大学的网络评价试验，就是对教育评价改革的一个参与。另一个原因，是韩锋先生和他的同事、领导提出的设计方案既体现了改革精神——变"一次性评价"为"过程性评价"，变"单一的知识性评价"为"创新人才的综合性评价"，又具有可操作性。利用计算机和网络技术进行评价，既可以打破时空界限，进行远距离、长时段的观测，又具有可重复性，便于进行大量的统计性的评测，以保证评价的相对准确性。还便于多方面的人员的参与、监控，以保证评价的公平性，所需成本也相对较小，并且和我国现代信息技术在21世纪将得到迅猛发展与普及的前景相一致。我特别看重的是最后一点，"在我看来，这是一个有着前瞻性，又极富创造性的设计。这里，有着理工科思维的精密与文学思维的想象力的有机结合，这'文理交融'的境界是我多年提倡并无限向往的。而现代教育和现代科技的结合，也正是教育改革的一个重要方面"（《我与清华大学的"网络评价"试验》）。

我具体主要做了两件事。一是提出评价标准。我们设想，在阅读能力上，应突出对科学技术和理论文章、文学作品、浅显文言文的阅读能力，以及独立查找资料、运用工具书的能力的考察，重点考查学生对阅读材料做出独立判断与评价的能力，进行质疑、提出不同意见的逆向思维的能力，由此及彼的联想力，以及创造性地综合运用阅读中获得的知识、信息的能力。写作的考查与评价有两个方面，一是写作态度，是否说真话，说自己的话，二是写作能力，能否正确地表达自己，并具有表现力。我特意提出，对"特别的学生"，要细心发现他们与显而易见的缺点混杂在一起的，具有长远发展可能性的素质、禀赋，真正做到不拘一格选人才。在具体操作上，我参加了网上专题讨论,先让学生通过网站看我的有关鲁迅的研究文章,再在网上进行现场讨论。以后,我又参加了云舟网络教育实验室组织的夏令营,与学生进行小论文的答辩和面对面的讨论,又在网上继续争辩。这同时就是一个考查与评价的过程,在我的助手的帮助下,把学生的表现记录在电脑里,最后确实发现一些人才,向清华大学作了推荐,经过校方的进一步面试,决定录取与否,这就为打破"一张考卷定终身"的评测体制打开了一个新的思路。尽管后来因为种种原因,清华大学的网络评价试验没有坚持下去,但毕竟作了有意义的尝试。

由此引发了我对"网络时代的教育问题"的关注。应该说明的是,在这方面处于教育第一线,亲身体会到网络对孩子的影响的中小学教师,他们中的先行者给了我极大的启发。大概是2003年,我的《新语文读本》的朋友,时在珠海一中任教的曾宏燕老师根据她和学生一起参与网络活动时所遇到的问题和引发的思考,写了一本《今日网事》。我这个网盲读了以后,觉得受了一次"启蒙",茅塞顿开,就写了一篇《网络教育:一个迫切的、意义重大的教育问题》(见《钱理群语文教育新论》,华东师范大学出版社2010年版),郑重其事地说了这样一番话:"今天的中小学生,与他们的父辈——家长、老师、家庭中的兄长,以及我这样的祖辈,最大的区别就在于他们是网络时代培育出来的新的一代。这不仅会在这一代的身心发展上(他们的思维方式、言说方式、交往方式、心理、情感⋯⋯)产生至今还难以预计的深刻影响,而且会给我们的教育,从教育形式到教育内容,从教育方法到教育理念,提出许多新的问题,并必然引起同样是至今还难以预计的深刻变革。而我们的思想文化界,我们的教育界恐怕至今对此还缺乏足够的心理准备,因而也没有给予足够的重视。"正是基于这样的认识,我在思考与参与中小学教育改革时,始终把它置于"网络时代"这一大背景下,这是当代中国教育改革区别于以往的改革的最重要的特点,是不能掉以轻心的。

　　首先要确立的是我对网络的基本认识与态度。在我看来，网络和任何人类科学技术的新进展一样，"都有其两面性：既给社会的进步、人的发展带来新的推动，提供新的可能性，同时又会在不同程度上产生新的人的异化问题，而这两个方面都会对教育问题，提出新的挑战"（《网络教育：一个迫切的、意义重大的教育课题》）。具体来说，网络给我们的教育提出的挑战有两个方面：如何面对网络的冲击，坚守与发挥学校教育的特点与优势？如何积极开发网络资源，对学生的网络活动进行正面的引导？对网络所可能产生的负面作用熟视无睹，或干脆否认网络积极而重大的意义，这两种极端态度都是不可取的。

　　这是我在有关文章里一再强调的，网络与影视都是与市场经济紧密相连的文化产业，同时又属于大众文化、社会教育，它与学校教育构成了相互补充又相互制约的关系。不可否认动画艺术、影视作品与网络游戏在开发孩子智力、开阔孩子视野方面的积极作用，但也应该看到其商业性的批量生产必然带来的问题。在我看来，主要有两个方面。一方面是思想的平面化、平庸化，精神深度的匮缺，另一方面是智力的平均化，观念与想象的世俗化，公共一律化，导致个人创造力的削弱以至溃退。如果一味沉浸其中，就会对孩子的健康成长产生长远的消极影响，并引发精神与生理疾病，即所谓"网络病"。而这也正是学校教育的特点与优势所在。我所主持编写的《新语文读本》《诗歌读本》与《小学生名家文学读本》，始终坚持"经典阅读""书籍阅读"与"个性化阅读"，既要坚持和发挥学校教育与社会大众教育不同的精英性，同时也要在课外教育领域起某种积极的引导作用，即"用有趣味的高质量的阅读来吸引孩子"（参看《〈小学生名家文学读本〉丛书总序》《〈诗歌读本〉总序》）。

　　当然，更为重要的，是在学校教育中对网络资源、手段的运用。首先还是要提高我们对网络阅读的意义的认识。我在为台湾作家郝明义先生的《越读者》一书所写的序言《阅读的危机和如何应对》（见《重建家园》，广西师范大学出版社2012年版）里，谈到郝先生的一个分析：书籍的阅读也只是历史的产物，文字固然提高了"一个可以极为抽象又方便地认知世界的方式"，但也导致"我们原先综合运用各种感官的全观能力逐渐退化"，使"我们容易忽视，甚至贬低书籍之外的知识来源"；而网络的优势却正在于"终将结合文字以外的声音、影像、气味、触感，甚至意念，提供一种全新的认知经验，让人类重归全观的认知经验"，同时也使"文字和写作成为更加平民化，无所不在、无时无刻不在进行的社会行为"，因而创造了完全依靠网络提供的资源"建立个人知识架构的可能"，"一个高中毕业生都可以像哈佛大学博士研究生一样进修"的可能。

问题是如何将可能性变成现实性。因此，当我得知北师大附中的邓虹老师在进行"信息技术与语文学科的优化整合"的教育实验，并取得初步成效时，真有喜不自禁之感。在仔细研究了邓老师的实验总结与课堂实录、学生作业以后，我写了《信息技术与语文学科的优化整合——谈邓虹老师的教学实验》（见本书）的长篇文章，尽力给予支持，并进行了某种理论上的提升。我在文章里指出，邓老师的实验，"找到了运用网络进行阅读教学与写作教学的操作方法与模式"。这有两个方面。一是阅读教学实验，实现了"虚拟课堂与实体课堂的自由切换"。实体课堂是我们传统的教学方式，虚拟课堂的设置，则是充分利用网络工具，开拓了一个全新的教育空间。整个教学依然以实体课堂的教学为中心，虚拟课堂设置在课前、课后两个环节：首先是课前的"网上自主研讨"，要求学生利用网络查寻有关课文的参考书籍与文章，这样也就培养了学生自主获取信息、处理信息的能力；再要求学生在网上发表自己阅读课文时的最初印象与感受，并和其他同学自由讨论、交流，进行"智慧碰撞"。同时学生也会提出疑惑，带着问题进入"实体课堂教学"，在老师指导下，有目的地细读课文，开展难点讨论，纠正在自主研讨中理解上的偏误。然后再进入虚拟课堂，"网上作文，作课外拓展"。通常是以"和作者一起重写课文"为题，诱发学生的自由想象与创造的能力，同时也更深化了对课文的理解。二是写作教学实验，以网络为平台，"构建激发创造活力的'写作场'"，即构建一个"师生互动，学生互动，心灵碰撞，激发灵感，展示才华，你追我赶的教学氛围"。在某种程度上，就是把学生私下的网上聊天，变成老师主导下的班级集体，甚至有家长参加的公共话语空间内的发表与交流，这就避免了网上隐蔽性无序写作的弊端，有一种净化功能，是对网上写作的良性引导。但同时又保留了网上聊天的游戏功能，这其实就是把网络特有的相互作用性、挑战性、激励性引入作文教学，学生学习写作变成"擂台比武，成功表演"，高兴、轻松地学到了知识，发展了能力，其所体现的成功性原则、创造性原则，以及快乐性原则，是真正能显示中学生写作的特点与特质的。而老师在全程参与指导中，所起到的是一个"群体的组织者、学生自学的咨询者和学生智力交流的协调者"的作用，这样，也就更加便于照顾学生写作的差异性，便于培育学生的写作个性。这样的自主、自由、快乐，富有创造性的个性化的网上阅读与写作，就很容易被学生视为自己的"精神家园"，如邓虹的学生在离开学校时所说，"尽管网上作文已经结束，但在网上度过的时光已经成为我生命中一份弥足珍贵的财富"，邓老师则认为，这就"真正回归了写作本原，成为心灵的栖息方式"。而且这样的阅读、写作中的生命体验还会延伸到他们今后的生活中，阅读与写作将成为一种生活方式。在我看来，这正是体现了中学语文教育的基础性：它是为学生终身学习打底的。

邓老师的实验给我的最大启示是："我们（包括我自己）的许多关于教育，关于语文教育的理念、设想，一直苦于找不到实施的手段，就只能是一个理想，甚至成为空想。而现在网络技术的出现，就给了我们一个将理想、理念变成现实的途径,至少是展现了新的可能性。"
我由此想到我的中学语文界的朋友马小平老师所提出的"新教育革
命"的目标:"通过改变观念,改变办学模式,利用新的教育技术,开
发学生的资源,开发教师的资源,从而解放人,发展人,使人成为自
己,使人成为主人,使教师和学生的价值得以充分实现。"教育科技
(包括网络)的发展提供了实现这一目标的某种可能性。以后,我在
很多场合都竭力推荐邓老师的实验,甚至到台湾讲学,和那里的中学
老师和大学教育专家交流时,也作了介绍,因为我始终对网络教育资
源充满信心和期待,认为不应忽视其巨大潜力和所带来的问题,为其
宣传,并作学理的讨论和引导,是我义不容辞的责任:我始终对教育
改革的前沿问题,怀有高度敏感和浓厚兴趣。

我的坚守之三:到中学开选修课

2002年,我从北大退休;2004年,就到我的母校南京师范大学附
属中学开设选修课:"鲁迅作品选读"。以后又在北大附中和北师大
实验中学分别讲了一个学期的课。这一次,不同于以往在中学开讲
座,而是作为中学语文组的一位老师,实实在在地开设一门课,学生
是要做作业、参加考试、计算成绩的。对我自己来说,是一个角色的
进一步转换:真正作为一个教育第一线的实践者直接参与语文教育
改革的实验,这也是对我的中学教育理想、理念的一个检验。就我个
人的生命发展史而言,我于1956年高中毕业离开南师附中,48年后,
又回到母校;我原本是中学教师,1981年研究生毕业,成了大学教
师,23年后又回到中学任教:这样的生命的两个圆圈,都使得我的回
归中学具有了某种象征的意义。

当然,大学教授到中学上课,这本来就是五四新文化运动的传
统。在20世纪20—40年代,许多著名的大学教授、学者、作家在中学

任教，学有所专的中学教师到大学授课，都是寻常的事；也就是说，大学与中学之间本就存在着紧密的交流与合作的关系。后来，这样的联系中断，某种程度上说，既是中学教育的损失，也是大学教育的损失。我今天要做的，不过是一次联系大学与中学、学术界和教育界的努力。消息传出，却引起了一场争论，有人提出：大学教授讲鲁迅，中学生能听懂吗？也有人认为开设这类选修课，会影响学生高考（参看2004年4月3日《扬子晚报》报道：《北大博导到南师附中讲课》）。对这一类的质疑，我从来都是不置一词，只管做自己已经认定的事情。

2004年到中学开选修课，也有一个新的教育背景，这就是新公布的课程标准规定在高中阶段将开设选修课，并占有相当的比重。这是中学教育的一个新课题，在起始阶段，是有不少困难的。大学教授，特别是退休教授，到中学开设与自己专业有关的选修课，就有了必要与可能。这就是说，大学教授到中学上课是有限度的：主要是选修课；一般情况下，不宜上必修课，中学课程是一门专业学科，教师应该专业化，即使是优秀的大学学者，也未必能成为好的中学语文教师。这样，我在中学上课，就具有了一种实验性，我给自己提出的任务是："充分发挥专业特长，与中学老师一起，经过教学实践，探讨中学选修课的规律，积累经验。"而且我从一开始就确定，"中学选修课的主力仍然应该是，也只能是中学教师"，我这样的大学教授的参与，"主要是为第一线的中学老师做一点服务性的工作"（《关于大学教授到中学上课的思考》，见《钱理群语文教育新论》）。

对于我来说，到中学开设"鲁迅作品选读"课，除了因为这是我的专业之外，还出于我对鲁迅的意义的认识与对中学选修课结构的设计。在我看来，鲁迅属于具有原创性与民族思想源泉性的大文学家、大思想家，他的作品和英国的莎士比亚、德国的歌德、俄国的托尔斯泰、印度的泰戈尔的作品一样，应该成为国民教育的基本教材，做到家喻户晓,并终身阅读,为整个民族精神的发展垫底。中学选修课应以这样的原创性、源泉性作家作品的讲授为主体,具体地说,我主张应开设五门课:《论语选读》和《庄子选读》,这是民族文化的源头;《唐诗选读》,这是民族文化青春期的高峰;《〈红楼梦〉选读》,这是民族文化的"百科全书";《鲁迅作品选读》,这是现代文化的开创。这样,我的这一次上课,就有了另一种实验意义,即探讨如何在中学进行经典作品教学,将民族文化之根扎在孩子心上。在课程结束以后,我曾作了一个《把鲁迅精神扎根在孩子心上》的报告,后来还写过一篇题为《和中学老师谈鲁迅作品教学》的长文,都可以视为对这一次中学上课的试验总结。

当然,作为"大学教授到中学上课"的实验课程,它还有更大的预设目标,大概有三个方面。其一,"使中学与大学衔接,有助于中学生进入大学以后,较早进入状态",大学教授"对中学教育与中学生的了解与熟悉本身,也会使大学教育更贴近教育对象"。其二,可以起到人才"早期开发"的作用,"不仅可以从总体上提升中学生的境界,而且也可以促使一些有才华与悟性的学生较早地进入学习与创造的高峰状态,这对他们终身发展的影响可能是难以估计的。对于大学,特别是重点大学,更是提供了一个发现、选拔和培养人才的途径"。其三,这是一次大学与中学,学术界与教育界的"良性互动":对中学教师而言,这"是一次'送上门'的辅导","进修"机会,其所得到的专业指导与精神熏陶,影响是深远的。我们也正是以"训练、带动一支队伍"作为这次教学实验的目的之一的。而且这样的影响是双向的:对大学学者自身而言,这不仅是一次检验与普及自己的研究成果的机会,更从中学教师与中学生的反馈里,吸取了精神滋养。我多次谈到,绝不能低估处于生命成长期的青少年的智慧,"他们框框少,常会有出乎意外的想象与理解,甚至他们提出的问题也是意想不到的",这就会"对我们这些专业人员的某些习惯性的思维形成挑战"，从而激发起新的创造激情。我后来将上课的讲稿、学生的讨论、平时与考试作业、最后的课程总结汇集成《钱理群中学讲鲁迅》（生活·读书·新知三联书店2011年版）一书。整理的过程中，就不断为学生的独特见解所吸引，深化了我对鲁迅的理解。因此，这本书在我的心目中，不仅是一部普及著作，同时也是具有一定学术价值的专著。这一次教学实践，真正做到了我始终向往与提倡的"教学相长"。这是我最感欣慰的。

　　但在教学中也遇到了我们预先估计不足的问题。这也是后来我多次讲到的，开始上课时，老师们都这样对学生说，你们都向往北大，钱先生是北大最受学生欢迎的教授之一，但他已经退休，你们即使考上北大也听不到钱先生的课，现在他走到你们中间来上课了，这是难得的机会，大家一定要珍惜，因此，开始报名、听课的学生都很多，但后来就越来越少了，最后始终坚持下来的，大约在20名到30名之间。后来一个学生对我说了实话："钱教授，我们不是不喜欢听你的课，而是因为你的课与高考无关，我们宁愿在考上北大以后再听你的课，而不是现在听你讲课。"这位学生一语道破了当下中学教育的真实情况："应试已经成为学校教育的全部目的与内容。问题的严重性在于，不仅教育者（校长、教师）以此作为评价标准，而且也成了学生、家长的自觉要求，应试教育的巨大的网笼罩着中学校园，针插不进，水泼不进，一切不能为应试服务的教育根本无立足之地。越是城市里的重点中学，越是如此。"（《我为什么"屡战屡挫，屡挫屡战"》，见《我的教师梦》，华东师范大学出版社2008年版）

　　我关心的，还是学生对授课内容的接受情况。我在批改学生考试作业《我之鲁迅观》和听课总结时，发现坚持下来认真听课的学生，确有所获。学生这样写道："我笃信，读鲁迅的文章，能让我们少一些肤浅，少一些小家子气，少些庸俗，少些丑陋。先生的文章就像一面明亮的镜子，照出你我真实的内心。读先生的文章，我们才逐渐成熟,正视人生,直面社会,以最坦荡、热烈的心,爱我们的国家与人民。""鲁迅作品读多了,我突然有一种历史交接般的不断前进的责任感。""不知不觉间与鲁迅的思想为伴,已经有了一段时日。看文章,记笔记,做了一大堆,也作了大量深层次的思考,才发现,这个精神的漫步,只开了一个头,怕是要一直走下去,走到头了。""这是我和鲁迅近距离的接触的开始。我会继续我的旅程。也许,只有我们真正读懂鲁迅时,我们才真的了解我们的国家,我们的民族。"(见《钱理群中学讲鲁迅》)我读了这些交心的文字以后,这样写道:"完全可以看出,正是鲁迅的作品触动了孩子心灵深处的一些东西,让他们思考一些最根本的问题:这就够了。"正如王栋生老师(他是这次教育实验的组织者)所说,我们播下了"一粒种子",这就是其真正的价值所在。2014年,也就是当年讲课十年以后,我偶尔遇到了一位听课的学生,将《钱理群中学讲鲁迅》一书送给她,她又在同学聚会时,展示给大家看,引起了轰动,学生们纷纷表示,感谢我为他们保存了这样一份"美好的青春记忆"。这大概也算是一种收获吧。

更让我感到欣慰的是,这十数年来,全国许多学校,也包括我讲过课的南师附中,都有老师陆续开设"鲁迅作品选修课",而且都取得了很好的效果。有的还汇集成书,我为其中的两部写了序言,表达了一个信念与信心:"在全国范围内,热爱鲁迅、自觉传播鲁迅思想与文学的中学语文老师,尽管比例不大,但绝对量却不小,是可以数以百计、千计的,聚集起来,是一股不可小视的力量。因此,我始终对中学鲁迅教学充满信心:我坚信鲁迅的力量,坚信包括中学生在内的中国年轻人永远需要鲁迅,坚信中学语文老师中自觉的鲁迅传播者的作用。"(《让自己更有意义地活着——"90后"中学生"读鲁迅"的个案讨论》,见《经典阅读与语文教学》)

我们当年为上课编选的《鲁迅作品选读》,后来经过审批,被定为全国选修课教材，据说发行量达20万，这就意味着至少有上万学生比较深层次地接触了鲁迅。对此，我已经心满意足了。

我的坚守之四：关注打工子弟教育、 农村教育、西部教育

在城市重点中学开设选修课的经历，引发了我的一个反省："包括我自己在内的许多关注中小学教育的知识分子，实际是将自己的关注点集中在城市里的中小学，特别是重点中学、重点小学上，广大的最需要关注的农村教育反而在我们的视野之外，这恰恰是问题所在。许多农村教师都说新课程标准自己很难适应，其实这是暴露了标准本身的问题：它更适于城市的重点中学，而没有考虑农村教育的实际。"我因此而意识到，"自己的立足点不应该放在城市教育，关注那里的人已经不少了，我不应该做'锦上添花'的事，而应该'雪中送炭'，把注意力转移到亟须关注而又没有引起足够关注的农村教育上去"。于是，在2005年7月，结束了在北大附中和北师大实验中学的授课以后，9月17日，我就来到兰州"西部农村教育论坛"上演讲，一开头就说"我为什么要到这里来"，并且表示："我现在的角色正处在转变过程中：从大学教授转向关注中小学教育，从关注城市教育转向关注农村教育。在这个转变过程中，我实实在在需要重新学习。我到这里来，就是一个新的学习、新的思考的开始。我从北京，走到大西北的兰州，实在不容易。"（《我的农村教育理念和理想》，见《我的教师梦》）

这确实有一个过程，而绝非心血来潮。其实，我在介入中小学教育的一开始，就提出了教育公平问题，认为这是教育改革必须坚守的"最基本的教育观念"。在前文提到的最能反映我的教育思想的《以"立人"为中心》（见《语文教育门外谈》）一文里，我特意提到了原中

共中央农村政策研究室主任杜润生提出的"使农民成为'自由人'"的农村改革方向。他认为，关键是要"使农民变成有完整权利的公民"，除了经济上的自主权，政治上的民主权利外，还"要使每一个农民都能受到教育"，"农民应成为有知识有文化的劳动者，提高他们的竞争地位，使他们在起跑线上就处于平等的地位"。我由此而提出："所谓义务的、基础的教育，其实就是要保证每一个国民（其中农民占绝大多数）的自由发展（受教育正是人类获得自由的前提），使每一个人在成才与经济发展的竞争中，取得起点的平等；我们的目标，不但要争取经济上的共同富裕，而且要追求智力、精神上的共同发展。"可以看出，我对农村教育的关注，一开始就有一个大的视野，是把它当作整个改革、中国农村的改革的关键环节来看的。

正是在这样的大关怀下，我从一开始就注意到了西部教育问题。我在2000年曾接受《甘肃日报》记者的采访，谈《西部开发中的教育问题之我见》（见《语文教育门外谈》），明确提出："抓教育，而且是基础教育，这是西部地区开发成败上的关键。"我谈了三点具体意见：第一，"西部地区发展教育的战略选择，应是重点发展九年制义务教育，适当发展高中与大学教育"；第二，"如何充分利用西部地区独有的自然资源与地域文化资源来发展素质教育，是我们面临的一个富有挑战性的教育新课题"；第三，"西部地区并非没有人才，目前不应过分强调人才的引进，而更应重视对本地人才的培养和利用，发挥他们的作用"。

在转向《新语文读本》等课外读物的编写以后，我也没有忘记农村的教育。在《〈新语文读本〉编写手记》的最后，我满怀深情地这样写道："人们谈论语文教育改革，却不去关注广大的中国农民的孩子有没有书读，这是件奇怪的事。由此产生了我的一个梦：为千千万万农村孩子编一套书，里面集中了民族与人类文明的精华，这些孩子即使没有机会读其他的书，只要有这一套书在手，就能通过反复阅读而步入文明的殿堂,并终身受益。"鉴于《新语文读本》篇幅太大,选文偏深,我还特地和出版社合作,编了《新语文读本(农村版中学卷)》,我专门写了题为《把最好的精神食粮给农村的孩子》(见《做教师真难,真好》,华东师范大学出版社 2009 年版)的前言,其中说道:"读书,特别是读这些大师的书,也会有困难。这就需要耐心和恒心。就拿出我们山里人特有的犟脾气,一遍一遍地专心致志地读吧,读多了,自然会有自己的体悟。谁敢说我们的悟性比城里的孩子差?读书,就像爬山,是不断攀登一个又一个的难关、险道的过程,当时感到很累,有时甚至觉得快坚持不下去了,但再硬挺一阵,如果又有老师指点,扶一把,就上了顶峰,回头一看,就有'一览众山小'的感觉,那才叫真快乐!"后来,有一次我到中央民族学院演讲,一位刚入学的大学生特意告诉我,他是广东山区的农村孩子,一个偶然的机会,得到了一套《新语文读本》,就成为他和兄弟姐妹的"宝贝",全家人都抢着读,他这回有机会来北京读书,什么书都没带,就带来了这套书,还准备继续读下去。我听了以后,大为感动:这正是我所追求的。这以后,在河南省教研室的孟素琴老师的主持下,河南农村的部分学校开展了阅读《新语文读本》的活动,我在 2011 年,也即《新语文读本》出版十周年时,特地赶到河南新野和那里的农村老师见面,我在讲话里说:"这是《新语文读本》最重要的带有标志性的收获,我原来的梦想终于开始变成了现实。刚才听几位孩子朗读的时候,我真想掉泪,这是我十多年来最幸福的时刻:农村的孩子在读我们编的书,这实在是意义重大。"(《给农村教师"讲三句话"》,见《梦话录》,漓江出版社 2012 年版)

2004 年,我在到中学讲课的同时,还做了一件事:参加北师大学生志愿者组织"农民之子"发起的"北京市首届打工子弟作文竞赛"活动。当时北京打工子弟学校已经有 400 余所,学生人数超过 15 万人,但这样的打工子弟的作文竞赛却是第一次。我在新闻发布会上说:"这'第一次',既让人兴奋,又令人感到辛酸,同时也在提醒我们成年人:对这些天真无邪的孩子,我们是欠了债的。什么时候,打工子弟可以随便参加城市里任何文化、教育活动,以至不必为他们单独举行这样的竞赛,我们大概才能心安。"正是出于这样的内疚,我可以说是全力以赴地投入活动:除参加新闻发布会,为之鼓吹,还担任评委会主席,亲自为部分入选作文写评语、打分,还在颁奖大会上作了长篇总结报告,最后整理成《他们有权利发出自己的声音》等两篇文章(见《那里有一方心灵的净土》,中国文联出版社2008年版),对作文竞赛的意义作了这样的论述:"这些为北京市的城市建设作出了巨大贡献的农民工,他们的孩子却没有享受受优质教育的权利",他们自己也是"沉默的大多数,还没有发出声音。现在,我们就从他们的孩子着手,通过作文竞赛,让社会倾听打工子弟的心声",向世人宣告:"他们也是中国的小主人,他们有权利做梦,更有权利大声说出自己的梦想,而且不比任何孩子差!"在我看来,作文竞赛提出的是一个"权利"问题:不仅是打工子弟的受教育和自由言说的权利,而且也是孩子的老师与家长的权利;关键是"要让打工子弟学校的校长、老师、学生自己站立起来,去争取属于自己的权利"。从这一次活动开始,我和打工子弟学校就建立起了相当密切的联系,可以说是结下了不解之缘。只要他们需要,我都尽力而为,或为打工子弟老师自办的报纸《烛光通讯》写"祝福语"(《请关注打工子弟老师的权利和生命成长》,见《活着的理由》,广西师范大学出版社2010年版),或参与"打工子弟学校师生文学联谊赛"评选(《发出自己的、真的声音》,见《重建家园》,广西师范大学出版社2012年版),或在打工子弟学校赈灾义演中作题为《重新认识打工子弟教育:震灾引发的思考》的演讲(见《重建家园》)。这样的关注延续了近十年,2013年我在从全国11万打工子弟学校老师中评选出来的"新公民园丁奖"获奖者颁奖大会上,以《打工子弟教育的意义和贡献》(见《静悄悄的存在变革》,华文出版社2014年版)为题作了一个概括、总结和阐述:"爱的教育的缺失,教育的不公平,教师尊严的丧失,正是当下中国教育带有根本性的问题。而这些生活在中国社会与教育底层、边远地区的老师们,却是在最需要爱的地方坚守爱的教育,在最需要公平的地方坚守教育公平,在最需要尊严的地方坚守教师的尊严:这是怎样的崇高与伟大! 正是这些普通得不能再普通的老师,用他们的坚守,给中国教育以希望。他们正在以自己日常教育生活中的努力,和公办学校里真正的教师一起,改变着中国教育的存在。"

从这样的历史回顾与叙述可以看出,我在2005年宣布要把重心转向农村教育,特别是西部农村教育,是顺理成章的。而且我当时还存有一个"期待与奢望":"或许正因为不被重视,正因为落后,反而存在着某些应试教育所没有完全占领的空间,为进行理想教育实践提供某种可能性。"但我同时又面临年龄、身体等因素的限制。我很清楚:在农村教育领域,"我已经不太可能参与直接的教育实践,而只能作一些思考。用我的话来说,就是充当'吹鼓手'"。而我的思考的范围又相当广,我提出了三个需要关注的农村教育问题,一是国民教育体系中的教育,即通常所说"农村学校教育",二是社区教育范围内的大众教育,即"农民教育",也包括"打工者的教育",三是乡村建设与教育人才的培养。我的主要精力集中在这三个方面教育的理念问题的思考与讨论,也在可能范围内做一些实事(《我为什么"屡战屡挫,屡挫屡战"》,见《我的教师梦》)。

关于农村学校教育,我先后写了《我的农村教育理念和理想》、《关于乡土教材编写的断想》、《请关注农村初中的作文教学》(后两文见《做教师真难,真好》)、《给农村教师"讲三句话"》等文。关于农村学校教育,我主要提了三个"重新":"重新确立农村学校教育的定位、价值和目标","重新认识农村学校教育的特点","重新认识农村学校教育在乡村建设中的地位与作用"。对这些问题的思考，在《我与贵州》一文里已有说明，就不再多说。《关于乡土教材编写的断想》是我参加北京天下溪教育研究所组织的《乡西乡土教材》编写的部分设计与讨论，引发的思考，文中提出乡土教材的三大基本理念："地方性乡土知识""文化自觉"和"精神家园"，强调"民族性、地方性乡土教材进课堂，应该是中小学教育，特别是农村教育改革的重要内容，应该纳入政府推动的教育改革的总体规划，纳入学校教育的计划中，使其获得体制的保证"。《给农村教师"讲三句话"》其实讨论的是一个问题：面对农村教育的极度困境、农村教师的极端无力与无奈，我们能不能"从虚无主义、失败主义中挣扎出来，让我们的生活、生命获得某种意义和价值？"我据此而提出了一个"帮一个算一个"的教育命题，并且阐明说，其中包括了三个理念："第一，清醒地估计现实，认识自己和教育的局限性，不把教育理想化，对个人作为不抱不切实际的幻想；第二，采取积极的人生态度，知其不可为而为之；第三，不企望、不等待特殊的条件，从我们能够做到、能够改变、能够尝试的地方做起。这就是今天我们还能坚守的低调的教育理想主义。"我和老师们算了两笔账：你认真地教学，每个班有五个学生因此有了改变，你教20年书，日积月累下来，你就影响了一二百个孩子，这就是很了不起的成绩。再想想，和你一样有追求的老师，在全国范围内，还是有相当的数量，加起来，培养出成千上万的和你一样有理想、爱读书的孩子，其意义就非同小可了。看到这一点，就会有点信心，感到一点力量。可以看出，这都是我自己的真实想法与做法，我是把自己的心交给了农村教师。

在关注打工子弟教育的同时，我也在关注打工者的教育，因此一直和从事社区教育的朋友保持着联系，但直到2013年才找到了合作的方式，即和中国人民大学乡村建设中心、晏阳初平民教育发展中心等公益组织一起编辑出版"平民教育文化丛书"。我负责组织北大中文系部分师生（邵燕君副教授和她的学生）编写了《平民教育人文读本》"经典卷"与"当代卷"。和我以前主编的书一样，我除了提出总体设计外，还参加了具体章节的编选，并负责统稿，最后写有《总序》。文中谈到今天强调平民教育的时代发展背景：随着社会、经济的发展，中国平民社会出现了两个新的群体或阶层。一是农民工已经逐渐完成了由第一代向第二代的转型：新生代基本受过初中或初中以上的教育，就有了继续受教育和追求多元精神文化生活的要求。二是随着新农村建设的发展，开始出现了留守农村和陆续回乡求发展的青年群体，他们也有强烈的接受教育和吸取新文化的需要。我因此提出编写新的平民教育读本的三个基本理念和目的："一是要用人类文明和民族文明的最美好的精神食粮来滋养新一代的工人和农民，因为这是他们的权利。使人类文明和民族文明的最高成果，成为全体公民的公共财富，这是我们的理想和追求。其二，提倡人文教育的目的，是提高新工人、新农民的文化自觉与文化自信，这是他们寻求自我解放，争取自己的权利的根本条件与前提。其三，提倡打工者文学，鼓励新工人、新农民自己描写自己，发出独立的声音。"我还为《平民教育人文读本》专门写了《如何建立"文化身份自信"——给新农民工的信》（见《静悄悄的存在变革》），用"游走于农村和城市之间"来概括这一代新工人、新农民的社会与文化身份，并分析了其不利与有利条件：一方面容易陷入两头不着地的状态，产生自卑感；但换一个角度看，"你们出身农村，老人（父母或爷爷奶奶）还在农村，就有了与中国乡土文化的天然联系；又走出农村，有机会接触更广大的城市文化与世界文化。这就形成了双重优势，这是单有一方面（无论农村或城市）的经历与经验的同龄人所不具有的"。问题是如何建立"文化身份自信"，并将潜在的双重文化优势转化为实际优势，这里的关键，就在建立"文化自觉"。

　　农村教育和乡村文化建设人才的培养，也是我最为关注的问题，我先后写过《乡村文化、教育重建是我们自己的问题》、《民间教育实验的意义与力量》(见《做教师真难，真好》)、《和即将去农村的师范生谈心》(见《梦话录》)等文。我特地介绍了福建张文质先生等倡导的"生命化教育"的一个经验，就是建立一支"志愿者队伍"："它的第一批成员基本来自乡村和小城镇的中小学，他们中大多数都是农民之子，看上去质朴、执着，又略带忧郁，然而都坦诚、率真。多年来他们默默无闻地阅读与思考，暗中积蓄着力量。他们都有敏感的触角，越来越明确的教育自觉。"并且有这样的宣言："我们是土地之子，我们生于卑微，我们保持着和土地更为接近的面貌，以更质朴的语言、更赤诚的心灵去从事教育，承担自觉的责任。"在我看来，这样的农村教育实验的骨干，应该是由两部分人组成的。其主力是这里强调的，乡村和小城镇有理想的中小学教师，他们就是农村培育出来的"大地之子"，也容易在农村扎根。我因此主张要多办农村中等师范和师专，用免费和包分配的特殊政策吸引农村有志青年，以此作为培养农村教育师资的主要手段。另一方面，则是城市大学生和毕业生里的有理想的志愿者，到农村短期与中长期支农、支教，他们中有的人就是来自农村，参与这样的活动是一种回归与回报。近年来，出现了许多以农村支教为宗旨的志愿者组织，如"为中国而教"培训中心等，我都和他们有密切联系，定期为他们上课，基本上是"招之即来"。我每次讲课，都要强调两点："诸位到农村去教书，不仅是要给迫切需要我们的农村孩子以切实的帮助，同时也是为了在那里找到自己生命的意义与价值，实现利他与利己、助人与助己的结合和统一"；"你们到农村去，切不可抱着浪漫主义的幻想，一定要做好精神准备：你们将遇到的农村教育问题比你们想象的要严重得多。所有的年轻人，从学校到社会，从城市到农村，都会遇到理想与现实的巨大反差和矛盾，必然经历鲁迅所说的'沉默而苦痛'的人生阶段，而

'新的生命就会在这苦痛的沉默里萌芽'"（《和即将去农村的师范生谈心》）。

我的坚守之五：面对语文教育改革的新危机

2004年12月，我到福建厦门参加孙绍振语文教育思想研讨会，和孙先生、陈日亮老师"对话语文"。我说："我是怀着很深的忧虑来的"，"是来寻求精神支援的"，"我觉得现在的中学语文教学改革到了一个很关键的时刻"（《对话语文》，见《钱理群语文教育新论》）。

其实，我从介入中学语文教育改革一开始，就怀着"忧虑"。在这次对话里，陈日亮老师提到了我在2000年接受采访时，提出的两大"担心"："一是'轰轰烈烈走过场'，对改革中实际存在的问题一个也不着手解决，只热衷于搞形式主义，把改革变成一场表演。二是走极端，要么不改，能不改则不改；压力大了，或者脑子一热，就乱改一气，不顾客观条件。"

但我仍然没有预计到，不到四年的时间，我的担心全都成了事实。从表面上看，再也没有人反对改革了；相反，改革成了潮流，人人宣称自己是"改革者"，都来赶时髦。在热闹中出现了很多问题，甚至发生了某种混乱。在这样的情况下，如何坚持改革实验，又如何面对所出现的问题，就成了一个非常急迫的任务。

在对话里，我提出了三个感到不安的倾向、问题。一是"这些年比较强调学生的主体地位，这是针对过去的弊病提出的；但是我们多多少少或者忽略了教师的作用，或者对教师的作用与学生的主体性发生了一些误解"，以致有些地方把课堂的对话、讨论推向极端，根本否认老师的讲课与引导，甚至通过一个法规，规定以后语文老师上课"满堂灌"，学生没有发言的，就要处罚。其二，"我们现在很大一个问题是，文本被遮蔽了。我们批评过去的应试教育，'知识一大堆，文本不着边'，这是一种遮蔽。我们现在有另一种形态的遮蔽：形形色色、五花八门的形式主义的表演，使学生不能直面文本。听说现在有些学校一篇文章讲完了，学生还没有完整地读过课文"，"孩子不读书，特别是不读课文，不读原著"，这就是语文教育的"根本失职"。其三，过去我们批评"知识中心"，是因为以知识的传授与背诵代替了学生语文能力的训练与提高，人文精神的熏陶，而且知识也过于陈旧，没有解决如何把有关学科（如语言学）的知识转化为适合语文教学的知识的问题；而现在又走到了根本否定知识的极端，语文能力的训练失去知识的支撑，同样也会落空。正是针对这三大问题，在对话里，我提出了"强调第一线教师的作用"，"直面文本，直面语言，直面心灵，直面生命"，以及"建立语文教育学科知识体系"这三大理念与任务。我的立场与态度很明确：既要正视教育改革中出现的问题，又要坚持改革实验，促进其更健康、积极的发展；既不能让混乱继续下去，防止改革走向歧路，又不能借纠偏而否定改革，走回头路。

但这只是我的愿望。到2009年，也就是2004年对话的五年之后，我到浙江金华参加王尚文先生教育思想学术讨论会，所面临的问题，就更加严峻。在会上，我特地谈到了王尚文先生"语文教育思想的历史命运"："它一开始就遭到漠视和冷遇"；以后突然"成为热门、显学、时尚，但同时就被歪曲，被'阉割'。'人文性'变成了'人文秀'，强调'语感'被歪曲成对'知识'的全盘否定，强调'对话'被歪曲成对'引导'的否定，也成了'对话秀'。王尚文突然发现，他所呼唤出的'人文性浪潮'走到了他的愿望的反面，就产生了'我播下的是龙种，收获的却是跳蚤'的悲哀"。更为严重的是，果然出现了"第三部曲"："科学主义的工具论、知识中心论、教师中心论重新恢复其主流地位。王尚文的教育思想再度被边缘化，而且还要背上对语文教育改革的混乱负责的罪名。"王尚文先生是《新语文读本》的主要合作者，因此，这里所说，在某种程度上，也包含了我的语文教育思想的命运。

在我看来,个人的命运并不重要。让我真正关心的,是中小学教育的问题。

在这样的情况下,我们还要坚持教育改革实验吗? 我们该如何坚持?

这时候,我的犟脾气又上来了:越是混乱,失败,我越要坚守。问题是,到哪里去寻找动力与途径? 2004年的《对话语文》里,我就提出:"改革的成败,决定于第一线教师",并且谈到了一线教师的生存、话语权利的问题,教师素质提高的问题。还特意提到我给福建老师的三个题词,表示我对中小学老师的期待:"要做一个有思想的语文老师","语文老师应该是一个可爱的人","语文老师应该是一个杂家"。在2009年的讲话里,我就更进一步提出,"坚持教学实践,真正有活力的教育思想存在于语文教学第一线"。这里,包含了我的两个认识:一是"与中国社会转型相应的教育转型所遇到的所有问题、所有矛盾都集中在第一线的普通教师身上。而他们直接面对的是教育的对象——处在人生起点的学生,而所有教育上的矛盾、问题,所产生的后果,都会在学生这里得到直接的反应,而且是第一线老师所无法回避的。于是,他们要承受教育的一切压力,要为各级教育官员、各种教育专家的合理的、不合理的,可行的不可行的,名目繁多,而且常常是朝令夕改的观念、举措,承担一切后果。做一个有责任感的教师真是很难很难,老师们只能仰天长叹:'我越来越不会教书了!'"(《做教师真难》,见《做教师真难,真好》)。另一方面,也必须看到,在面对语文教育的问题时,"其中一些有责任心、有教育智慧的老师,就必然会产生一些应对的办法,创造出一些经验,其中也必然蕴含着许多宝贵教育思想的萌芽,要坚信实践出真知"(《王尚文先生的教育思想及其命运》)。这就是说,要了解中小学教育和改革的真问题,必须深入到第一线老师的课堂里;要解决问题,也首先要到第一线老师那里去寻求支援与启示。

这样，我在面对中小学教育的诸多问题时，就逐渐把目光转向第一线教师，并先后写了《我的教师梦》、《做教师真难，真好》、《中国教育的血肉人生》(漓江出版社2012年版)、《经典阅读与语文教学》等书。

我的坚守之六：关注中小学教师

在关注中小学语文教师时，我首先发现和必须面对的是三大问题：一是"第一线教师主体地位与作用的缺失"；二是"教师素质下降，有些教师疲于应命，已无精力提高完善自己，有些校园风气败坏，功利主义、虚无主义盛行，形成教育腐败"；三是爱思考，爱学生，爱读书，尽职尽责，锐意改革的"真正教师"，也即"校园里最具活力的力量"常常受到忽视，得到重用的，有时是没有任何理想与信念，却懂得迎合领导的"伪教师"(《〈做教师真难，真好〉后记》《让真正的教师成为教学研究与教育改革的依靠力量》，分别见《做教师真难，真好》及本书相关文章)。

我也因此找到了自己的用力之地，也是三个方面。首先是进行理论的思考，提出有关中小学教师的新理念；其二是尽力支持代表了教育希望的真正的教师，总结他们的教学经验；其三，为第一线的老师做一些力所能及的服务工作。

提出我的"中小学教师观"，作为中小学教育学的有机组成部分，这大概也是我介入中小学教育改革一以贯之的追求：都当作学术工作来做，希望在教育理念上有所贡献。

2006年，我参加了《现代教师读本》(广西教育出版社2006年版)的编写工作，作为主编之一，吸取了编委会的教育专家(特别是陈桂生教授)和中学老师的意见，在全书的序言里，提出了"现代教师"的几个基本理念。其一，首先强调现代教师与传统教师的历史联系，要有"教师的本职观念"，即"教书育人"，而教书就是"教学生学"，这就意味着，"教师这个职业，其出发点与归宿，都应该是学生的健康、健全成长。教师的职业道德，最基本的就是把学生放在自己心中；教师的职业价值与乐趣，也就体现在教师也生活在学生心中。于是，就有了教师与学生在相互关爱中生命的共同成长，即'教学相长'"。这是自古至今的教师的职业底线。其二，"现代教师"又应具备"现代人"的基本品格，"历史责任感，社会承担意识，现代团队精神"，"人文精神与科学精神的统一"等，这些都应该是教师努力的目标，即使不能完全达到，也要心向往之。其三，现代教师也必然有现代教育带来的困惑。教师的个人意志与追求和社会意志、国家意志可能不完全相同。教师的教学工作其实是在这三种意志的张力中进行的。现代教育又必然与市场经济联系在一起，现代教师就必须面对市场经济及与之相联系的文化产业（如网络、影视）对学校教育的挑战和冲击。这都会带来一系列的教育难题。（《关于"现代教师"的几个基本理念——〈现代教师读本〉序》，见《做教师真难，真好》）。

2007年11月，我在福州、东莞、苏州、上海等地的中小学讲学，主要讲题就是《我理想中的中小学教育和教师》（见《我的教师梦》）。

我首先讨论的，是"中小学教育的功能是什么？和大学的区别在哪里？"中小学教育的对象是7岁至19岁的孩子，他们正处于一个人的生命成长的童年、少年和青年阶段。人在这一生命阶段自有其生理和心理以及精神发育的特点。这些特点，就决定了中小学教育，以及中小学教师的一些基本特质和价值。我在深圳严凌君老师所编《青春读书课》成长教育系列读本所提出的理念基础上，提出中小学的三大教育功能与职责："呵护成长之美，保障成长权利（好奇、探索、发现的权利，自由成长的权利和欢乐的权利）"；"培养青春精神（对真、善、美的向往，对未来的想象，对理想的追求，对人类、自然、宇宙的关怀,对未知世界的好奇,生命的激情和活力,不屈不挠的意志力,不停息的探索、永远不满足现状的怀疑和创造精神)";以及"通过引导学生读书,打开传统与世界文化之门"。这样,中小学校园就能够真正成为学生终身的"精神家园":人生的春天在这里养育、成长;到了初夏时节,就从这里出发,走向远方;到了隆冬季节又回到母校,默默感悟生命的真谛。

我正是从这里发现了中小学教师的独特价值与意义:"作为精神家园的营造者和象征,我们所追求的,而且也是我们唯一能够做的,就是成为我们的学生童年时代、青少年时代美好记忆的一个有机部分。尽管他们以后在现实生活影响下,会走上不同的道路,童年时代、青少年时代的美好记忆仍是无法抹掉的,或许在某一个时刻,由于某一机缘,在他们心上,会掠过我们的身影,想起我们有意无意说过的一句话,会给他们的心灵带来片刻的温馨。这正是对我们今天的劳动的一个回报。即使学生把我们忘却了,我们仍会感到满足,因为我们毕竟试图引导学生创造善良、美好的童年、青少年,使他们有过一个做梦的年代。"

我由此而进一步讨论中小学教师应该有的精神素质与特殊功能,他们在学生心中留下的"永恒记忆"是什么?我根据自己对中学老师的记忆,提出了几个概念。

其一,中小学教师应是"美的化身"。"对美的敏感与想象,是中小学生最基本的感官与心灵的、生理和心理的特点,美是青春期生命的内在需要。中小学教师的第一职责,就是充当美的使者与播种者。"因此,"一个真正懂得教育的老师,一定会时刻注意自己在学生面前的形象,一定要把自己最亮丽的那一面呈现在学生面前,而绝不允许自己蓬头垢面、衣冠不整地出现在课堂上",当然更为重要的,还在"内在的气质之美与心灵之美"。我强调,中小学教师之美,应该是端庄、大气、高贵之美,因为"教育绝对要求'大'与'正',教育具有先天的超越性,它是高贵的事业"。

其二,中小学教师对学生的爱,应是"亦师亦母(父)的爱"。一方面,"教师对学生的爱,是父母对子女的爱的延伸、扩展和醇化",是超越权力、利害、交换关系的天性的爱;另一方面,教师的爱,又不同于父母的本能的因而常常是非理性的爱,而是理性的爱,教师能够成为青少年信任的朋友,在他们的成长中起到父母难以发挥的作用,并且能够引导学生由"被别人爱"发展到"爱别人,创造爱",从而获得成熟的爱。

这样,中小学教师就具有了一种特殊的功能与职责:"在孩子幼小的心灵上播下一粒美的种子,一粒爱的种子",这对学生一生的成长的意义是怎么估计也不为过的。

其三,中小学教师应是一个"可爱的人"。"中小学教师是永远和起始阶段的纯真的生命生活在一起的",但他又是一个"成年人"。这样的双重关系,就决定了中小学教师"必然要或多或少地保留生命幼年时期的纯真",即人们通常说的"赤子之心",因此是"可爱的人";但作为成年人,过于纯真,就显得不合时宜而被看作是"可笑的人"。既可爱又可笑,这恰恰是中小学教师的魅力所在。

最后讨论的,是"中小学教师工作的欢乐和痛苦,爱和恨,笑和哭"。我强调,中小学教师的最大特点,是自己的生命和儿童、少年、青年的生命的共生互动,因而最容易从学生那里吸取生命的元气,永远保持新鲜感。面对充满好奇心,不断向你提出各种问题的孩子,你必须不断学习,不断思考,使自我生命处在不断新生的过程中。必须善于体味和珍惜这唯有中小学教师才能享有的幸福和欢乐。这样,当教师就会从一种职业变成内在生命的需要:"因为我快乐,我需要,我找到了意义。"

另一方面,我们也不必回避中小学教师所特有的辛酸与痛苦。我讲了两点。一是"中小学教师永远是、并且只能是'春天的播种者'，而不可能亲自收获'秋天的成果'。只有到学生长大了，成才了，回到母校来见你，道一声'谢谢，老师'，你才等到了收获的季节。但是，你已经老了。这就是你的宿命，必须正视"，因此，中小学教师只能"只顾耕耘，不顾收获"。在我看来，这应该是中小学教师的基本精神。二是中小学老师的"教育对象都是些不成熟的生命，他们多变，同时也会有意无意地给你以伤害"，因此，"不能期待你所付出的一切，都能得到好的回报，这也是我们的宿命"。

我以这样一段话结束讨论："我，以及我们每一个教师，特别是中小学教师，在回顾自己一生的教育生涯时，真是想想要笑，许多事情让你要笑，想想又要哭，多少次你忍不住要哭。这就是教师生活的真实。这也是我们对教师工作的一种承担。这都是我们自愿的选择。"

我说的这一切，也许过于理想化，但却引起了听讲的教师的强烈共鸣。

或许正因为我坚守了"教育理想主义"的旗帜，许多第一线老师中的理想主义者，在现实生活中感到孤独，需要帮助时，就主动找到了我。或通信，或寄来他们写的书稿或文稿，还有在办讲座或开会时相识直接交谈的，我的周围就逐渐聚集了一些中小学教师的朋友，我经常用"相濡以沫"来描述我们之间的关系。我们通常有两种合作方式。一是一起编书，前面提到的《新语文读本》等的丛书编委会后来都形成了一个有分有合的群体。二是老师们写出书稿，我为他们写序，既是一种支持与声援，更是语文教育的个案研究，对老师的思想与实践，进行理论的提升。书稿与书序浑然一体，其所提出的教育理念，就成为我和作者（第一线老师）的一种共识，或者说是共同创造物。因此，我永远感谢这些合作者，他们既是勇于进行教育改革实验的实践者，又是教育思想者，是教育新思想的真正创造者，我只不过作为阐释者参与了这样的创造。而这样的实践与理论的结合，对于我来说，又是特别重要，它弥补了我缺乏第一线教学经验的缺陷，成为我的教育思考的新方式,既保留了我的教育思绪的理想主义色彩,又更接近教育实际,可以说是落在地上了。

下面,就我和第一线老师的合作与思考,作一个简要的分述。

一、福州第一中学的陈日亮老师

陈日亮老师是我的同龄人,他是一位具有丰富教学经验,又善于思考,勇于实验的老教师,在语文教育方面他是给我启迪最多的老朋友。我为他的教育思想和追求,先后写了四篇文章:《以心契心的交流,弥足珍贵的个案——陈日亮〈我即语文〉序》、《语文教师的专业修养问题——在陈日亮语文教育思想研讨会上的发言》(以上两文见本书)、《关于语文教育改革的几点想法》(见《钱理群语文教育新论》)、《阅读教学历史经验的两个基本总结——读陈日亮〈如是我读——语文教学文本解读个案〉》(见本书),总结他的教育思想,也加入了我自己的思考与发挥。其中最具启发性的有三。

其一,对语文学科性质的概括:"语文是重在心智体验和技能经验的学科",更详尽地说,这是一门重在语文行为(听、说、读、写)过程中的心智体验的养育和技能经验的培训的"心灵的学科,行为的学科"。据此陈老师提出了"文心"的语文概念,我认为它应该有三个原则,即"文从心出",因此,在语文教学中,不能将文作为语言知识、文化知识的例证,而不触及文(语言文字、表达形式)中之心(思维、思想、情感)。"心在文中",因此,不能脱离文抽出思想、理念大谈之。这样的借题发挥,不仅脱离了课文之文,也脱离了作者其心,和语文教学已经无关了。"循文会心",因此,语文教学必须紧紧抓住课文的语言文字、表现形式这个中心,引导学生从领悟文面之义(字义、语义、用法、表现特点)入手,感悟文后之意(意味、情意、意念、用心、意图)。这里的关键,是找到每一篇课文的文与心的契合点,也即文章的核与纲。强调"文"与"心"的契合,就把所谓"工具性"与"人文性"统一起来了,这也就是我一直在强调的语文教材中的"文"(表达)与"心"(内容),语文教学中的"文"(语言能力的训练)与"心"(人文精神的培育)是"一张皮",而不是"两张皮"。

　　其二,陈老师在《我即语文》(福建教育出版社2007年版)里就强调:阅读是语文课的基础,提出以"历练自学(能力)"为语文教学的基本目标与使命,并具体指明了"学习兴趣的逐步提升""学习方法的逐渐掌握""学习习惯的逐步熟练"与"学习意识的逐步增强"四大指标。这和我的"打下终身学习的底子和终身精神成长的底子"的观念也是不谋而合的。后来在《如我是读——语文教学文本解读个案》里,陈老师又提出了两条阅读教学的原则:"把课文当作'教学文本'来教";"教学要从'怎么写'到'写什么',从形式入手,达到形式与内容的统一"。在我看来,这是对1949年以后语文"阅读教学历史经验的两个基本总结",也使当下阅读教学改革"在'教学文本解读'这里找到一个突破口"(《阅读教学历史经验的两个基本总结——读陈日亮〈如我是读——语文教学文本解读个案〉》)。

　　其三,陈日亮老师提出了"语文学家"的概念,强调"语文教师应该在教学过程中使自己成为语文学家"。这里又有三个专业修养方面的要求。首先"要对中国汉语有一种'文化渴求'",因此,语文教师素养的第一要求,就是要学习书法,写一笔好字;同时要涉猎与语言相关的音乐、美术、建筑、影视、戏剧、舞蹈等艺术领域,懂一点常识,培养一种兴趣,这样才能进入一个"大语文"的境界,真正进入汉语世界,获得终身学汉语、教汉语的乐趣。其二,"一个好的语文教师,必须具备对于语言表达的敏锐的规范感,对准确、妥帖、简练的语言的瞬间感觉与判断,而与其相应的,则是迅速作出更动、修改、补充、调适的言语反应",中小学语文教师天生地要做语言纯洁、语言文明的捍卫者。其三,语文教师不同于语言学家,他不仅关心语言本身,更关注怎样掌握与运用语言,必须掌握语文技能和教授语文的艺术,包括语文教师自身的教学语言艺术(《语文教师的专业修养问题——在陈日亮语文教育思想研讨会上的发言》)。

二、南京师大附中的王栋生老师

王老师是我母校的老师,我介入中小学语文教学改革的主要支持者和合作者,我曾写有题为《这才是合格的、真正的教师——读王栋生老师的教育随笔》的长文(见本书),文章里讨论的问题都是我和王栋生老师共同关注与思考的,而他更以自己的行动(包括他的教学行为,也还包括他作为杂文家的独特言说)来体现,也就更有力量。我在他身上要探索与追问的,是一个"合格的、真正的中小学教师"应该"有什么情感、心理、思维、观念、修养、气质、品格"?我以为最重要的有以下几点,我称为王栋生教育辞典的几个基本词语。第一是"我喜欢":"我喜欢富有同情心与爱心的学生","教育的快乐,在每天接触到的细节中"。这里的关键,是能不能以审美的胸襟、眼光和能力,去看待自己的日常教学工作和学生,以随时发现、欣赏、培养孩子的心灵的美为教师的基本职责、素质和意义。第二是"尊严":"我从不认为自己的职业无足轻重","要时刻想到,你的工作是无可替代的",这就是王栋生能够高喊"不跪着教书",并在语文教育界产生巨大影响的原因。王栋生老师的教师尊严感是建立在两个坚实的基石上的:他是一个"具有独立的批判和创造精神的思想者",他是"以教育为信仰"的"教育守望者"。王栋生老师则把教师的尊严称为"劳动者的尊严",这表明了他与生活在中国这块土地上的普通劳动者的血肉联系,这是他的力量源泉。第三,王栋生特意强调"教养"与"高贵":"在这个世界上,可以没有贵族阶层,但是不能没有绅士风度;在丧失了绅士风度的社会,文化教育至多也只能起到油漆的作用——粉饰涂抹而已。"在他看来,当下中小学教育的一大失误是"过于重视学科成绩的同时,忽略了'教养';而'德育'的形式内容繁多,又偏偏忽略了'风度'";根本的原因在许多教育者自身就没有教养与风度。第四,也许是王栋生教育思想中最重要的关键词,就是"学生":"一切为了学生,学生的成长需要是高于一切的,学校的一切教育行为,都要从是否有利于学生成长这一点为出发点和归宿","在教育问题上,没有小事,一切都关乎下一代的成长",这是一个基本的教育信念,也是一个底线,心中无学生的老师和教育,都是伪教师,伪教育。王栋生对学生之爱、教育之爱,是一种大爱。"教育为立国之本",这在某些人那里,不过是一句口号,或者至多是一个教育理念,但在王栋生这样的自觉的教师这里,却已融入他的生命,成为他的思维习惯:"教育为立国之本,如果根本发生动摇,不但我们毕生的奋斗将变得毫无意义,几代人的努力也将付诸东流。""教育的任何不负责任的言行,都会记录为历史痕迹,一朝悔悟,如同手上沾过无辜者的血,心灵的阴影一辈子也洗不净。"这样,"立国之本"就成了王栋生教育思想的核心。应该说,这样的对教师工作的自觉承担,对于民族现实与未来,扩大了说是对人类未来的自觉承担,正是我和王栋生老师教育思想与心灵最为契合之处,也是我们共同有的大忧虑、大恐惧之所在。我在文章最后说:"教师当如'王栋生'。"这不仅是我对王栋生老师表示最大的敬意;更是王栋生老师给予我的一个信念:既然中小学教育界有了这样的真正的教师,那么,我的关于中小学教师的理想和期待,也就不再是空谈,而是有转为现实的可能了。

三、东莞中学和深圳中学的马小平老师

我是通过他的学生而认识他的,我在阅读了他的教育札记和与学生的对话以后,写了题为《一个普通的中学教师能够走多远》(见本书)的长篇文章,以后又为他编写的《人文素养读本》写过一篇序

言。我在文章里说："马老师以其全球教育的眼光，高瞻远瞩，思想深邃，而让我格外关注。"他抓住了当代中学生的根本问题：他们诞生和成长于中国经济高速发展的时代，在享受物质生活水平提高的经济发展成果的同时，却受到物质主义、消费主义的影响，而产生精神困惑。反映在教育上，就是教育意义、教育目标的缺失。而在马小平老师看来，这不仅是中国，也是"全球性的问题，是现代文明病的恶果"。他因此引述历史学家汤因比的说法，提出我们要进行的是"与灾难赛跑的教育"，"要赶在灾难尚未毁灭人类之前，把能够应对这种灾难的一代新人给培养出来，这是很紧迫的问题"。这就提醒我们，要在21世纪的世界大格局、人类文明的大视野下，来思考我们面临的教育问题。马老师早在1999年就写过《面向知识经济，培养一代新人——关于普通中学迎接21世纪的教改设想》一文，提出要以"对国家与民族的前途"和"对人类的前途"的双重责任感，来思考与设计中国的教育改革。他认为，21世纪人类遭遇的现代文明危机主要是人的危机，人的生存意义的缺失的危机，因此主张"追寻意义"的教育：青少年通过阅读和人类文明建立精神联系，通过写作，和他人、和社会建立精神联系，并在这两种联系中，构建一个属于自己的意义环境，进而构建自己人生的意义世界，脱离生物性的野蛮和愚昧。

四、湖北省仙桃县中学的梁卫星老师

我和梁老师是因为他寄来一本自印的小册子《勉为其难的抒写》而结识的。我读了以后，立即写了一篇《作为思想者的教师——给梁卫星老师的一封信》（见本书），大有若获知音之感。引起我强烈共鸣与震撼的，是梁卫星老师给自己提出了七大质问："你对自己生活的世界有独特认识吗？""你有属于自己的信念吗？""你有不同于他人的教育观吗？""你反思、追问自己的知识观了吗？""你思考过，

应该有怎样的课堂语言、言说姿态吗?""你思考过'启蒙'与'教师'的关系吗? 我们需要怎样的启蒙?""一个教师,可以没有一定的艺术判断力与审美力吗?"在我看来,这是"一个有独立思想的教师,自觉的教师,在走上讲台时,必须向自己提出的问题","现在已经很少有人,特别是普通的中小学教师在思考这些关于教育、关于教师的根本性的大问题了,人们已经习惯于把这类问题交给某个特定的组织和个人,教师成了机械的贯彻者、执行者,成了没有独立思想与创造的,按图制作的真正的'教书匠'"。因此,我在2000年就提出教育改革能否成功,关键在于是否拥有大批的"有思想的教师"。在我看来,"梁卫星"们的出现,"是这些年的教育大讨论、教育思想解放的最重要的成果"。但我同时看到,"教育思想者和现实存在有着潜在的本质上的对抗性,而且还必须面对现实存在的逻辑任何时候都比教育的逻辑强大的事实","没有什么人的教育能够抵抗来自社会、家庭、日常生活的教育",这样的"无力抵抗",必然引发教育思想者的巨大精神痛苦和自我存在的荒谬感。从更深层面看,教师主要是一个实践者,教育思想者却同时要担当思想者的责任,这样的双重性,就必然使"梁卫星"们陷入思想者与实践者的不同思维、行为逻辑的矛盾纠缠中,既要批评反抗,又必须做出妥协,就落入了尴尬的困境(见本书《直面存在困境——读梁卫星教育随笔》一文)。

梁卫星老师对我的启示与意义,还在他身处小县城的中学,就对教育底层的真实有更深切的观察与体味。这正是高踞京城的我之不足。在一定程度上,是梁卫星老师让我看到了教育问题的严重和症结所在,并不断引发对自己的教育言说的反省。近年来人们都在热议我所提出的"高智商的、精致的利己主义者"的问题,其实最早让我注意到这一教育现象的,就是梁卫星老师和王栋生老师。梁卫星老师后来写有《凌月,樊强,郝青青》,更让我"直面中学教育的深层次问题":"我们的教育正在塑造什么样的人格?"回答是严峻的: 我

们培育的学生，有的信奉"只有考上重点大学，才能做人上人"，因而
形成了"成功者的自信与失败者的自卑结合"的畸形人格；有的以
"要在现有的生存条件下活得最好"为人生目标，信奉"权力就是一
切"的人生哲学，由此形成为了获取权力可以越过一切道德底线的
"强权人格"；有的对生活、家庭、学校、社会，都失去基本信任，从而
形成"反社会"的人格。这三种人在激烈的教育竞争中获得成功，很
可能就成为"高智商的、精致的利己主义者"；如果失败，就很有可能
成为黑社会的后备军。而还有一些学生，信奉"活着就是一切"的犬
儒哲学。也会有为数不多的学生，在"梁卫星"们的影响下，形成自
尊独立型人格，但在现实生活里，却会多有曲折与痛苦，以致使"梁
卫星"们产生"我是不是害了他们"的自责。

五、原上海师专的商友敬老师

商老师是《新语文读本》的老朋友，是一个"有着传统气息的现
代读书人，这是他的人生道路与为师之道的出发点与归宿"。他的语
文教育观是以读书为中心的，即认定语文教育的目的就是培养"真
正的读书人"，认定语文教育的问题的症结在"教师自己不读书"，语
文教育改革的关键是使教师成为读书人，"教师要在读书中生存，要
处在真正的读书状态中"，即回到"常识性的真理"上来（见本书《读
书人的语文经验和语文教育、教师观——读商友敬先生的三本书》
一文）。这些都言简意赅，却抓住了要害，我从中获益不少。

六、成都某中学的夏昆老师

夏昆老师是我主编《教育思想者丛书》时，朋友推荐他的书稿
《率性教书》而先读其文后见其人的。最吸引我的，是他的五个"不
相信"："不相信某个名师的方法可以放之四海而皆准"；"不相信某个
被人推崇的理论完美得无懈可击"；"不相信某个潮流就可以代表教

育的终极目标"；"不相信台上某个慷慨陈词的专家自己相信自己的学说"；"不相信来自行政部门的评价就是教师的立身之本"。这其实正是我担忧和警惕的：语文教育的所谓"新潮"泛滥，而且都以为真理在手，在非此即彼、非黑即白的二元对立思维下，把即使具有某种合理性的思想也推到极端，这就造成了语文教师的思想混乱，无所适从。而夏昆老师则表现出难得的清醒，和一切潮流和指令"保持着自己的距离"，坚守自己的独立理性和自主性，把教育的权利掌握在自己手里（见本书《"莫斯科不相信眼泪"——夏昆〈率性教书〉序》一文）。

七、在湖北乡镇中学任教的马一舜老师

我和马老师也是因为他不断寄文章给我，而相识相交的。他让我油然而生敬意，是因为他作为中国教育系统最底层的一员，在"升学率是学校生命线"的应试教育的逻辑指导下，在围绕应试形成的利益集团的包围下，仍然坚守教育理想与做人准则，他说这仅仅是"因为我爱呀"（这是他的书稿的题目），他永远爱脚下的土地，爱他的父老乡亲，爱作为农民的儿子的他的学生；他说"弱者守弱而不自轻自贱"，他始终维护着一个农村教师的尊严（见本书《有这样一位农村教师》一文）。

八、浙江乡镇小学一年级语文老师许丽芬

许老师网名叫"呱瓜"，我也是因为主编《底层教师的声音》，经朋友介绍而认识她的。她有一个动人的教育成长的故事。开始教书完全是为了谋生，但她"在焦虑的苦痛与对光明的渴求中啃读每一本能够抓住的书"，就突然找到了"自己的生命存在方式：脚踏大地，仰望星空"，在日常教学的琐细里发现了深长的教育意义。"生活变了，教育变了"：依然每天没完没了地批改作业，和孩子说话，例行公事去家访，她用新的眼光、心态去看、去做，就激发出新的想象力与创

造力，她突然有了感觉，提出："为什么我们不能有奇思妙想？"她"期待一份开阔、一份自由，期待一种真正代表儿童朴素、真诚、无忌的生命状态"，于是，她进行了多种多样的教育实验，并不断追问教育的真谛，对公认的教育观念提出质疑："何为'差生'"，"教师能以自己的好恶之心对待学生吗"，"依靠感性的爱，可以解决教育问题吗"，等等。我真的感叹：在远离中心的底层，竟然有这样的真的老师，真的教育，真的改革实验（见本书《日常教学的琐细中隐含着深长的教育意义——许丽芬〈做一个纯粹的教师〉序》一文）。

九、西安一中的杨林珂老师

杨老师是在一起突发的教育事件里与我相遇的。杨老师坚持教育改革实验，却引起了一些学生家长的不满，他们以"妨碍高考"为名，将杨老师告到学校，校方有些领导也准备处理他，杨老师不服，写了份《万言书》，投寄当地的《华商报》，引发了一场讨论。报社找到我，希望我发言，在仔细读了材料以后，我认为"杨老师现象"反映出"教育改革的动力被当作阻力，教育的依靠对象成了被忽视、指责，甚至被打压的对象"，因此，欣然应命，写了长篇文章予以声援，其主旨就在文题上：《共同营造扬善抑恶、宽容、宽松的教育环境》（见本书），呼吁"通过坦诚交流，教师、教育领导部门、家长、学生、社会舆论之间，有更多的理解的同情"，"鼓励实验，允许失败，不横加干涉，不骂杀也不捧杀，在这样的环境里，就能够最大程度地减少内耗，校园内外各种力量的积极性都能得到有效的发挥和良性互动，我们的教育和改革就迈出了重要的一步"。

十、四川省金堂县中学李国斌老师

李老师是他的学生介绍给我的，他写了一本《我的学生我的班》，讲述他带领2001级1班的学生，进行教育改革的实验，如学生们

所说,"在西部那么一个小地方,还有这样生动的素质教育",实在是
一个奇迹。书于2011年出版时,他身患绝症。学生们就希望我写一
点评论,以作慰藉。正是这学生的爱,深深地感动了我,我义不容辞
地写了一篇《他在进行一场决定教育命运的"静悄悄的变革"》(见
本书),文中写道:"我们的中小学教育给孩子们留下什么样的童年
的、青少年的记忆:是宁静的,还是浮躁的;是温暖的,还是阴冷的;
是蓬勃向上的,还是消极退缩的;是阳光的,还是灰暗的;是多彩的,
还是无色无味的,都将决定一个人的一生。中小学教师的生命的全
部意义和价值,就在于能够成为学生童年、青少年记忆中最光明、最
温暖的那个瞬间","李老师的书,最大的魅力,就在于它展现了一个
又一个这样的神圣的瞬间",李老师的实验也因此显示了它的特殊价
值:"在改变着学生和他自己的存在的同时,也在改变着现行教育的
存在,我称之为'静悄悄的变革'。"

十一、南京师大附中的王雷老师

　　王雷老师也是我的母校南京师大附中的中年老师,他所面对的,
是我所说的"王栋生之后"的问题:不仅是担负着"接着往下做"的
重任,更要面对严重的教育危机。而在我看来,最大的危机莫过于
"有的老师的心已经死了":"他们或者在教师工作中感受不到任何生
命的意义,也就不再追求意义,而以教育为谋生手段。其中最好的也
是听从指挥,做好规定自己做的事情,更多的则是在混日子。还有一
些人,力图从中谋取私利。""王雷"们的可贵,在于他们的坚守:既
看清"想通过一代两代人的努力,就能改变基础教育的面貌,这个设
想完全不符合中国国情",因此,以鲁迅主张的"慢而不息"的韧性
精神,"把实现自己的教育信念的努力常态化,变成日常教学里的持
久战",另一方面,又看到实行局部的一点一滴的改革的空间"是存
在的,应该一起努力扩大这个空间",以教育的智慧,"学会在限制内、

缝隙间，做自己愿意和能够做的事情"（见本书《坚守，需要韧性与智慧——王雷〈战战兢兢的讲台〉序》一文）。

十二、田帅军老师

田老师这样介绍自己："老家在河南，现在在河北（后来又是广东）一所私立高中教语文。"他的教育故事，让我感到惊心动魄：2000年他作教育理想演讲，大受学生欢迎，但在2010年再作类似讲课，却被相当一部分学生所拒绝："既然你改变不了应试教育的体制，既然高考会永远存在下去，那就请你还是教我们多做题吧。"这是田老师和我们必须面对的历史与现实："这十年是素质教育提倡得最多的十年，但恰恰也是应试教育迅速扩张的十年。"但田老师仍然选择了坚守："虽然的确苦闷、彷徨，但我是不会轻易放弃中学语文教学这块阵地的。因为我一直坚信：这里，需要我；这里，有我！只要是有我在的地方，就不会再是死水一潭，它起码会激起一丝波澜、几朵浪花的！"他的理由与做法也很简单："看清这个世界，然后爱她。"这是在放弃了一切不切实际的幻想以后，仍然坚守的对学生之爱，对母语之爱、语文教师之爱，最后归结为对世界、生活、生命之爱，对人性的信念。有了这样的大爱，就"安于边缘，安于不被理解，安于寂寞，不试图追求体制内的好处与世俗的荣誉之光的照耀，而在'他处'（自己的良知、教育的真谛、学生的真爱）寻求意义、价值与快乐"，而且进入从容、洒脱的生命的"安静、安宁"状态："越是急切地追求改革，越是需要把握好动静之间的相互补充与制约。"我们的民间教育改革者经过十余年的磨炼，终于成熟了。

我和中小学教师的交往，当然不只这12位，还有前面提到的和没有提到的杨先武、孟素琴、曾宏燕、邓虹、严凌君、管建刚、李賔英、连子波、文勇、徐思源、周春梅等老师，更有大量的和我通信、没有见过面的中小学老师和学生（部分书信收录于《语文教育门外谈》和

《做教师真难，真好》）。我之所以不厌其烦地讲述这些第一线老师
的教育故事，他们的教育思想与实践，不仅是要感恩于他们对我的支
持与启示，更是要表达我的一个信念——

　　　　鲁迅早就说过，要真正认识中国，必须"自己去看地底下"。
　　不了解中国的底层教育，听不到底层教师的声音，同样无法认识
　　中国的教育。
　　　　那里有真实的中国教育问题。因为边远，就更加赤裸裸，较
　　少掩盖遮蔽，那黑色的真实，或许更容易使我们警醒。
　　　　那里更有真正的教育智慧，因为产生于艰难的挣扎之中，就
　　弥足珍贵。因为更近于本土本色，或许就会萌生新的教育因子。
　　　　最重要的是，那里的教师是鲁迅最为赞赏的"埋头苦干
　　的人"，"拼命硬干的人"，那才是中国教育的"筋骨和脊梁"。
　　（《〈底层教师的声音〉总序》，见《智慧与韧性的坚守》）

　　越是意识到第一线语文老师的重要和他们事实上被忽略的现
实，我越感到焦虑与无力，就想到与其空喊，不如为老师做一些服务
性的实事。于是，又开始了20年前《名作重读》的工作，这回就更加
自觉了，就有了《经典阅读与语文教学》（2012年出版）和《中学语文
教材中的鲁迅作品解读》（2014年出版）两本书的写作，后者就成了
我的"告别之作"。

最后的"告别"，
仍把希望寄托于坚守岗位的老师们

　　2012年，正是我1993年开始关注中小学教育问题20年，1997年
开始参与中小学教育改革15年之后。这年9月，由企业家王瑛发起，

召开"倾听第一线老师的声音"讨论会。这次会议对于我特别有意义，不仅因为前文提到的许多老师（马一舜、夏昆、许丽芬、杨林珂等），我都是在会上第一次和他们见面，而且在会上的发言里，我在对自己和中小学教育的关系的历史——在某种程度上也是中小学教育改革的历史——作了一番回顾以后，对中小学教育和改革问题的认识，有了一个新的深化。我主要谈了三点。

首先，如前文所说，我从介入中小学教育开始，就已经感觉到了改革中的"利益"问题，以后又多次谈到行政部门运用自己的权力主导教育改革所带来的问题。但经过多年的观察与讨论，才最后发现问题症结所在：2000年提出的"教育产业化"从根本上改变了教育的性质：由实现公民享受教育权利的公益性教育，变成了以营利为目的的产业。由此而实现了权力和市场结合，就必然滋生教育的腐败，并在这一过程中，形成了围绕应试教育的某些利益集团。这就是2000年以后的十多年里，素质教育始终停留在口头上，无法落实，应试教育却越批越香，并形成了无法撼动的完整体系，渗透与实际支配着中小学教育的一切方面，一切环节的外在、内在原因。

于是，就有了我要讨论的第二个问题。越来越多的事实证明，"现在的中国教育，已经不是什么教育观念之争，而是利益之争"。在15年前的教育大讨论中确实有观念之争，我也积极参与其中，还被视为某种理念的代表人物。但后来就突然发现，当年我的一些批评者早已把我的教育观念拿过去了，比我还彻底，变形变味不说，他只是口头上唱唱高调，真正做起来，还是按照他的利益要求去做，因此也依然不容你，因为你妨碍了他的利益。这就涉及中国教育改革的另一个致命弱点，也是我早就多次提到的：它"只限于教育方法的改革与实验，而回避了教育制度的改革"。由此可以得出两个结论：一是在现行的体制下，我们的一切努力与试验，都是有限度的，这是一切教育理想主义者必须正视的现实。其二，要真正推进教育改革，就必须改变思路：不能只局限于教育观念与方法上的修修补补，而要着眼于教育制度的改革；不能就教育谈教育，而要着眼于改革的全面推进，特别是以政治、经济体制的改革来给教育改革提供政治、经济体制的前提条件与保证，这就是"超越教育而言教育"。这正是我的这篇讲话所要强调的。我引述了蔡元培时期的北大教育系主任、中学教育改革的先驱，后来因走出教育、参加革命而牺牲的高仁山先生的一句话："一个真正关心、热心教育的教育家，就不能只关心、热心教育，而要超越教育，关心并参与政治、经济的改革。"正是在高仁山先生的启示下，我意识到"我对中小学教育的参与，必须有新的选择，即超越教育而言教育"。这样，我从1993年开始，由不自觉到自觉参与中小学教育改革；到2013年前后，逐渐退出、超越，就完成了一个历史过程。始终不变的，是我对中国教育与中国儿童、青少年的拳拳之心。

　　我讨论的第三点是，我本来就是中小学教育的圈外人，因此可以一走了之；那些走不了的第一线教师，又该如何在现行体制里，寻找出路呢？答案也在老师们自己的实践中：前文提到的和许多老师的讨论，其中心就是如何"改变自己的教育存在"。在这次会议的发言里，我对此作了一个阐释，有四个要点。其一，从改变自己的教育存在开始，以"建设你自己"作为"建设社会"的开端。改变教育状况，要从每一堂课，每一次教育行为，每一个教育细节开始。其二，牢牢把握"当下"，不寄希望于一劳永逸解决教育问题的彻底、根本的变革，而采取经验主义、现实主义的态度，进行点点滴滴的渐变的试验，永远面对一个一个具体的学生，帮一个算一个，并从中获得意义，享受快乐。其三，从下面开始，立足于自身和志同道合者，一起来把握自己的命运，教育的命运。其四，更注重行动，不仅是一个理想主义者，更是清醒的、理性的、低调的行动主义者，在现有的教育环境下，做自己愿意做、可以做的事情。真正的教育从来都是"润物细无声"的。

　　而我更加看重的，是这样的事实上已经出现并在发展中的教育存在变革，其骨干已经是四十岁上下的中年人。我的朋友中，陈日亮、王栋生等老教师这些年已陆续退休，马小平等则已远去，梁卫星选择离去，但他仍留下一本《一个人的高中语文》。让我感到欣慰的，是王雷、周春梅、田帅军、杨林珂、夏昆、马一舜这些中年教师经过多年摔打已经成熟，他们正以我十分赞赏的韧性与智慧，以自己的方式，坚守理想与信念，应对当下的教育问题。

　　无论教育现状为何，教师还在，学生还在，教育还在，教育改革和实验也还会继续下去。我对人性的力量、青春的力量、教育的力量从未失去信心。我永远情系教育：这也是我的宿命。

辑一

做合格的、真正的教师

这才是合格的、真正的教师

——读王栋生老师的教育随笔

读了王栋生老师的《不跪着教书》《前方是什么》,不禁掩书长叹:"这才是个合格的教师!"

在我的心目中,"合格的教师"就是"真正的教师"。

长叹之后,是深思和追问:教师这个职业意味着什么?怎样才无愧为人之师?教师,他(她)必会有、应该有什么情感、心理、思维、观念、修养、气质、品格?

平常心,正常情——
教师首先是有"人"的意识、情感健全的人

王栋生老师的教育随笔,常给人以震撼。《"模范"如是说》就是其中的一篇。文章谈到了在教育表彰大会上,有"模范教师"介绍经验,说自己如何为了坚守讲台,而不顾家庭,以至妻子瘫痪,老父含恨而死,无暇关心女儿学习,连自己也延误治疗而落下终身残疾……说这就是教师的无私奉献,云云。王栋生毫不苟同:"一个人,连妻子、子女也不爱,连父母也不爱,却说热爱自己的'岗位',爱自己的学生,这种话,你相信吗?他的人生目的是什么?他抛弃了所有的亲人,只是为了能站在讲台上?"他一针见血地指出:"为工作牺牲亲情,牺牲亲人,这其实是一种变态的极端的个人主义,是极不人道

的","至少是麻木和虚伪的"。

由此得出的结论是:"教师当有正当的人性。一个人没有'人'的意识,没有正常人的思想感情,那就不能从事教育工作。"——这里提出的是一个重要的、基本性的教育观和教师观,也是王栋生教育思想的出发点和归宿:教育"要以人为本,要有人情,要体现人道精神"(《跑,还是别跑》),"不近人情",就"近于野蛮"(《昨天的故事》)。

而以这样的失去正当人性的教师为模范的教育,就必然是"反人道的教育":"它破坏的是基本的伦常,毁灭的是人性。"王栋生老师质问道:"教育的目的是什么? 难道是为了让学生都成为连生命也不知道珍惜的人,成为六亲不认的人?"

问题是这样的六亲不认的教育,在中国是自有传统的:古有存天理、灭人欲的假道学;而在当今社会,鼓励这样的"无私奉献"的模范教师,就具有更大的虚伪性。

这就给我们一个重要提醒,要警惕那些"伪教育家"(《遍地"教育家"》),要明确地指出:那些新时代的假道学家都是不合格的教师,真正的教师必须和他们划清界限。鲁迅早就说过:"伪士当去","去伪士",包括去伪教育理论,也是当务之急。

因此,王栋生老师断然拒绝了把教师比作"春蚕""蜡烛"的所谓"贡献"论。这种理论竭力渲染教师工作的悲壮性:"似乎这不是一种令人尊敬的职业,这是人要为之牺牲的一场苦难,是一条殉道者的路。"

不,我们不是春蚕和蜡烛,我们是人,我们有人的意识、情感、欲望,因此,我们懂得如何维护自己的人的权利;我们也知道自己的生存价值:"我们不仅是庄严的劳动者,而且是爱的使者,因为有我们的工作,孩子们变成有感情的人,懂得会尊重人的人。"(《别再称我们是春蚕,好吗?》)"教师是一种适合我的职业","一个人在做他所热爱的事,也就谈不上什么'奉献';我对自己的选择负责,也同时享受自己的选择：如此而已"（《这是一种适合我的职业》）。

人的教育，应该由感情正常、健康、丰富的人来承担。

我喜欢，心灵震颤，眼眶湿润——
教育的快乐在每天接触到的细节中

王栋生教育词典中最重要，却往往被人忽略的词语是"我喜欢"："我喜欢有感恩之心的孩子"（《感恩之心》），"我喜欢富有同情心和爱心的学生"（《善良的心是一盏灯》）。他在一篇文章里，也提到我最喜欢听他讲讲学生的事，而且还是美好的故事多，这样的美好总让我们心热眼红，"像个孩子一样，任泪痕挂在脸上"（《感恩之心》《老师，我的神》）。刚刚远行的商友敬先生看了王栋生写的《告诉你几个故事》，也潸然泪下，特地去信说"能流泪的老师是幸福的"（《致吴非》）。

我手头就有这么一篇《很小的事情》，还没有收入王栋生的文集，是我从2008年2月22日《新民晚报》上小心地剪下来，珍藏在我的文件夹里的——说小心，说珍藏，是因为我从这短文里抚摸到了一颗教师的大心，并深受感动和触动。

还是先抄录开头的一段文字——

学生迟到了，他面带愧色，站在教室门口轻轻喊了一声"报告"。他很尴尬：喊轻了，老师听不见，声音大了，又怕惊动大家。教师发现了，也只轻轻地一点头，让他回到座位上去。他已经知道迟到妨碍了大家，你尽可能不要多问，你的目光甚至没有必要停在他的脸上。我对这样的学生印象很好。这样的学生总是很注意个人修养，他们总是想到自己的行为不能妨碍别人。拥有这样的品格，以后是可以在一个文明社会立足的。

我感动，自然是因为从很小的事情上看到了今天中国普通中学生心灵的闪光，作为一个关心中国教育、中国年轻一代，以及中国未来，并因此常怀忧虑的知识分子，我从中得到了非常重要的信息：文明的幼芽、爱的幼芽还在，就如王栋生老师所说，"当今之世，中国有这样的学生，可以证明实施真正的素质教育是有可能的"（《学生给教师上了一课》），我真的感到说不出的欣慰。

我感动，更因为能够发现这样的很小的事情，为之感动，并深思其意义的教师，也必有一颗仁爱之心。更重要的是，这是完全自觉的努力。王栋生老师说："教师要重视培养学生仁爱的禀赋。"这就需要教师有一颗仁爱的心；有了这样的仁爱的心，就会有这样的胸怀和眼光，去发现学生身上爱的萌芽、文明的萌芽，并精心呵护与培育，助其成长（《善良的心是一盏灯》）：这真是一盏灯，给教育以真实的希望。

而教师自身，也从中获得了教育的意义，以至生命的意义。王栋生老师："只要能经常发现这样的孩子，就会觉得既幸福又平常"（《感恩之心》），"教育的快乐从哪里来？就在每天接触到的这些细节中"（《这是一种适合我的职业》）。

问题是，并不是所有的老师都能随时注意到这些细节，并受到感动，更不用说深思其意义了。这也正是王栋生老师最感痛心和寂寞的。他说："对教学工作的机械重复，对学生的冷漠，对生活的冷漠，是对（教师）职业的亵渎。"（《教师要有精神追求》）他还叹息说，今天的教师缺少的是审美的需求和感受力（《在实践中反思》），其中一个方面，就是不能用审美的眼光看待自己的学生，发现其内心和行为的美，更不用说去培育美了。而不能发现和欣赏学生的美的教师，也一定不能享受教师职业之美。

王栋生老师说："我喜欢孩子"，"看着他们清澈的眼睛"，"我的心灵常常会有一种震撼，我的眼眶会莫名其妙地湿润"（《第一滴污垢》）。

　　读到这里,我的眼眶也莫名其妙地湿润了。我对自己说:这就是一个真正的教师的情感!我曾经在很多场合都谈到,人活着要永远保持一种黎明的感觉,每天都是一个新的开始,每天都以婴儿的眼睛去发现新的世界、新的美。在我看来,教师的黎明的感觉,就是每天都能从学生身上发现新的美,并时时受到心灵的震撼。这样,教师的生命就能永远处于新生的状态,即所谓"苟日新,日日新,又日新"。

　　这里,还有中小学教师所特有的生命意义和价值。这也是我多次谈到的,中小学生正处于人生的黎明时期(我经常用的说法是生命的"春天"和"初夏"时节),这也是一个人生命发展中最为纯净、最具活力的一个阶段,即使说今天的一些中学生已经受到了令人痛心的污染,但他们依然是相对单纯的;天天和这样的生命相遇、交流,中小学教师正可以从中吸取生命的元气和活力,而使自己的精神永远年轻。我们在中小学校园里经常可以遇到那些老教师,他(她)们在长年从教后仍然能保持对新思想新事物的敏感,能对未知领域不停地探索,能始终对教学保持浓厚的兴趣,并永远有一颗赤子之心。王栋生把它称作"热爱的禀赋"(《教师要有精神追求》)。

　　这"热爱的禀赋",是来自随时随地发现、欣赏并培育学生心灵美的襟怀、眼光和能力、习惯的:这是教师的基本素质、禀赋。王栋生老师说,教师职业适合他,他自愿选择当教师,就因为他具有这样的素质、禀赋,并在学生心灵美的发现与培育中,享受到了无穷的乐趣。这是他能够成为一个合格的教师、真正的教师的秘密所在。

当"教育为立国之本"的观念成为思维习惯时

　　王栋生老师不仅有大欢喜,更有大忧虑、大恐惧:"我畏惧,我担心。我们能把这个孩子教育成一个人吗?这孩子纯洁的心灵究竟会在什么时候、在什么地方,会被什么样的人,以一种什么方式,洒上第一滴难以抹去的污垢呢?"(《第一滴污垢》)。

就是说,王栋生老师在进一步思考与恪守教师的职责时,不是只局限于校园的细节,而是放眼观察、感受教育的环境和生活的世界。他的大忧虑、大恐惧就是这样产生的。

我们关注的是,作为一个教师,他究竟忧虑、恐惧什么? 这又反映了怎样一种思维、观念、精神?

他在报纸上看到一篇报道——《把乞丐赶出特区》,愕然想到:"我们的下一代会不会变成没有同情心的冷血动物呢?"他说:"一想到我们的学生有可能因为错误的宣传而学会在人民的疾苦前闭上眼睛,我就感到愤怒。"(《谁"赶走"谁?》)

他看到一个孩子在玩杀人的电子游戏,联想到电视里充斥的带有血腥暴力内容的影片,立即奋笔疾书:《不能让儿童接触残忍》。他说:"一个孩子从小就可以那样不经思考地去剥夺别人的生命,虽然不过是在虚拟的场合中,但是从对少年儿童教育的角度出发,必须考虑到:任何缺乏人道精神的暗示都会让他们变得缺乏人性,走向野蛮。"

他听到父母教育孩子"出门小心,外面坏人多",第一个反应是:"孩子从小不懂得信任,是最可怕的事","如果没有对人世间的爱,世界在人的眼中也就没有了善良"(《如果孩子不懂得信任》)。

他听报告,听到一组吹牛的数字,联想到商家在吹牛、教育家也在吹牛,这似乎成了"一些人的生存基本需求",人们已经见怪不怪了,但他不能,他说"我之所以特别憎恶吹牛者,是想到当今孩子们思想混乱,他们的许多错误判断正是来自吹牛家的胡说八道。吹牛家吹出来的任何东西,都有可能搞乱学生的思想"(《有缘有故论吹牛》)。

在谈到学校招生腐败的问题时,他说:"我最怕的是我们的学生过早地知道这些故事。可是现在的学生还有什么不知道的?"他因此而感慨："在这类问题上,学校伤害了多少学生?"(《老红军的难处》)。

他还为有的官员当着教师、学生的面念白字而感到难堪,觉得这是件糟糕透顶的事。一些官员的腐败行为更让他感到不舒服,十分的遗憾,也是因为"这些事过早地让孩子面对,会给他们的心灵蒙上难以摆脱的阴影"(《先生,你怎么说话》)。

他说他经常为社会的各种问题而忧虑,就是因为"当今社会的许多问题,如环境污染、安全生产事故、犯罪、漠视生命、落后习俗,等等,最后无不归结为人的素质问题","无不归结为教育问题"(《沉重的话题》)。

王栋生作为一个杂文家,他的这些社会批评,得到广泛赞誉,其意义自不待说。但我想强调的,是他的社会批评,有一个基本的教师的立场和眼光。在他看来,许多社会问题、教育问题,其最大危害,其不能容忍之处,并且让他忧虑、恐惧之处,就在于它会污染、伤害孩子的心灵,这无异于对国家、民族未来的谋杀。他说——

"教育上的任何举措都有可能影响社会风气的变化。"(《欣闻取消"重点班"》)

"'教育腐败'比'司法腐败'更可怕。教育为立国之本,如果根本发生动摇,不但我们毕生的奋斗将变得毫无意义,几代人的努力也将付诸东流。"(《如今怎样当校长》)

"教育的任何不负责任的言行,都会记录为历史痕迹,一朝悔悟,如同手上沾过无辜者的血,心灵的阴影一辈子也洗不净。"(《"不是爱风尘,又被风尘误"》)

"这些问题,如果我们不思考,也许就没有人去思考了。"(《前方是什么?》)

"教育为立国之本"的理念,对某些人来说,不过是一种宣传和口号,但在王栋生这样的自觉的教师这里,却已经融入他的生命,成为他的思维习惯——如以上所引述的他的那些文章所表明的那样，遇到任何问题，他的第一反应，就是这将污染学生的心灵，造成教育危机，从而动摇立国的根本。

正是这样的将教育危机与民族危机视为一体的思维，构成了他的大忧虑、大恐惧的心理内容。

由此产生的，是一种自觉的承担意识。我们在前文谈到，王栋生老师从发现和欣赏、培育学生心灵的美中，享受快乐和感悟人生意义：这是教师职业对他自我生命的一种承担。而当王栋生面对学生心灵被污染、伤害的教育和民族危机，产生"我们不思考，就没有人去思考"的历史使命感时，就引发了他对教师工作的自觉承担，以及对民族现实和未来，扩大了说是对人类未来的自觉承担。

现在，我们可以总结说，王栋生之所以自愿选择教师这个职业，并产生终身不变的热爱，就是出于这样的对自我生命，对教师职业，对国家、民族、人类未来的三层承担意识。王栋生老师因此提出了"教育守望者"的自我命名，并且强调，这是"神圣庄严的工作"，"需要宗教般的执着精神"。这样，对王栋生这样的老师来说，教育已经成为一种信仰。

王栋生说得好：真正的教师必定是"有信仰的、站直了的人"（《前方是什么？》）。

独立、创造与尊严——
我美丽，因为我在思想

"站直了的人"，这是王栋生教师观的一个关键词；他那句名言——"不跪着教书"所表达的也是这样的教师观。其出发点、着眼点依然是学生和民族的长远发展："如果教师是跪着的，他的学生就只能趴在地上了"（《我美丽，因为我在思想》），"如果教师跪着教书，中华民族也站不起来”。

作为教师自身来说，能否站直了，不跪着教书，关键又在是否具有独立的思想。

于是，就有教师应当是思想者的命题的提出，所要恢复的是两个缺失了的知识分子精神和教育精神。

其一，是独立的批判、怀疑的精神。王栋生提出了一个人们很少想、却非想不可的问题：“如果学生对教学内容不敢有个人观点，如果学生连校政都不敢评论，把教师、家长的话奉若金科玉律，如果学生对社会灌输给他的任何东西都‘坚信不疑’，会有什么结果？”回答是“学校只能教出一群精神侏儒”。问题还可以再问下去：如果一个民族的下一代，都是这样的精神侏儒，这个民族的未来又如何？王栋生说他时有不寒而栗之感（《人，不能和野兽一样》）。这类问题追问下去，是无法让有良知的教师心安的。

结论是：“培养学生的怀疑精神，是为他们打好人文‘底子’的重要措施。这个任务只有思想者才能完成”（《我美丽，因为我在思想》），“培养独立思考的一代，是教育最重要的任务，中国需要大批有独立思考精神的教师来做瞒和骗的掘墓人”（《不要跪着读》）。

鲁迅说：中国“早就应该有几个”走出“瞒和骗的大泽”，敢于“真诚地、深入地、大胆地看取人生”的“凶猛的闯将！”（《论睁了眼看》）当下教育也正呼唤着这样的“凶猛的闯将”。

其二，是独立的创造精神。王栋生老师在一篇文章里同时提出了两个教育命题——“教师应当是思想者”和“教师应当是创造者”，这两个命题其实是有内在联系的：思想的意义、价值和乐趣，全在于创造。王栋生老师说：“我们的教学需要创造的激情。教师应该有这样的追求，即在教学中培养学生的创造意识，让他们成为‘具有想象力的人、有办法的人’，具备这样的素质，他们在任何环境中都不会丧失创造的激情。”培养学生的创造性思维，这也是王栋生老师语文教育观的一个核心,特别在作文教学方面,他更是作了许多成功的探索,他这方面的思想与实践当另作讨论。这里还要说的,是他自身就是一个极有创造力的教师,他要求自己"每天都得有些期待,每次上课都想到能不能'再朝前跨一步',期待有新的发现",他说:"如果没有创造的意识,教师职业有什么意思呢?"(《这是一种适合我的职业》)——这又是人们很少问,却又是非问不可的问题。

于是,就有了这样一句话——"我美丽,因为我在思想",而且是创造性的思想。在这诗意的表达背后,是一种作为有思想、有追求的教师的职业尊严感。"自尊"是王栋生教育词典中出现得最为频繁的词语之一。他说:"我从不认为自己的职业无足轻重。"他有一篇告诫年轻教师的文章,第一诫就是"要时刻想到,你的工作是无可替代的"(《诫徒》)。他引述哲学家罗素的话:"自尊,迄今为止一直是少数人所必备的一种德性。凡是在权力不平等的地方,它都不可能在服从于其他人统治的那些人的身上找到。"并且说:"人只有把自己作为具有独立意志的公民而不是任人驱使的工具,社会才可能进步。"(《〈前方是什么〉自序》)王栋生老师把有没有教师的职业尊严,视为教师是否"站直了"的一个标志,他最鄙视的就是某些教师的自轻自贱。他说:"教师没有自尊是最可怕的。一位教师如果到了没有自尊的地步,作为教师他的职业生命已经结束了。"(《你为什么释放粗鄙》)

他把教师的尊严,称作是"劳动者的尊严",他说他和周围的人都"坚守诚实劳动的信念,在这样的劳动中,学会做人,保持人的尊严和善良"。他坚定而自豪地表示:"不管社会价值判断发生怎样的变化,我都会和那位民工一样,选择流汗。"他坚信:"劳动使人能够有尊严地生存,同时从劳动中,人获得知识的教养","被引入到一切高尚之境"(《敬重诚实劳动》)。

这里,有两点很值得注意。一是王栋生老师把教师的工作和民工的工作同等看待：都是普通的自食其力的"流汗者"。这使我想起了鲁迅的话，他说，作家的写作和"农夫耕田，泥匠打墙"一样，都是做"有益的事"，"得一点不亏心的糊口之资"（《徐懋庸作〈打杂集〉序》）。这里，显然有一种可贵的平等观，由此产生的是教育平等观，这也是王栋生教育思想中很重要的方面。而我想强调的是，由此而显示的王栋生这一代有知青背景的教师和中国这块土地上的普通劳动者的血肉联系。王栋生曾深情地回忆，他在农村当代课教师（这是他教师生涯的开始）时，正是"贫苦农民的善良让我看到了高贵的宽容"，懂得了同情、善良这样的"近于本能的基本情感"的价值（《善良的心是一盏灯》）。他因此而领悟了教育的真谛：教育"要从了解我们赖以生存的土地开始，从你接触的每一位凭着诚实的劳动养活全家的人开始，从平凡的生活中解读人的情感开始，从逐渐了解用血汗写就的几千年文明开始"（《祖国的歌》）。——也许我们的讨论到这里才触及王栋生老师其人其思想的根，他的尊严感，他的独立思想、意志、人格，他的仁爱之心，他对教育，对语文教育所有独到、深刻的思考，都来自我们这里所说的和中国这块土地上的普通劳动者的血肉联系，和中国这块土地上的知识、文化的血肉联系。他要维护的，正是教师作为劳动者的尊严，这同时也是知识者、思想者的尊严。

于是，我们又注意到另一个要点：王栋生对"教养"与"高尚"的强调，这也是他的教育词典里的基本词汇，构成了他的教育思想的独到方面。他有一篇文章，题目就叫《理直气壮谈"教养"》。他说："现今学校教育在过于重视学科成绩的同时，忽略了'教养'；而'德育'的形式内容繁多，又偏偏忽略了'风度'。"他说他"痛心于这样的现实：一方面，家长望子成龙心切；另一方面，他们却认识不到，一个没有教养的孩子今后在文明社会寸步难行"。他说："在这个世界上，可以没有贵族阶层，但是不能没有绅士风度；在丧失了绅士风度的社会,文化教育至多也只能起到油漆的作用——粉饰涂抹而已。"——这都是痛切之言,没有直接说出的是教师的"教养"和"风度"。其实,按王栋生的一贯思路,学生的教育关键在教师,对教养和风度教育的忽视的一个根本原因,是今天的许多教育者,自身就没有教养与风度。熟悉王栋生的朋友都知道,他对人的一个基本评价标准,就是有没有教养和风度。这是因为,在他的心目中,教育是一个高尚的职业,它在本性上就具有高贵的气质。因为劳动是高贵的,思想是高贵的,创造更是高贵的。

不可不慎——
一切为了学生,一切都关乎下一代的成长

这是王栋生所讲的教育故事中,最让人感动、深思的一个细节:"某次我们在对一本论文专辑作最后校对时,发现一位学生有一部分内容是抄袭的,如果在平时,我们会抽去这篇文章,同时会对学生进行适当的教育。可是这一次情况不同,因为此时距高考仅有四五十天,而该生本人也看过这份校样了。如果采取行动,有可能强烈刺激这位学生,使她的事暴露在全年级面前,影响她的高考,从而影响她的未来。但是如果按原计划编发这本专辑,我们将承担编辑责任。在这种情况下,我们决定不撤下这篇文章——尽管我们会因此而受到非议,但是一个孩子能够比较顺利地通过人生关口,进入高校学习,能在以后的学习阶段改正缺点,这还是'合算'的。为了保护一个孩子,教师就作出了牺牲。"(《一切为了学生》)——这是一个不同于一般教育原则的特殊处理,看起来有点出格,但它背后的教育理念,却是值得注意的。这就是学校教育有一个绝对的教育原则:一切为了学生,学生的成长需要是高于一切的,学校的一切教育行为,都要从是否有利于学生的成长这一点为出发点和归宿,必须着眼于

学生的长远发展，教师的天职就是保护学生，为他（她）一生的精神成长、生命发展，为他（她）的前途负责，替他（她）着想，即使因此自己作出牺牲也是值得的。

这里，还可以举出一例。王栋生有一篇《通过封锁线》，说到自己"平时倡导学生'自由地写'，可是到了高三，我不能不教他们一些应试技巧，不得不教他们一些俗招，以帮助他们通过'封锁线'。我看不起高考，但是我的学生要上大学，我的任务之一是帮助他们获得进大学的门票（这个说法很俗气，但是如果要把这个问题说得郑重其事，也未免太没有见识了）"，"因为选拔方式是考试，学生不得不受这样的训练"，"他们要的是'分'，只要过了这一关，新的天地就出现了，他何必要拿自己的前途去冒险呢？作为教师，何尝希望自己的学生平庸？不得已也！"他最后说："高中完成两个任务就很好：一是在培养语文素养的同时给他一粒人文精神的种子，一是设法帮他搞到一张进大学的门票。"——我读了有惊心动魄之感：我看到了一个有思想的真正的教师（也就是我说的合格的教师）在现行教育体制下的真实而深刻的痛苦。他们必须在坚持自己的教育理念、信念和教育体制的现实之间作艰难的选择，最后只能作出一定妥协，选择折中的二元目标。其理由只有一个：不能为了自己的理想、原则，拿学生的前途冒险。这又是一个为了学生，在无奈中依然有坚守的教师的基本信条：学生的长远发展就是教师的生命。

和一切为了学生相关，还有"一切都关乎下一代成长"的理念。王栋生老师说："校园里发生的一切都可能成为实际的教育行为"，"学生在校的全部活动，都可能是接受教育的过程"，"教师直接和学生接触，事无粗细，都可能是榜样，行政部门在教育管理上的做法，也会成为实际的教育内容，因而不可不慎"，"教育事关人格修养，人格尊严往往就在细微处体现出来"，"一些被认为是微不足道的小事，在学校里有可能诱发难以想象的后果"。结论是："在教育问题上，

没有小事，一切都关乎下一代的成长。"（《一切为了学生》《教育无小事》）

　　王栋生有两篇讨论教育上的小事情的文章，都让我感动不已。一篇是《小睡有何不好》，有学校在教室后面设置"观察座"，让上课睡觉的学生坐到那里去，王栋生认为"这种做法不尊重学生人格，而且不顾学生的健康"，提出异议。他自己上课时，发现后面有位学生睡了，小声喊他他没醒，想到他也许实在是累了，怕他着凉，就请同座帮他盖件衣服。学生醒了，神情内疚，王老师安慰说："少听几分钟语文课不要紧，万一生了病，损失就大了。"王栋生在一次教师学习班上讲了这件事，下面递上条子，质问："你凭什么认为语文课少听几分钟不重要？"——一件小事，不同的处理和看法的背后，是不同的教育观。

　　还有一篇《你小时候是第几名？》，反对按成绩给学生排名次，触动我的是他这样提出问题："那些名次在后的学生，他们的精神压力和内心痛苦，教师揣摩过吗？倾听过吗？教师为什么不体验体验呢？"这个问题是可以，也应该问一问每一个教师的：你揣摩、倾听、体验过学生的感情吗？得出的结论，更是严峻得让人猛一听很难接受："我至今仍然认为，对这一问题的态度，决定了一个人能否担当教育重任。"但仔细想想，这里确实有对教育本质的最深刻的体认，是一个小事里的大问题。

　　至于这一篇《这些都不是小事》，就更让我羞愧了。"我当了这么多年的教师，从来没有让学生写过'日记一则''假期日记'那样的题目。学生虽小，也要给他们灌输权利意识，私人的东西不要随便给别人看。教师经常对学生说：'你下课到办公室来一下。'为什么不考虑学生的感受呢？能不能这样说：'您愿意下课后到我办公室谈谈吗？'或者：'如果你有时间，放学后请到我办公室来一下，好吗？'事情也许就会是另一种结果了。这是对学生的尊重，教师也应当通过这样的语言方式使学生获得教养。"——坦白地说,这些都是我这个有40年教龄的老教师从来没有想过的,但我为什么意识不到这背后的教育问题呢? 这难道不应该引起反省吗? 据说有人认为这是"小题大做",王栋生回答说:"学生年纪小",我们如何对待他,绝非小题,必须大做,"在这样的年纪,要给他们的心灵多种几粒善良的种子。在以后的岁月中,当他们回望童年、少年时代,他们就会对人世间充满感激,并可能把善良和爱传播给更多的人"。他最后归结为一句话:"这是教育。"真的,这已经说尽了一切,无须多说了。

我终于懂得了:一个合格的教师,一个真正的教师,他不仅眼界开阔,身有铁骨,而且心细如发,情柔似水。

凄凉,迷惘,悲悯,困惑——
面对教育危机的失职感

这又是一个出人意料的教育故事——学生考取了大学,一再写信表示感谢,王栋生老师却沉默不言,最后写了封回信,直言自己的内心感受:"当你们为获得高分进入大学而兴奋时,我的内心竟是一片凄凉和迷惘。"为什么? 因为学生为了高分失去了自己的脑袋,除了教科书已经装不下其他有价值的东西,一切听老师的话,跟老师走。"我希望你能考上大学,却不希望你以这样的状态考上大学","你并没有完成高中阶段的学习任务"。"我没能在有限的时日内引导你接受正确的学习理念,使你缺乏发现与创造的意识,以至很长的一段时间内无法超越我,我因此感到失职","我在悲悯中会有一种困惑:教育究竟是什么?"(《你为什么不苦恼?》)

这是一个有思想、有追求的教师在现行教育体制下的深层次的苦恼与困惑:教育,中学教育,难道就是为了让学生以高分考上大学吗？这是评价中学教育成功与否的唯一尺度，中学教师的唯一追求吗？中学教师究竟是干什么的？

这是王栋生老师写给另外一个学生的信："做教师的，总是说喜欢学生（我们在前文已经说到，王老师最爱说'我喜欢'——钱注），可是我得对你说真话：我不喜欢你。"一个视教育为生命、信仰的教师，要对学生说这样的话，是极困难，极痛苦的。王栋生老师为什么这么说？他不喜欢的是什么？在这不喜欢背后又隐含着怎样的理念、心理和情感？

王老师的这封信有一个标题——《我不喜欢你的世故》。"我厌恶的是你身上没有学生气。无知并不可怕，庸俗则无药可救。""你总是能迎合宣传需要，起草决心书，在年级、在全校发倡议，你成了社会活动家"，"你不懂得尊重别人，你缺乏平等意识"，"只有对你有用的老师，你才会表示敬畏，虽然那也是假的"，"你这么小年纪就知道要当两面派，知道要左右逢源，知道要察言观色，知道要'巧干'，一个18岁的人，竟比他的老师世故，这才是可怕的"。在另一篇《如今少年老成精》的文章里，王栋生老师更表示，过去"怕学生高分低能"，"现在最怕看到'高能人精'"，可怕之处，就在于成年人的"权力病正像瘟疫一样侵蚀着幼小的心灵"！更让人恐惧的是，"一个人二十岁就立志滑头，三十而老于世故，四十已大奸似忠，五十而扮正人君子，可作'关心下一代'状……"这将是怎样的人生、社会？这又是怎样的教育？

《你不该太功利》，揭示的也是一个可怕的现实：学生自觉维护应试教育，反对教育改革，"教师在战斗，学生摇起了白旗"，公开宣言："坚持'学好数理化，走遍天下都不怕'，一百年不动摇。"

《致一个所谓的"另类"》，更让人读得心惊肉跳：表面上这是高中生中的"有思想的人"，"经常表现出义愤"，"敢表达自己的意见"，"对别人对社会有着过高的道德要求"；"另一方面，则抱着混世态度,认为但凡牵涉自己的事,都可以不必认真",到处宣扬"不作弊吃亏","有几个污点没关系,'只要混得好就行'"。

问题是,这里所说的学生,都是学校里的尖子,在现行体制下,他们是最容易考上大学的,名牌大学也是向他们敞开的,他们中许多人实际上是被视为学校政绩的成功典范,甚至成为在校学生的榜样,王栋生文章里的那位为高分失去了自己头脑的学生就曾向低年级的学弟学妹介绍经验。但这又是些什么人才呢?这是无思考欲望和能力的考试机器,是萌芽状态的一切从功利出发的保守主义者,毫无道德原则的世故的投机者,在道德高调掩饰下的虚无主义、混世主义的伪异端。一句话,这是高能人精,高智商的利己主义者,虽还在幼稚阶段,其表现已令人侧目而视。

我在一篇谈话里,谈到北大的一些学生,我称之为"绝对的、精致的利己主义者","所谓'绝对',是指一己的利益成为他们一切言行的唯一驱动力,为他人、社会所做的一切,都是一种投资;所谓'精致',是指他们有很高的智商、教养,所做的一切在表面上都合理、合法,无可挑剔;同时,他们又惊人地'世故老成',经常做出'忠诚'的姿态,很懂得配合、表演,最善于利用体制的力量,最大程度地获取自己的利益"(《就北大110周年校庆及〈寻找北大〉答采访者问》)。读王栋生老师的这些文章,我立刻想到,我这里所说的这类北大学生,其出身都是中学里培养的尖子。这是一个教育输送流程:中学(特别是所谓"重点中学")培养出这样的利己主义尖子,输入北大这样的重点大学,经过深加工,变得更加"绝对",也更加"精致",最后再输送到各行各业,成为接班人。如果这样的绝对的、精致的利己主义者接了班,成为国家政治、经济、文化、学术事业的主导力量,那我们国家、民族的未来将会向什么方向发展呢?这或许就是王栋生和我这样的教师的杞人之忧。我说:"弄不好就会成为我们今天的教育对未来的国家、民族欠下的一笔无法偿还、弥补的债。"王栋生老师则说:"教育的失误,会在一个漫长的时期被掩盖住,而当其'发作'的时候,真是天命难回!"(《在欢乐中沉思——"名校"的反思》)

因此,我们必须追问:是什么样的教育培育出了这样的人才?现成的回答,这是应试教育结出的病瘤。这还是有点笼统,我们又要追问:应试教育背后的逻辑是什么?这是个大问题,王栋生老师并无意全面展开讨论,但他有三点分析却十分重要。首先是"把所谓竞争机制引入中小学教育"(《你小时候是第几名?》),其结果是"非人化的教育"横行校园,中学生"从少年时代起,就看不到合作与友谊,看到的只是弱肉强食,名次落后就声名扫地,名列前茅则可以出人头地,竞争的目的就是要做'人上人'",在这样的"狼文化"的浸染和"残忍的教育"培育下,"人很快就能变成野兽"(《从人到狼》)。其次是"'教育产业化'之风让一些中学利令智昏,以办公司开商店的法子来办学",其结果是"相当一批学生及家长的价值观发生了质的变化","把上学当作消费支出,把学科竞赛当作上名校的敲门砖,把取得的成绩当作向学校讨价还价的筹码,把教师视同家庭的仆佣"(《闻学生向学校索要奖金》),这样的商业化的教育正是培育绝对利己主义者的温床。其三是所谓竞办"重点学校""快慢班"之风,不仅为教育腐败大开其门,更使学校教育丧失了"民主与平等环境",极大地伤害了孩子,让他们"从小就知道'特殊'在'普通'之上","知道人分三六九等,穿皮鞋的不要和穿草鞋的走在一起"(《欣闻取消"重点班"》),所谓"尖子生",就是这样的等级观念和教育的产物。

可以说,正是这样的弱肉强食的竞争教育,学校开店式的商业化的教育,以及等级化的教育,构成了应试教育的内在逻辑,它造成了中学教育的两极分化,在许多学生被无情淘汰的同时,又培育了一批尖子学生,尽管其中并不乏无论学业素养,还是人格素养都堪称优秀的人才苗子,但我们所说的高能人精、高智商的绝对利己主义者的苗子也不在少数。——在我看来,这就是我们今天中学教育的危机的重要表现。

问题是,我们每一个教师是不可能置身于这样的教育危机之外的,或者说,这样的教育危机向每一个教师提出了两个问题。首先关乎的是我们工作的意义和价值:如果我们辛辛苦苦地教学,最后培养出来的,竟是这样的绝对利己主义者——如前所说,这些高能人精是把我们教师视为可利用的工具或雇用对象的,那么,我们的劳动究竟有什么意义和价值呢? 王栋生老师说得好:"学校教育给学生心灵世界种下一粒什么样的精神种子,今天的教育者如果不去想,他就不是一个合格的人才。"(《在欢乐中沉思》)如果我们只是服从应试教育(骨子里的竞争教育、商业化教育、等级化教育)的逻辑,以学生高分考上大学为自己的唯一追求,而忘记了教育是为了要让学生像人一样活着,要让他们像人一样活得美好这一根本目的,实际上会有意无意在学生心灵中播下利己主义的种子,那么,不仅会贻害学生和社会,而且会在实际上否定我们自己,否定教师的自身价值。王栋生老师在学生为高分考上大学而兴奋时,却感到凄凉和迷茫,他所思考的就是这个"中学教师的意义和价值究竟在哪里"的问题。

更让王栋生老师不安和困惑的,还有在这样的教育现状里,自己的责任问题。他心里很清楚:"一个人如果在青年时代,他的骨头要是出了问题的话,他很可能一生都站不直。真可惜啊!"(《我不喜欢你的世故》)他面对这些高能人精的尖子学生时所想的就是这个问题。同时想到的,是自己的失职:学生站不直,难道跟自己没有完全站直、自己的教育存在问题,没有关系吗? ——反省和自责,常存惭愧之心,也许是一个合格的教师,一个真正的教师最重要的素质和品格。

期待与希望——
教师当如"王栋生"

王栋生老师写过一篇题为《把"人的教育"写在我们的旗帜上》的文章,有读者讥之为"乌托邦",认为人的教育是"明天的空气",在现今中国不可能实行。王栋生老师回应说:"把人的教育说成是'明天的空气',这种极端消极的言论是对教育的亵渎,因为即使在应试教育占主导的情况下,依旧有无数的教师坚守理想,努力实践着'人的教育'……所以我们对教育改革应当充满希望。"(《我对教改充满希望》)

这里有两点意思很值得注意。首先,要坚信,王栋生这样的坚持独立思想,坚持教育理想,并努力实践的教师还有无数,中国毕竟有一批绝对数量不少的合格的教师,真正的教师。在这个意义上看,王栋生并不孤立,我们在这里讨论王栋生,实际上是在讨论中国校园所有的合格的教师,真正的教师。在本节标题里,我们将王栋生打上一个引号,就是要将他符号化,使之成为一个群体、一个思潮的代表、象征。

同时,要强调的是,"王栋生"并不只属于明天,他更是今天的:今天的现实,今天的需要,也就是我们这里所要召唤的:教师当如"王栋生"。

王栋生老师在最近写的一篇文章里,谈到对中国的基础教育应该有一种"战略家的思考",应该给中国的基础教育,"为未来的发展准备一批骨干"(《这是一种适合我的职业》)。这是语重心长,意义深远的。我们在这里呼唤"教师当如'王栋生'",其用意就在这里。王栋生老师是经过了"文革"底层磨难冲决而出的,他和20世纪80年代接受大学教育的那代教师,是支撑着当今中国基础教育的骨干,但都即将退休，如何培养他们的接班人，就是一个迫在眉睫的任务。事实上，主要是毕业于20世纪90年代大学的一批教师已经开始接班。王栋生老师在《高三：我们继续阅读》一文里就不无自豪地谈到他所在的学校里，有一批爱读书的中青年教师，如何一直在艰难地教学，追求着考虑长远利益的教育，在他们的教育下，一群有思想的学生，懂得了生命中有比考分更珍贵的东西，逐步走上了精神的制高点。问题是，应更自觉地进行这样的教育思想、理念、精神、修养、经验、品格的传递，从为未来的发展准备一批骨干的战略高度，在中青年教师中培养更多的"王栋生"这样合格的教师，真正的教师的种子。

　　最后，还要说一点。王栋生老师在最近的《在实践中反思》一文中，这样写道："我有时会想到，再过六七十年，后来者追寻我们这几代教师的踪影，面对我们在教育史上留下的不堪回首的几页，会不会感到失望和困惑，甚至为我们感到羞耻。"我能理解王老师的愤激与沉重，我也常有这样的自我审问，也常有对未来的欠债感：毕竟这些"不堪回首"的"几页"，我们自己也有责任。但我想，历史也会同时记下我们的挣扎与努力，记下我们曾发出过不同的声音，进行过不同的实践，在这个意义上，我们也依然是在为未来铺路的，如王栋生老师自己所说，"总会有人想象前几代教师不同的生命姿态"。
　　我们都是教育史上的"过客"——

　　　　前方是什么？
　　　　不知道。我只知道不能后退。
　　　　前方是什么？
　　　　管它呢，只管往前走。（《前方是什么》）

2008年5月2—7日

作为思想者的教师

——给梁卫星老师的一封信

2000年我在和一位边远地区的语文老师的通信中说过这样一段话:"中国的教育有没有希望,中国的语文教育能否真正体现人文精神,一个重要方面,就是是否拥有大批的'有思想的教师';而中国的教育,中国的语文教育之所以需要改革,一个重要原因,也在于现行教育体制在某些方面首先束缚了教师的思想,不利于'有思想的教师'的发展,当然也就很难培养出真正有独立思想、人格的学生。因此,我认为,教育改革(也包括语文教育改革)应该是一次思想解放,首先在教育体制上给教师、学生以较大的自主权,让他们真正成为教育的主人,把教与学的主动权掌握在自己手中;同时也要求思想的解放,创造最广阔、自由的精神空间。——这是我们的理想,是我们的奋斗目标。但它的现实实现却要有一个过程,甚至是漫长的过程;这就产生了所谓理想追求与现实的矛盾,每一个有思想的教师都会面临你所说的在夹缝中挣扎的困境,但也正因为如此,更需要一批有追求、思想独立自由的自觉的教师的坚守,更准确地说,在困惑中坚守,即鲁迅所说的'荷戟独彷徨'。"(《相濡以沫——与中学语文老师的通信》,见《语文教育门外谈》)

正是因为有着这样的期待,所以当一位湖北县城的老师给我寄来了他的一本自印的书,而我从中读到了许多独特的见解时，我真的是被震撼了。于是，迫不及待地写了一封信。这封信写得很长，谈及的问题也很多。现在公开发表时，为了阅读的方便，就在信中加上了一些小标题。

梁卫星老师：

上次在电话里，我说过要给你回信，但却一直被杂事缠身，几乎食言了，这是要请你原谅的。

这次总算下定决心，把手头的工作全部放下，集中精力，读你的《勉为其难的抒写》。但没想到，这本书竟让我受到了如此大的震撼，几天来我都被其缠绕，无论做什么事，都想着它，不得安宁。

我对自己说：这就是我所期待、所呼唤的语文老师，中学教师，民间思想者，中国的知识分子，我等得太久太苦，他终于出现了。于是，我决定写一篇"读后感"——《作为思想者的教师》。但几次提笔，都无以成文。转而又想，还是先写回信吧，免得欠债太久，无法向你交代。

对知识分子责任的追问

我首先被震撼的是你提出的三个问题："思想是如何失踪的？""在这样的年代里，我们在做什么？""之后，我们何为？中国何为？"——这对汉语文化的追问，对中国知识分子的逼视，确实惊心动魄。关于前者，我完全同意你的相关文章的分析，我发现与我关于当代文化的分析十分接近，我写有《我的精神自传》，对我的这些分析有一个概括的说明，以后再传给你看。而后者，也正是这些年我一直在痛苦地追问自己的。

我完全同意你对所谓"自由主义知识分子"与"新左派"知识分子的尖锐批评，可谓击中要害。在我看来，根本问题在于，他们都共同地有一个"国师"情结，自以为有一套治国良策，总希望与一定的权力联盟,以借助其力量来实现自己的大志。因此,他们实际上都是以一个政治家的思维与行为方式去思考与做事的。在我们这些多少有些理想主义的乌托邦情结的人看来,他们的那种功利主义与实用主义也确实让人不放心。这里存在着一个"思想者"与"政治实践者"之间的差异:前者追求思想的彻底与纯正,因而多疑,常导致行动的犹豫,终于只陷于空谈;而后者无论言与行都显得果敢,追求时效,因而也时时讲妥协、谋略,在某种情况下能够坚守,但也常随形势而变。在我看来,鲁迅就是这样的思想者,他一再说自己不懂政治,也不适合搞政治,这是确实的。我自己也是这样的一个充满矛盾的思想者,对许多事,尽管内心持支持态度,但对其某些内在理念和背景却又存疑虑,为保持自己思想的独立与自由而采取观望态度;但一旦参与者受到了伤害,就常常引发对自己的道德的自责,并为自己只能空谈而痛苦……

鲁迅式的左派及其困惑

我理解的左派鲁迅,就是他说的"真的知识阶级",其基本立场有二,一是永远不满足现状,因而是永远的批判者,二是永远站在平民,也就是我们今天所说的"弱势群体"这一边。这两大基本立场,就决定了鲁迅式的左派的命运:他将永远处于社会的边缘,而且永远是孤独、寂寞与痛苦的。这样的左派,在其思想上,也必然带有我前面所说的理想主义的、乌托邦主义的色彩。

但当我选择了这样的鲁迅式的左派立场之后,也就陷入了深刻的矛盾中。

一个是你在《游移:在沉默与言说之间》里所描述的理想主义的困惑:"理想主义的话语体系只能在沉默中于某个边缘地带苦苦挣扎,也正因为如此,他很大程度上只能在某个精心护持的环境中封闭性地坚守其生命的存在"，而且理想主义也自有其陷阱："由于长期以来缺乏与现实主义话语体系的交锋而可能流于恶劣的孤芳自赏。"于是，就会产生你所说的那种"自己存在状态的荒谬"感，以至"现实和理想都成了我刻骨铭心的敌人"，但又"只能保留自己的怀疑，让内心的悲凉不可外溢，所以在沉默与言说之间游移……"这其实也是鲁迅当年的处境。

为了缓解这样的矛盾，我近年提倡并身体力行于一种"低调的理性的理想主义"，即所谓"想大问题，做小事情"，把理想的追求落实为具体的可操作的现实行为，且预先估计其有限性，不抱过大希望，最后就变成"能帮一个算一个，能做一点算一点"，反正要做，要像鲁迅的"过客"那样，听着"前面的声音"（坚持理想）而"往前走"，一步一步地走。如有可能，就联合一批人相互搀扶着走，即我经常强调的"相濡以沫"；如果没有，就一个人走。——在我看来，你大概也是这么做的，这几乎是你我所唯一能选择的道路。但实践起来，也有许多矛盾。付出的代价与收获绝对不成比例不说，我还经常遇到"播下的是龙种，收获的是跳蚤"与"象征意义大于实际意义"的尴尬和悲哀，最后就变成了一种自我证明，无非是表明自己是在坚守而已。而这不就成了阿Q的"精神胜利法"了吗?

警惕"精英扩张心态" "文化决定论"和"民粹主义"

至于所谓"站在弱势群体这一边"，问题就更多更大。

首先，你真正了解弱势群体的真实状态与真实要求吗? 这个问题对我这样的深居京城的大学教授，就是更为严重而现实的。我因此而对你所谈及的农村社会的一些文章特别感兴趣，《难以命名的边缘80年代：无声无事的悲剧》就引起了我的强烈震撼。同时又加重了我的自我怀疑,这就是你所说的,"一方面,对言说对象保持着亢奋的言说热情,一方面,则又对言说对象所知不多,甚至一无所知",这就陷入了"良知与真诚的尴尬"。问题还在于如果对这样的尴尬缺乏自觉,误以为自己的农村想象就是农村的真实,就可能带来更为严重的问题。如你所说,有些知识分子(我自己反省,大概也是属于这样的知识分子)心目中的农村文化更接近于一种田园牧歌情调,实际上,这"只是知识分子的语言建构,其依据不过是农村生活的表象","如果认定这种牧歌情调的确是农村文化的一部分,甚至是主要部分,那只能是一种粗暴的精英文化意识形态强迫症","这是一种更深刻的对农村文化的去主体行为,是更可怕的对农村文化的遮蔽与抹杀"。(写到这里,我突然想起鲁迅早在《风波》这篇小说里,就已经嘲笑过这样的制造诗意幻想的文人:"河里驶过文人的酒船,文豪见了,大发诗兴,说:'无思无虑,这真是田家乐呵!'")

　　这就说到了一个更需要警惕的精英主义的"扩张性心态"。你说得很好:"在长久形成的对'三农'主体的轻贱与不尊重的传统笼罩下,知识分子即使是出于真诚的心愿去表达对'三农'主体的尊重,也会变成对'三农'主体的可怕的抹杀","只有知识分子始终对自身所负载的文化意识保持足够的反省与警惕,扼杀住知识分子精英文化的扩张性心态,才有可能实实在在地对'三农'主体的尊重从内在的良知焦虑走向外在的行为赎罪"。这个问题之所以重要,就在于对农民主体的忽视正是"三农"问题的关键所在。在"三农"问题成为时髦的时候,如果我们不愿意成为时髦口号下新的帮忙与帮闲,就要坚持发出自己的独立声音。

　　这里还有一个"文化决定论"的陷阱,这也是你所说的"精英文化的扩张性"的一个重要方面。诚然,知识分子,特别是我们这样的人文知识分子对文化问题的特别关注,是十分自然的;我们对"三农"问题的介入,更多地关注农村的文化、教育问题,这也是合理而自有意义与价值的，这都没有问题。问题在于，我们是否清醒地意识到，"农村文化教育问题应当还是一个体制化的问题。不从体制化改革方面下功夫，文化教育问题永远不可能解决"。因此，我们在讨论农村教育、文化问题时，如果陷入文化决定论，就有可能形成对中国农村的最大的真问题——体制问题的遮蔽，就有可能走向我们的善良愿望的反面。

另一方面，还有一个"民粹主义"的陷阱。有的知识分子常以底层人民的"代表"自居，这不仅有前面所说的"是否真正了解底层人民的要求"与"精英主义的扩张性"的问题，而且还会遮蔽知识分子与底层人民的区别与矛盾，放弃知识分子的责任，甚至丧失自身的独立性。因此，今天重温鲁迅的"改造国民性"的思想，以及他的要防止成为"大众的帮忙与帮闲"的警告，是有很大意义的。鲁迅说得好："由历史的指示，凡有改革，最初，总是觉悟的智识者的任务。但这些智识者，却必须有研究，能思索，有决断，而且有毅力。他也用权，却不是骗人；他利导，却并非迎合。他不看轻自己，以为是大家的戏子，也不看轻别人，当作自己的喽啰。他只是大众的一个人，我想，这才可以做大众的事业。"

对自我存在的根本性追问

于是，就产生了关于自我存在的根本性追问："我是谁？我何以存在与言说？"如果我们真想成为一个思想者的话，就必须这样不断地追问自己。这也是《我的精神自传》的主题。因此，你的自我认定引起了我的强烈共鸣——

　　　　我不可以做一个国家主义者。

　　　　我不可以做一个自由主义者。

我不可以做一个民粹主义者。

我可以是什么主义者呢？保守主义者？共和主义者？激进主义者？……不，我其实不属于任何主义者。

我不是什么主义者。我是一个人，一个血液中喧响着泥土的无辞的言语的人。一个脉搏中跳动着泥土的忧伤血液的人。

我是如此的微不足道与无能为力。我只能尽自己所能的记录下自己所看到所听到所遇到的苦难，只能写下自己的感受，只能对一切有知与无知的帮忙与帮闲们发出自己微弱的声音……我所有的言说只能也必须建立在这样一个基点上。

功利化教育带来的精神创伤

在我看来，功利化与两极分化的教育会造成一代人的精神创伤。你的学生对你的"教训"，就让人心惊肉跳——

"老师，你别白费劲了，什么爱，有钱有权才有爱。""老师，你不用操心了，考上大学又怎么样？没有钱、没有关系，还不是没有工作？！""老师，我爸妈是农民，他们没用，我瞧不起他们。将来？我是不会做农民的。上不了大学就混呗。街上许多人不上班不干活原先也没什么后台，还不是混得比谁都好。""老师，我们只是玩玩而已，当不得真的，你就别操瞎心了。""老师，那些青春偶像剧里的人一天到晚出入高级宾馆、星级饭店，除了谈情说爱还是谈情说爱，没钱没势行吗？读书？读书有什么用？""老师，你看电视上全部都是皇帝戏，你看那些皇帝多拽，他们把手下人玩弄于股掌之上，做人就得这样！"……

这正是我们这些多少怀有教育理想的老师的尴尬所在：社会的力量远比教育强大，"当教育者费心尽力地给孩子们植入爱与温情、宽容与平和、求知欲与救世志的时候，一些社会现象却在以不可抗拒的力度与强度，告诉孩子们要做一个没有温情，没有爱心的人！"

但如果教育不能对抗社会中的这些假、恶、丑，做社会的净化剂；而是向其投降、看齐，自身成了一个培养假、恶、丑的温床呢？——这正是我们必须正视的现实与问题：这不仅是教育的失职，更是教育的变质。

在这样的教育下，能够出现什么样的孩子呢？

你有一个很准确，也最令人痛心的概括："仇恨与冷漠，市侩与无情，颓废与混世……正在这些年幼的心灵深处发芽。"

我和你一样，为许多孩子惊人的冷漠感到恐惧。一个孩子被车祸夺去了生命，另外两个孩子竟是毫无反应。一个说，没有什么想法，人总是要死的；一个说，我以后要遵守交通规则，走路要小心一点——类似的事情，在今天的校园里是经常发生的，人们已经见怪不怪，因为我们的一些老师、校长也一样冷漠与麻木！你说得很对：可怕之处在于"不仅对别人冷漠无情，对自己也一样。如此没有热度的生命有什么可以使他们疼痛与伤神呢？"这其实也正是这些年不断有中学生、大学生自杀的最根本的原因。他们的生命是"没有热度的生命"，因为儿童、青少年生活中许多应有的欢乐已经被剥夺了，从生命的起点上，就了无生气与生趣，怎能不漠视自我与他人的生命呢？培养健全、健康的生命，应是教育的天职，却常常被忽视了。

自我七问："有思想的教师"的提问

你确实与众不同，因为你向自己提出了几乎无人思考的问题——

"你对自己生活的世界有独特认识吗？"——你如此追问，是因为在你看来，"作为一个教师，如果他对世界的真实面貌没有属于自己的明确认识，而且他也没有想过要有自己的认识，他就无权站上讲台，因为他必须给孩子们一个真实的世界"。

"你有信念吗？你有属于自己的信念吗？你感受过这属于自己的信念的生命气息吗？"——因为在你看来，"'知识起于信念'（狄尔泰），一个人对知识的选择与传播、创造更应当是始于信念"，"如果没有自己的个体信念，我们怎么可以毫无愧色地做一个教师呢？"

"你有不同于他人的教育观吗？"——因为在你看来，"教育！每一个站在讲台上的人都无法避开这一词语的诘问。每一个站在讲台上的人如果没有明确的教育观，他其实根本无权停驻于这一词语所指称的生命空间。正常的状态应该是每个人心目中应该有不同于他人的教育，尽管在终究旨归上它应该是不言自明的"。

"你反思、追问自己的知识观了吗？"——因为在你看来，知识观是决定教育的目的与教师的立场、身份认定的：如果"我们秉承着一种旁观者的知识立场"，那么，"教师们就不可避免地以工具理性的态度对待教育，教书对于他们来说，仅仅是一种谋生的职业，顶多也是一种获取所谓成功的工具，而不是一种生命运动，更不认为这关乎自己的生命伦理的完成"，"教师还会以布道者自居，成为讲台上的暴君和老大，进而成为学生的敌人"，同时也将导致教师自身"精神世界的日见萎缩乃至干涸"。

"你思考过，应该有怎样的课堂语言、言说姿态吗？"——因为在你看来，"作为一个教师，对语言缺乏自觉是不可思议的"，"说到底，语文教学其实就是一种叙事行为"，因此，一个有责任感的教师，不能不"对自己的课堂语言充满了警惕"，你说你"字斟句酌，绞尽脑汁，如林黛玉进贾府一般，处处留心，处处在意，害怕我的语言对学生形成误导……"

"你思考过'启蒙'与'教师'的关系吗？我们需要怎样的'启

蒙'?"——因为在你看来,尽管"在一个据说是已进入后现代的时代里,启蒙立场本身就是遭人诟病和讥讽的",但"一个教师不论以什么样的姿态营造他的课堂,不论以什么角色面对他的学生,他始终都是一个启蒙者,他的使命始终是启蒙"。但"启蒙"这个词语却使你的"教学生涯充满了尴尬与难以言说的沉重",你不断地充满警戒地追问自己:我是"一个高高在上的导师"吗?我是"一个不可一世的审判者"吗?"我的人格与权威"真的"高于一张课桌"吗?我能支配"学生生命伦理的形成与践履"吗?你终于明白:你和你的学生是"互为启蒙者"的,"在启蒙星空下涌动的是充满了现代意识的独立自主的个体人格"。你还意识到"启蒙不是以理性为上帝,而是以理性和非理性的融合为宗旨",因此,你说你的课堂"在启蒙的指令下,不独面向社会,面向知识,更面向大地与天空,河流与树木",你期待你的课堂里走出的是"具有大人格的人,具有悲悯情怀的人","他们爱自己的邻人一如爱自己,他们爱自然一如爱自己"。你给自己竖起了一个高标尺:这是一种全新的现代启蒙。因此,你说你的"启蒙之旅充满了反启蒙的色彩"。

"一个教师,可以没有一定的艺术判断力与审美力吗?"——因为在你看来,"没有什么比艺术更有助启蒙的进行了"。但你却提醒人们警惕"伪艺术",因为在我们的学生的生存空间里正充斥着各种伪艺术。你特别提出要注意"文化工业批量生产的艺术",它"让人在快乐与消遣中忘却痛苦和忧伤,逃避反抗与追求,安于现实,最后使人格集体平庸化"。这是一个及时的警告:因为许多教育者对此似乎还毫无警觉。

我不厌其烦地一一列举你所提出的问题,因为这是真正的思想者的提问,是一个有独立思想的教师,自觉的教师,在走上讲台时,必须向自己提出的问题。重要的不是你对你提出的问题作出了怎样的回答,因为答案是可以而且必然是多样的,意义在于你在思考与追问。而这正是许多教师所匮缺的。现在已经很少有人，特别是普通的中小学教师在思考这些关于教育、关于教师的根本性的大问题了，人们已习惯于把这类问题交给某个特定的组织和个人，教师成了机械的贯彻者、执行者，成了没有独立思想与创造的、按图制作的真正的"教书匠"。

然而，"你"出现了——这自然不是仅指你个人，而是人数不多、千呼万唤始出来的一批人，即我所说的"有思想的教师"。在我看来，这是这些年的教育大讨论、教育思想解放最重要的成果。你的书引起我如此大的震撼，并迫不及待地要和你讨论，并借以表示我的喜悦与敬意，原因即在于此。

如何面对学生

你的《未来，我们永不放弃——最后一堂课》深深地感动了我。但我要告诉你，首先感动我的，却是你的退让与妥协。你说，我们"毕竟生活在一个一考定终身的国度"，你的学生"都是农村的孩子"，"更需要通过考试"去圆自己及祖父辈"几代人的大学梦，其实，那不只是圆一个梦，那还是对一种生活的渴望"，因此，你说，你不能拿学生的未来去做教学实验，"我不能!"——这"我不能"让我的心为之一震! 不仅因为其间的无奈、痛苦，更是表现了一种真正的爱与理解，真正的教师的良知，知识分子的良知，正是在这里和那些貌似激进，其实是沽名钓誉的"伪士"划清了界限。尽管如此，你仍然向学生"郑重道歉"，请他们"原谅我这个朋友真诚的无奈"，而且告诉学生，他们在以后或许也会"如我一般充满无奈"，希望学生认真思考：自己"该如何对待"。

但告诉学生要正视现实，只是教师责任的一半，更要引导学生："不能因为遭遇的不公而放弃对生命意义的追求，永远也不能!""我们不能逃避,更不能自我放弃","永远都不要自怨自艾,也永远都不要仇恨",这四"不"里的理性精神、自强精神,是真正的教育精神。

但你并不满足于这样的精神激励,进一步引导学生将自己对"生活的意义"的追求落实到"每一分每一秒的生活细节之中":"细节"正是你的教育思想的一个重要概念。

而你最后的嘱咐与自励,把你所有的思考与困惑都化作了强大的精神力量——

"将来,无论你们面临什么困境,无论多么的无奈,无论是怎样的屈辱与绝望,也不要放弃! 在不放弃中,在对爱和希望的持守与践履中,无论多么弱小的心灵,都会丰富强大起来!"

真正的教师必须是理想主义者

我也终于明白:我们之间,尽管有着种种的不同,但我们的内心深处,都是为生命的理想之光所照耀的。而教育就其本质而言,它必然是理想主义的。我多次对年轻人说过,一个真正的教师,必然也必须是一个理想主义者;如果你不想选择理想主义——这也是你的自由,你就最好不要选择教师这个职业。当然,如前所说,我们对理想主义也有,而且应该有质疑,我们追求的是质疑中的坚守,而且我们在享受理想主义者生命的充实与欢乐的同时,也承受着理想主义所必然带来的生命的沉重与痛苦。

在你们面前,我感到内疚和不安

但我在你们这些仍然坚守在第一线的老师,心怀理想主义的老师,作为思想者的老师面前,仍然感到不安。因为我知道当下教育存在很多问题,我也明白你们实际上是在边探索边挣扎,而我却退休了，已经逃离"苦海"了。而你们，就因为年轻了几岁，十几岁，几十岁，就必须继续承受一切，承担责任。因此，当我在这里和你谈论"坚守"之类的大话时，我无法摆脱我的内疚与不安：自己做不到的事情，有什么权利和别人讨论这样的话题？这其实就是你的文章让我不得安宁的更加内在的原因。一方面，我有很多话想和你交谈，另一方面，我又担心或者说害怕陷入空谈与虚伪。但不管怎样，我还是写出来了，而且写得如此之长，所谓一吐为快吧。但我真的因此而轻松了吗？我不知道，甚至这封信要不要寄给你，我还要想一想。——不过，恐怕还是要寄出的。因为我已经把你看作自己的朋友了，而在朋友面前，就不妨袒露一切。

　　匆匆　即颂

教安

理　群

2006年3月18日、20日、22—24日

直面存在困境

——读梁卫星教育随笔

　　我至今也还记得大概是2005年的冬天，读了梁卫星老师寄来的自印书《勉为其难的抒写》，所受到的心灵的震撼。我对自己说：这就是我所期待、所呼唤的语文老师、中学教师、民间思想者、中国的知识分子，我等得太久太苦，他终于出现了。我随即写了一封长信，实际是一篇长文，题目就叫《作为思想者的教师》。三年以后，我在《新教育》上读到梁老师的《凌月，樊强，郁青青》，再一次受到震撼，又写了一篇《直面中学教育的深层次问题》。可以说我退休以后关于中小学教育的关注与思考，都深受我们这里所讨论的中小学教师中的民间教育思想者的影响，而梁卫星老师就是给了我深刻启发的一位。我的民间教育思想者朋友中，有的如南师附中的王栋生老师，集杂文家的敏锐、犀利与老教师的教育智慧于一身，大气而浑厚；有的如深圳中学的马小平老师，目光远大，思想深邃，具有全球化教育视野，在中学教师中可谓独树一帜。而梁卫星老师则身处湖北仙桃，可以说是最接近社会、教育底层的，因而对教育问题及其所折射的社会问题，看得最为真切，又受鲁迅影响，更往深处去看，就看得惊心动魄了。像收入《勉为其难的抒写》中的几篇，谈教材的选择与编辑，谈高考的出题与阅卷，他都看出了背后的权力关系，把鲁迅的命题延伸和发展了，这都是最能引起我的共鸣的。这大概也是我对于他特别关注，甚至有些偏爱的原因吧。

　　但我的"偏爱",却给梁卫星老师造成了心理的压力。他似乎不愿意接受"思想者"的定位,而强调"我所知道的只是常识"。其实,我所理解的思想者,也就是回到常识,包括"人是有精神追求的思想的动物"这样的常识。因此,在我看来,所谓"有思想的教师",就是"常识的捍卫者",就是做一个"合格的教师"(我在一篇评论王栋生老师的文章里,就把他称作"合格的教师")。

　　尽管梁卫星老师不接受,但在我的观察、感受、理解中,他在我所接触的中学老师里,大概是最具有思想者的品格的,他也因此而承受了教育思想者所必有的矛盾、尴尬、无奈和痛苦。

　　在我的理解里,思想者(包括教育思想者)关注的中心,始终是"人的存在",思想者最重要的品质,就是敢于直面"存在的困境"。梁卫星老师在给我的来信中强调,"我的文字无关于教育,只关乎人生","教育不是工作,而是我们的存在境遇","我所写的是我存在的困境与我应对存在困境的挣扎和反抗"。这背后是有一个"为人生的教育"的存在论教育观的:教育的前提是对人(作为教育对象的学生和作为教育者的教师)的存在的尊重;教育的目的就是要为人(学生和教师)的存在寻求意义,创造"理想人生";作为现实的,而非理想的教育,又必须正视人(学生和教师)存在的困境。这就是梁卫星老师所说的,人(学生和老师)并非生活于真空,而是存在于社会,它们"包容了政治、经济、文化、娱乐、意识形态、思维方式、生活方式……所有人的存在的一切方面,它们像空气一样存在于学生(或许还有老师——钱注)从出生那一刻开始的一呼一吸之中,它们也因此占有了学生(和教师)的肉体和灵魂",形成了一个异化了的存在(《那些夭折了的花朵》),梁卫星老师又把它叫作"非存在之境"(《教育:生命在语词中行走》)。而教育的使命就是要帮助学生和老师自己,从这样的异化的存在的存在危机中挣脱出来。这显示了教育的乌托邦本质、本性所导致的对人的现实存在的批判性。而教育思想者正是这样的教育的乌托邦性的坚守者与捍卫者。

因此,教育思想者还必须面对现实存在的逻辑任何时候都比教育的逻辑强大的事实。这就是梁卫星老师终于醒悟到的:"没有什么人的教育能够抵抗来自社会、家庭、日常生活的教育合力","我的教育因此注定无力抵抗这些无所不在的大教育"。

这样的"无力抵抗"的失败,在教育思想者这里引发的是巨大的精神痛苦。首先是自我存在的荒谬感。这就是梁卫星老师所说的:"我是不能投降的,这使我更深地陷入了人生的荒谬处境——我的反抗,成为这种社会家庭与日常渗透的教育的强大力量的见证;我的反抗,成为西西弗斯不断推石上山的苦役。"

在我看来,思想者的思想,包括我们的教育理想,我们所据以批判现实存在的人的存在的理想状态,如前所说,是具有乌托邦性质的,这就决定了它的本质上的彼岸性,也就是说,我们可以通过实践努力,不断地趋近,却永远不可能完全将之变成此岸世界的现实存在。它的彻底现实化,必然是自身的异化。这在人类思想史上是屡见不鲜的。比如卢梭的思想实现是罗伯斯庇尔专政,法国百科全书派的"理性王国"的现实化是充满血腥的资本主义,等等。在这个意义上,可以说,"播下的是龙种,收获的却是跳蚤"几乎是一切思想家、思想者的宿命,我因此提出过这样的命题:"思想的实现,即思想和思想者的毁灭。"(见《丰富的痛苦——堂吉诃德与哈姆雷特的东移》,北京大学出版社2007年版)。

我进而提出"还思想予思想者"的主张:在我看来,思想者所关心的是"应该怎样",而不是"实际怎样",他对人和社会存在,包括教育的关注,本质上是一种彼岸世界的理想关怀,他用彼岸世界理想价值,来对照此岸现实的存在,从而不断地发出自己的批判的声音。也就是说,思想者的基本任务,就是以理想之光烛照现实,不断揭示现实人生、社会的思想、文化、教育的困境,从而激发起人们进行改革的要求与愿望。这既是思想者的特殊作用，也是他的一个限度，他不能越位直接把自己的思想变为现实：那是实践者的任务。（《自说自话：我的选择》，见《拒绝遗忘：钱理群文选》，中国大百科全书出版社2009年版）

在我看来，同样是对教育的关注，是可以也应该有两种方式的，思想者与实践者之间是应该有区别，有分工，而且是存在着不同的逻辑的："思想者着眼于新的教育理念的建设，并从自己的教育理念出发，对现行教育的弊端作出批判，从而形成一种思想、舆论的压力，以促进改革，并为其呼唤的改革提供思想资源。因此，要求思想的彻底，并具有一定的超前性，因而带有理想主义的色彩，而不考虑现实的操作。而实践者面临的是教育的现状，不仅感受到改革的必要性和迫切性，更要考虑在现实的主客观条件下，改革的可能性和有限性，因而奉行'逐步推行'的改良策略，其中也包括必要的妥协，而不可能像思想者那样彻底。这样，改革才有可能稳步而有效地进行，最大程度地避免可能产生的负面作用。很明显，对于中国的教育改革，思想者和实践者都是不可或缺的，他们既互补，又相互制约。如果没有思想者所提供的大视野与新理念，及其锐利的批评所形成的巨大冲击力，改革或者根本不可能进行，或者只能在既有框架内打转，变成换汤不换药。反之，如果没有实践者对于思想者的理想的调整和具有可行性的操作和实践，也会因为理想与实际脱节、过于超前而造成灾难性的后果"（《我与清华大学的"网络评价"试验》）。

这就说到了梁卫星老师这样的教育思想者的一个根本性的困境，因为作为一个教师，他的主业是教学和班主任工作，也即进行教育实践活动，在这个意义上，可以说，教师主要是一个实践者，而教育思想者却同时要扮演某种程度上的思想者的角色，他不仅有自己的教育理想与理念，而且如上所说，他对于教育的现实存在以及自己和学生的存在，都有着尖锐的批判，并且以此为自己的使命。作为教育思想者的教师,因其具有的双重性,必然为思想者与实践者的不同思维、行为逻辑所纠缠,从而使自己陷入了尴尬的困境:作为思想者,他要坚守理想,批判现实;作为受到现行教育体制限制的教师,他又必须适应现实,作出各种妥协。要同时兼顾这两者,并把其中的"度"掌握、拿捏得恰到好处,做到该进就进,该退就退,而且进退自如,这是需要教育智慧的,而且还需要鲁迅所倡导的韧性精神。

我从梁卫星老师的教育笔记里看出,他是懂得妥协的,但每一次妥协都给他带来巨大的持续的痛苦,像他在《未来,我们永不放弃——最后一堂课》里所表达的在坚守与妥协之间的挣扎,是令人感动与感慨的。梁卫星老师也不缺乏教育智慧,他能在不长的时间里,就改变了学生的精神面貌,就是一个证明。但他在来信中又告诉我,他"对技术性的东西缺乏应有的兴趣","没有办法让自己成为一个积极进取富于教学艺术的人"。我猜想,这或许就是在他身上,教育思想者的内在矛盾格外尖锐的一个原因。而他的自我怀疑(在我看来,这也是思想者的重要品质)又格外强化了他的痛苦。因此,我觉得他有时颓废一点,"自私"一点,让自己放松、平静下来,反而是必要的。因为我坚信,从根底上,他是不会退缩的。

以上所说,都只是姑妄言之,是不必认真对待的,重要的是走自己的路。

2009年8月14日、15日

一个普通的中学教师能够走多远

——读马小平老师的教育札记和对话

本文所要讨论的，是先后在东莞中学和深圳中学任教的马小平老师的教育思想。他的教育思想是在和他的学生（其主要代表人物是东莞中学2001届的王翔和2003届的黄素珍）的对话中完成的：他启蒙了学生，学生的思考又深化了他的思想。而我也是通过王翔认识马老师的。作为他们师生的朋友，读了这些对话，也产生了许多想法。于是，本文的讨论，就成了马老师和他的学生，以及我之间的一个对话。

一生中总在追求达不到的境界

在一次对话中，王翔对马老师说："你身上有一种很浓的少年气质，一种不平静的东西。你有一种燃烧的东西"，"你的这种少年气质到现在还能如此，在精神上没有缓慢下来的感觉"。

马老师如获知音，立刻回应说："我一生中总在追求一种我达不到的境界。我对智慧的东西总是在追求，而对非智慧的东西是非常的反感。"

王翔接着这样谈他的理解和感受："怎么解释你这样做呢？只能说是有一种内在的压力促使你这样做，一种本质的对美的追求促使你这样做。"

马老师又接着这样谈到王翔和自己:"你也有这种燃烧的气质。但是你的燃烧是在烧自己,却往往没有让别人感觉到,而我的燃烧常常能够让别人感觉到,这可能与我作为一个教师的职业有关。"(《语文教学对话录》)

师生之间能够达到这样的理解和契合,是令人感动和羡慕的。在我看来,这是理解马老师其人,以及他的教育思想的一个关键点,一个切入口。

马老师在一篇题为《寻找一种向上的力量》的文章里,这样具体谈到他的追求,说他年轻时候,曾经和一位中学同学、大学时代的好朋友,一起迷恋于苏联教育家苏霍姆林斯基的著作,"我们常常为苏霍姆林斯基而感动,常常为我们的感动而感动。当时环顾我们周围,有几个人能像我们那样热爱教育?从那时候起,我就一直有这么一个想法,这一辈子,只要能到一所像帕夫雷什中学那样的学校去教书就值了。后来参加工作,才知道事情没有那么简单。但是,多年来,我一直在寻找,在等待,在准备。我的一生就为了等一所这样的学校"。一生都在寻找、等待、准备:这是怎样的一种追求!而且马老师真的坚持下来了,他说到后来又见到了当年一起寻找的同学:"现在回想起当年的事情,似乎有些害羞。总觉得那时太幼稚了,太好笑了。在现实中他的理想早就已经被碰得粉碎了。"他因此而感慨:"坚持是多么地艰难啊!"但他自己是不知悔的:"我这一生注定是一个理想主义者。我选择了这种活法","我可能有一种强烈的执着"。

其实,这样的执着的背后,是有一个人生目标的设置的,就是要追求"最高、最强、最好"。马老师在文章里,就是这么说的:"干教育这一行,如果不是十分地热爱,干得不愉快,而且还痛苦,那就真正要赶紧改行。但是我们如果执意选择教育,那我们就得朝最好的方面去做","要好好挖掘自己的才干,千万不要把自己给埋没了",要使自己能够"成为人物"。

于是，就有了马老师的教育命题："一个普通的中学教师能够走多远?"——这是一篇文章的题目，副题就是"又想起了苏霍姆林斯基"。在我看来，这是一个极重要的提醒：不要看轻中学教师的意义和价值，更不要低估一个普通的中学教师的生命力量所能达到的高度和潜能。

我们不妨看看马老师的学生是怎样看待他这位普通的中学教师的——

"您让我聆听到了一个真正的教师的生命之言。'安魂之所''为活着寻找理由''对生命的理解''对卑微生命普遍尊重''在未来与现在之间拉开一个时间的距离来思考''理想主义者的姿态''苦难时代中的生存状态''生与死的思考'……每个问题，每句智慧的话语，都逼我思考。您让我在忙碌的日常生活中沉静下来，您让我摆脱庸俗，再次审视自己的灵魂，再次重检和重建自己过去的种种观念。或者说，您给我指出了许多道门，门还是关着的；而现在及将来，我都将去努力叩响每道门，通过自己的独立思考去打开它们。"（黄素珍）

"您曾经给了我一个漫长的期待……您就在我的身边，滔滔不绝地说着您独特的引人思索的话。我静静地听，在不断惊喜的茅塞顿开中感受着思想渐渐地丰盈起来……"（黄素珍）

"老师，您曾说过您是一个理想主义者。什么叫理想主义者? 是不是可以放弃一切物欲追求，追求自己心中的理想? 是不是只为个体生命的存在寻找一个理想的境地和慰藉? 老师，上完您的课，我更坚定了自己的追求：一生从事教育，如您一般地给学生教授人生那些美好的情感，哪怕一生清贫! 这是郑重的承诺，要负上全部的对自己的责任。"（黄素珍）

王翔因此说要把他的文章献给"马老师，以及与马老师一样的高贵的教师"。在他心目中，教师永远是高贵的，他说："我们的骨髓里,血液中,灵魂深处,应该有一种叫崇高的东西。那样,我们才对得起自己的生命。"他在马老师这样的普通中学教师的生命中,发现的就是这样的崇高性。

黄素珍则把她从马老师这里所受到的感动,上升为对教师的意义的理性把握——

"教师其实是一个特殊的知识阶层。他(她)的特殊在于他(她)承担起责任的神圣与其重大作用。他(她)不仅要具备知识分子所有的来源于内心的批判精神和对历史强烈的反思,承担人类共同命运的强烈的责任感,他(她)还具有献身于人类文明的传授的精神。他(她)面对的还有学生——这人类文明传承者的下一代。若某个知识分子蜕化,成为某一个私欲目的的追随者,还可以原谅;但若教师蜕化,就绝不能容忍。教师一旦蜕化,就不再是本质意义上的教师,也不能再担当知识分子的称号。教师应该永远在心中铭记个人责任的不可推卸。他(她)要有比普通知识分子更坚定的原则与信念。任何掩饰疏忽,声称个人力量薄弱的借口都是不成立的。一旦成为教师,就应该是纯粹意义上的教师。"

"本质意义上的教师"概念的提出,将教师与人类文明的传承紧密联系起来,将其视为"特殊的知识阶层",提出了高于一般知识分子的要求,同时也就树立了一个高标尺。其实这本是不可退让的底线,但放在现实的社会、文化、教育环境下,就是一个几乎难以企及的高度,变成了一种理想主义的梦话。但心中有没有这样的精神高地,却恰恰是到教育事业寻求生命意义的教师和以教书为谋生手段的教书匠的区别所在,它所唤起的是前文所说的自觉而愉快的教师工作的责任感、使命感、神圣感与崇高感。这样的精神境界,是虽不能至,也要心向往之的。这大概就是人们所说的"仰望星空"吧。

于是,就有了马老师的"一生总在追求达不到的境界",以及"一个普通的中学教师能够走多远"的命题的提出。

"与灾难赛跑的教育"

黄素珍在她的《我的教育理念》一文里,还为当今的教师提出了这样的一个历史使命:"教师就是实现教育走出危机,摆脱困境,达到人类最高生存意义的人。"

马老师则在他的文章里,一再提及英国学者汤因比所提出的"与灾难赛跑的教育"的理念,并且这样谈到他的理解:"要赶在灾难尚未毁灭人类之前,把能够应对这种灾难的一代新人给培养出来,这是一个很紧迫的问题。"(《人文素养读本·写在前面的话》)

无独有偶,最近我在杂志上读到《我离世界有多远——谈21世纪大学生的"基本配备"》,也是引用了历史学家威尔斯的话:"人类的历史愈来愈是一种灾难和教育之间的拔河竞赛。"

他们这样的一再引述,是出于对21世纪世界的基本判断,也就是说,他们是在21世纪的世界大格局、人类文明的大视野下,来审视和思考我们所面临的教育问题,及所必要承担的历史使命的。马老师早在1999年就写过这样一篇文章:《面向知识经济,培养一代新人——关于普通中学迎接21世纪的教改设想》,明确提出"教育究竟应如何变革","才能迎接21世纪的挑战"的问题,并且强调,"要想在21世纪获得成功,必须从教育改革入手",因此,作为一个教师,包括普通中学的教师,都要以"对国家与民族的前途"和"对人类的前途"的双重责任感,来面对我们的教育。应该说,这是一个有远见的思考,这也是一个普通的中学教师思考"能够走多远"的一个很好的例证。21世纪是一个全球化的时代,我们是生活在一个地球村里,因此,我们今天来谈教育问题,"显然就不能局限于'国家',而必须以'地球村'为单位来思考,因为今天的问题不再是单一国家的问题,今天的问题的解决也不再是单一国家的解决"。——这是一个极重要的提醒：我们许多人，也包括我自己，在思考教育改革时，只局限于一国范围的观照，而看不到我们面临的问题的世界性，更不能从世界文明发展的高度来思考这些教育问题，以全球的眼光来寻求出路。当然，全球化并不否认民族特点，我们的教育问题自然也有本国历史、文化所造成的特殊性；但走出单一的国家、民族视点，追求更为开阔的全球视野，却是非常重要的，而且具有某种迫切性。

那么，21世纪人类又面临着什么问题，这将是一个怎样的世界呢？马老师在他的文章里，作了这样一个判断："进入21世纪，人类面临的机会确实不少，但是面临的各种灾难也越来越突出。生态危机、道德危机赫然呈现在我们面前"。

这又是一个有力的预警。而我却是在2008年才有所醒悟，在一次演讲中，作了这样一个判断："我们从现在起，应该有一个新的觉醒，要在思想上做好准备，中国，以至世界，将进入一个自然灾难不断，突发事件不断的多灾多难的时代。"并且有这样的分析："因为我们将面临两大紧张。首先是人和自然关系的紧张。20世纪人类在推行工业的现代化时，对大自然过度破坏，到21世纪必然遭到大自然的'反抗'"；"其次，是人与人关系的紧张。现在是一个全球化的时代，不同信仰、价值，不同利益的国家、民族、个体，都处在同一个地球村里，来往越来越密切，所有的国内问题都成了国际问题，反过来也一样。这样的密切接触、联系，固然使人的生命越来越相互依存，产生生命共同感，但同时也必然是摩擦不断，冲突不断"（《当今之中国青年和时代精神——震灾中的思考》）。

黄素珍在她的文章里，对人类文明的危机及其产生的教育危机，作了更为具体与犀利的分析。她指出，人类文明曾遭遇到战争和极权的威胁，形成了教育的危机："在战争时代——人类强烈地感到极权与暴力代替理性与正义，人类道德趋于崩溃的时代，教育不可避免地沦为向青年人灌输狂热的民族主义、对异族极端的仇恨和报复的毫无自主的工具"；而在当今世界，不但战争和极权灾难依然存在，"新的危机又像利剑般悬挂于教育之上，而这又是人类文明进步带来的"："危机来源于经济高速发展对竞争的顶礼膜拜"，"来源于不平等的存在，人类间种族仇恨的加深"，"来源于在科技强大力量的作用下人的孤独、恐惧的困境"，"来源于人们在一种比以往更渴望被承认、被尊重的欲望下导致的过分地以自我为中心的生存状态"，"来源于我们这个时代缺少更多的有良知、有坚定信念、不屈服于权威、有着人性力量的献身于人类的知识分子"，"来源于教育本身还很软弱，它时时向学生暗示着人性道德败坏的部分——生存的艰险，人的不可信任，真理的难以被理解，竞争的残酷，人的力量的卑微，崇高易被曲解、污蔑，以致使学生失去自信，变得怯弱"。

可以看出，黄素珍对教育危机的观察、体认，是包含了她作为一个中学生的实际体验的，但她却从人类文明发展的角度提出问题，特别是提出了"人类文明进步带来的教育危机"的命题，更是自有一种深刻性的。可以说21世纪的灾难与危机，是双重的：一方面，世界的广大地区依然深受不发达之苦，存在贫困、疾病、战争、人权等问题；另一方面，却又深受由20世纪人类文明的进步——其主要标志是科技的发展与现代化发展——所带来的负面影响，其主要体现就是马老师早就提出的全球性的生态环境危机和道德、精神危机，以及新的不平等。它的危险性，就在于可能导致"文明的腐蚀和毁灭"。

问题是，这样的21世纪的人类危机，主要是由我们的学生，中国与世界的年轻一代来承担的。正像我在汶川地震（在我们的讨论中，是可以把汶川地震看作是21世纪人类灾难危机的代表和象征的）以后对北京的大学生所说的那样，"汶川地震以后，你们和这个世界的关系变了，这个灾难不断、突发事件不断的世界，需要你们直接去面对，直接去参与，直接去承担了"。而能不能面对、参与、承担，所起到的作用，是良性的，还是恶性的，这里的关键，就取决于年轻一代的素质：21世纪人类所面临的挑战，归根结底，是一个对人的挑战，对人的素质的挑战，对培养人的教育的挑战。这关系着人类文明的命运，正如马老师一再引述的一位教育家的话："我们留什么样世界给后代，关键取决于我们留什么样的后代给世界"，这就是"与灾难赛跑的教育"的意义所在。

追寻意义：教育的出路

马老师一再引述爱因斯坦的一句话："认为自己生命无意义的人，不只是不快活，而且根本不适合生活。"马老师在他编选的《人文素养读本》里特地选入一篇《人是寻求意义的生物》(作者秦光涛)，谈的就是这个道理：人和动植物的区别就在于"人不但存在着，而且不断寻求着存在的意义，创造着存在的意义，对存在意义的不同理解，还会导致人的不同的存在"；正因为"人比其他生物多了这样一重本性，所以人的生存条件也与其他生物不同。人不仅需要一定的物质环境，而且需要一定的意义环境。所谓意义环境，就是指人能与周围进行意义交换，能够寻求意义，创造意义的条件"，"追求生命之外的某种东西，为高于自身生命的意义而生活，可以产生某种比生命本身更强大的力量来支持人的生命，缺少这种支撑，单纯为了活着而活着，人的生命很容易枯萎"，而"人感觉到快乐的前提，必须是人感觉到它对生活有意义"。

文章同时指出，"人生下来并不是一个人，它需要学习怎样做人"，"他必须在后天的文化环境中通过意义引导，表现出人的主体性行为"。这就是教育的作用：它创造意义环境，通过文化的传承，进行意义的引导，使学生在意义的追寻中实现自己，完成从自然人变成文化人，由自在的人变成自为的人的精神蜕变：这就是我们通常所说的在教育中成长的本质。

可以看出，马老师的思考，从一开始就抓住了人的本性与教育的本质，占据了一个理论的制高点。有了这样的高视点，他的观察就格外的犀利。

他首先发现的，是21世纪人的危机。他对21世纪的时代症候作了这样一个判断："我们生活在一个许多人不知道自己是'谁'的时代，一个对自己生活的意义不明确的时代。"这症候显然来自我们前文所提到的人类文明进步的负面影响："市场经济的发展，现代生活的急剧改变和动荡不安，社会发展为人生提供的种种令人眼花缭乱的机遇和各种各样的可能性，各种生活方式之间的相互冲突，这一切也会使人对人生的意义感到迷惘。人们在生活中失去了原有的依托和追求，人们突然发现世界和自己都陌生起来，自己也不理解自己，不知自己迷失在哪里，更谈不上弄清世界和他人的意义。"这确实是一个现代文明所带来的人的存在危机。如马老师引述的弗罗姆所说，当人从传统社会关系的依附中解脱出来的时候，"由于人失去了他在一个封闭社会中的固定地位，他也就失去了他生活的意义。其结果是，他对自己和对生活的目的感到怀疑"，"一种他个人无价值和无可救药的感觉压倒了他。天堂永远地失去了，个人孤独地面对这个世界——像一个陌生人投入一个无边无际而危险的世界"。

问题是，教育本应该成为这样的失去意义的人的危机的自救力量，却自身也往往失去了意义。这正是作为一个教师最感困惑的："教学充满了思想贫乏症和情感贫乏症，师生对意义都显得那么的麻木不仁，课堂里弥漫着空虚和无意义的气氛"；"应付各种考试成了教学的主要目的，掌握考试技巧竟然也成了教学的重要内容"；"这种意义失落的直接表现，就是教学中生命的缺席，就是在课堂教学中，教师和学生的精神世界均处于缺席的状态"。

这样的意义真空，是许多教师都能够深切感受到的，也有过许多追问根源的讨论。马老师的思考很值得我们注意。

　　马老师指出：意义真空反映了现代教育在教育目标上的失误，这也是现代文明病的一个恶果。这也是抓住了要害的。马老师引述了艾略特对现代教育的批判："个人要求更多的教育，不是为了智慧，而是为了维持下去；国家要求更多的教育，是为了胜过其他国家；一个阶层要求更多的教育，是为了胜过其他阶层，或者至少不被其他阶层所胜过，因此教育一方面同技术效力相联系，另一方面和国家的地位的提高相联系"，"要不是教育意味着更多的金钱，或更大的支配人的权力或更高的社会地位，或至少一份稳当而体面的工作，那么费心获得教育的人便会寥寥无几了"。如马老师所说，正是这样的功利化（个人为金钱、权力等个人实利）的教育目标，国家、社会、家庭、个人都"执着于利益的考虑，遮蔽了'生活世界'本身的意义，以及人的意义和价值"，"遗忘了'生活世界'的原初性和根本性"，教育就"处于了漂泊无根的状态中"（《一名中学语文教师的困惑》）。这其实是一个现代文明的危机，它是一个全球性的问题。——这是具有启发性的：它让我们看到了，我们所面临的中国教育问题，同时它也是21世纪全球文明危机、教育危机的一个部分。

　　那种把教育单纯变成知识、能力的训练，忽视精神（思想、情感、道德、品格）的培育，不能铸造学生的意义世界的教育（马老师指出，应试教育就是这样的教育的典型表现），在我看来，已经成为当下教育的最大危机之一。最近我在好几篇文章里都指出：我们的教育（特别是我们的重点中学和大学的教育）正在培养一种"绝对的、精致的利己主义者"："一己的利益成为他们一切言行的唯一的驱动力"，而他们又"有很高的智商和教养"。问题的严重性更在于，我们的人才评价机制，是极容易将这些"很懂得配合、表演"的利己主义"尖子"选做接班人的。其结果就不是危害社会，而是要影响国家、民族的未来发展了——这绝不是杞人之忧。

　　面对意义的真空已经造成的和将要发生长远影响的后果，我们只有一个选择：追寻意义，追寻培育人的意义的教育。这是21世纪中国与世界教育唯一的出路，也是马老师和一切有责任感的教师的选择。——在我看来，"追寻意义"正是马老师教育思想的核心，他以此命名他的教育札记和对话，当然不是偶然的。

为学习语言寻找理由和意义

问题是，还要把这样的意义追寻，落实为具体的学科的建设。于是，作为语文教师的马老师就提出了这一命题："为学习语言寻找理由和意义。"（《我的语文起始课》）

这是马老师经常讲述的一个教育故事：弗雷德里克·道格拉斯还是个小黑奴的时候，他的女主人开始教他读和写。许多年以后，道格拉斯成为美国黑人中最重要的人物之一，成了几任总统的顾问，这时，他还记得当年男主人怒气冲天的情景。男主人咆哮着："要是你教会了他读和写的话，那就留不住他了。他将永远不适合当奴隶了。"道格拉斯说："平日里，女主人耐心的教导并没有从根本上打动我，倒是这些话深深地打动了我的心。它一下子就点亮了我的心灯，触动了我沉睡着的感情，一个深刻的认识产生了：原来'读和写'是由奴役通向自由的通道。"

大概对许多语文老师（也包括我）来说，将阅读和写作的意义提升到这样的高度，是有些意外的，因此需要认真琢磨。

我想还是从马老师给我们介绍的苏霍姆林斯基的经验说起。苏霍姆林斯基刚来到他家乡的帕夫雷什中学当校长，对每天都发生的教育现象进行观察时，首先发现的是学生语言的贫乏，然后在语言贫乏的背后，发现了思想的贫乏和文化的贫乏，追其原因，就是学生很少阅读，没有时间阅读，不习惯、不爱阅读，而且不会阅读，教师也没有试图引导学生阅读。——这几乎就是当下中学教育的普遍现象；

问题是我们习以为常，麻木不仁，视而不见，苏霍姆林斯基却敏锐地意识到，学生精神空虚的重要原因，就是缺乏真正的阅读，这是学校教育问题的症结所在。由此产生了治理学校上的思路，从抓全体学生的阅读开始，并形成了一个重要的教育理念：让学生"生活在书籍的世界里"，应该是中学教育的根本。

马老师这样谈到他的理解："所谓'生活在书籍的世界里'，这跟认真地、用功地学好功课并不是一件事。一个人很可能以优异的成绩从中学毕业，但是却完全不懂得什么是智力生活，完全没有体验过阅读和思考这种人类的巨大喜悦。所谓'生活在书籍的世界里'，就是追求思想的美，享受文化的财富，使自己变得更加高尚……在绝大多数的情况下，我们的学生在学校里掌握的知识，并不是他们在今后的谋生中直接需要的；它们之所以需要，是为了使一个人在接触了文化财富之后，产生一种自己是知识的主宰者的尊严感。"

这里，包含了对阅读的几层理解：其一，所说的阅读，并不只限于教科书的阅读，"对一个善于思考的学生来说，他在脑力劳动上所花费的时间，大约有三分之一用在阅读教科书上，而三分之二是用在阅读非必修的书籍上的，因为思考习惯的养成，很大程度上是取决于非必修课的阅读的"。其二，所说的阅读，是出于内心的需要，并且在阅读中享受"人类的巨大喜悦"，而"研读书籍时的喜悦和精神振奋，就是一个强大的杠杆，靠它支撑，能够把大块的知识高举起来"。强制的阅读，不但会"变成不堪忍受的负担"，而且"由此而产生许许多多的灾难"。其三，所说的阅读，必须是"情感和智慧参与"的阅读。也就是说，阅读要和自己的生命发生关联，自己的生命要在场，"要读出自己心灵深处的感动"（《诉诸情感与智慧的阅读》）。

只有这样的阅读，才能产生真正的意义生成。一方面，每一个阅读的文本，都是一个意义世界，经典的文本更是积淀了人类文明的意义成果，正是这样的阅读，特别是经典的阅读，实现了文化意义的传承，使阅读者（青年学生）超越时空的限制，攀登、占领人类文明的精神高地，尽享一览众山小的精神的愉悦，因此马老师要说，这是"人类的巨大喜悦"。另一方面，阅读者（包括青年学生）也是有自己的意义世界的，而在阅读的过程中，如前所说，实际上阅读者也必然将自己的意义世界融入，寻求相遇，达到对文本意义的理解与吸取，以及自身意义的提升，并重新构建自己的意义世界（《语文教学对话录》《关于两代人的对话》）。这其实就是自身生命的一个升华。

这样的意义世界的构建，对青年学生是特别重要的。这是因为他们自身的意义世界尽管孕育着巨大的可能性，却并未成熟，是相对狭窄的，并且他们还处于学习阶段，不可能接触广大的人生世界，也就是说，他们的生活世界也是相对狭窄的。这样，阅读就成为他们和自身世界之外的世界相连接的主要通道，他们确实是生活在书籍的世界里，这应该是处于学习阶段的青年学生主要的生活方式，生命存在方式。这样的生命存在是有着特别的意义和价值的，因为如前所说，阅读所建立起来的，是一切尚未开始的生命和几千年人类文明积淀下来的意义世界之间的联结，这就可能为他们的生命成长奠定一个宽广、深厚的精神底子，并使他们自身潜在的生命力量获得健康的引导和高强度的激发，这就是马老师经常强调的"高峰阅读"所带来的高峰生命体验。这样的高峰体验，所激发的是一种自信，对于人、人类文明，更是对自身的自信，以及一种渴望，这就是马老师所说的，使自己成为主宰者，最广泛地吸取知识、文化、人类文明的一切成果，最大程度地充实、发展自己，并主宰自己的命运。这最终建立起来的，是孕满生命意义的人的主体性。

在某种程度上，在阅读中的意义传递与重建，也是一种话语的传递和重建。当学生通过阅读，重构了自己的意义世界和话语世界以后，就产生了表达与交流的欲望。这就是写作的意义：通过写作，话语的表达，不仅使自己的意义世界得到沉积、深化，而且通过交流，建立一个我们在前文所说到的意义环境，达到和他人、和社会的对话，包括理解、沟通和相互支撑，以实现人的社会性。

通过这样的解析，我们就可以明白，青少年学生的阅读与写作，虽然必须以一定的语文（听、说、读、写）能力、方法的训练和获得作为基础，但它更是一个生命成长过程：主要是通过阅读，和人类文明建立精神联系，通过写作，和他人、社会建立精神联系，并在这两种联系中，构建一个属于自己的意义环境，进而构建自己人生的意义世界，使自己脱离生物性的野蛮和愚昧，成为一个精神的人，一个独立而健全的人。

由于青少年处于人生的起始阶段，他的阅读与写作，都具有打基础的性质，阅读与写作一旦成为习惯，成为发自内心的生命需要，他的一生都将处于阅读和写作的状态中，不断扩大自己与人类文明，与他人和社会的精神联系，并且和自身的社会实践结合起来，因此而不断更新与发展自己的生命意义：这样的人生才是真正幸福与快乐的人的一生。如果相反，学生在校期间，不能进行充分的、有意义的阅读与写作，实际上就从他的生命起始阶段切断了他和人类文明的精神联系，堵塞了他和他人、社会交流的重要通道，这样，他也就从根底上没有脱离野蛮和愚昧状态，无法获得人的意义。这确实是一个文明与野蛮、愚昧的分水岭；所谓"阅读和写作，是挣脱奴役之路"，也可以理解为，这是摆脱野蛮和愚昧，使人成为有意义的自觉的人之路。

回归日常生活实践

这也是马老师喜欢引述的苏霍姆林斯基的一句名言："学生的智力生活的一般境界和性质，在很大程度上，取决于教师的精神修养和兴趣；取决于他的知识渊博和眼界开阔的程度；取决于书籍在教师本人的精神生活中占有何种地位"。因此，我们讲"有意义的教育"，它的先决条件和前提,就是教师自身的生活和生命是有意义的。

这正是马老师和一切有追求的教师最感困惑的。于是,就有了这样的自审:《教师诗意生活的消解》。不过,我更感兴趣的,却是马老师的另一篇文章:《教师诗意生活的获得》。也许我们现在更应该讨论的,是如何在迷失中追寻和构建教师自身生活、生命的意义。

这里我要特别提到黄素珍的一篇文章:《走出迷惘——关于追寻意义的断想》。如文章的题目所示,这是这位高中二年级的学生,在马老师的引导下,通过阅读和写作来追寻生命的意义,走出迷惘的心灵记录和思考成果。也可以说是我们这里讨论的马老师的教育思想的一次成功的实践。她的思考所达到的深度让我吃惊,却也因此建立起了信心:我们其实是经常低估我们的学生在智力开发上的巨大潜力的。关于黄素珍和马老师的教育对话,是应该另找机会来讨论的。这里想提及的,是黄素珍在这篇文章里提出的一个观点:“意义的创造”必须“回归日常,回归平凡的生活,回归日常的实践”。这是一个非常重要的提示。这也是马老师所主张并身体力行的。他在和黄素珍对话时谈到“生活毕竟不是关在窗子里漫谈理想,生活是严峻的、严肃的,也是残酷的。我们不能绕过今天的教育现状,生活到明天去。我们必须从今天起步,一步一步地迈向未来”。在《教师诗意生活的获得》一文里,他更进一步提出:“诗意化的生活的秘密不是别的,就是行动起来,用审美的眼光打量我们的生活,打量我们的工作,打量我们的人际关系,从现有的生活资源中去获取一种快乐和幸福。只要我们倾心于去创造事物,去创造一堂课,去创造一次解读过程,去创造一次美好的生活经历,去创造美好的人际关系,我们就是在创造世界了,就是在创造诗意了。所有的诗意都存在于我们生活的体验之中和过程之中。”

这里的讨论,让我联想起捷克思想家哈维尔关于“存在革命”的思想。——马老师写过一篇《走近哈维尔》的文章,说他“一直想找一个机会,向我的学生介绍哈维尔这个人物",那么,我的联想大概不会太唐突。所谓"存在革命",按我的理解,有这样四个层面的意思。其一,从改变自己的生活开始,从改变自己的存在做起,以建设你自己,作为建设社会的开端。在谎言流行的社会里,部分地生活在真实中;在这个追逐个人享乐的消费社会里,尝试有社会承担的,物质简单、精神丰盈的生活方式;在意义真空的教育大环境里,进行着有意义的教育的实验,追求人自身有意义的存在。其二,牢牢地把握住当下,不虚构美好的未来,不寄希望于一劳永逸地解决弊端的所谓彻底、根本的变革,而宁愿采取现实主义和经验主义的立场和态度,"不是为了美好的明天,而是为了美好的今天"。其三,"从'下面'开始",眼光向下,立足于自身,立足于和自己一样独立的人们,面对的永远是那些具体的人们。其四,更注重行动,不仅是理想主义者,更是清醒、理性、低调的行动主义者,"做一个普通人应该或可以去做的事情","只要有一个人这样去做,就会带动周围的其他的人们"。

事实上,马老师和全国各地的"马老师"们,以及他们的学生"王翔""黄素珍"们,都在这样努力地改变着自己的存在,改变着教育的存在,并在这样的改变过程中把握个人的存在意义,实现对意义的承担。

这是一场静悄悄的变革,是对"一个普通的中学教师能够走多远"这永远的追问的回应。

2008年8月12—19日

"莫斯科不相信眼泪"

——夏昆《率性教书》序

读夏昆老师的教育随笔,首先注意到的自然是字里行间无处不在的调侃与幽默,用夏昆老师自己的话来说,就是尖刻的眼光和尖刻的语言。

我更注目与关心的,是其背后的不可多得的清醒与独立。这其实是夏老师自己所要强调的:"保持清醒和独立,是我的生命,也是我的骄傲。"(《一意孤行》)

在我看来,最能体现夏昆老师的清醒和独立,也是最引起我共鸣的,是他的两个观点:"别人觉得最正常的东西往往是最值得思考的"(《一意孤行》),"每一种思潮都有其内在的合理性,另一方面,也存在其学术上的致命伤"(《将教育的媚俗进行到底》)。前者说的是一种"于不可疑处生疑"的怀疑主义的思维方式,后者则涉及如何看待与对待"时代思潮(思想、文化、学术、教育思潮)"的问题。这也是我曾经关注过的,并有过一个论述,姑抄录于下,算是对夏昆老师的观点的一个阐释和发挥吧——

在学术发展过程中,某种学术观点与方法的追求得到相当一部分人的响应,就往往形成一种学术潮流。对此是应该作具体分析的:有的是出于某种目的的炒作,名曰"学术新潮",不过是"学术泡沫",能否识别并进行抵制,这对学者的学术眼光与学术良知都是一个考验。但更多的学术潮流是出于严肃的学术追求,一般说来,能够成为潮流,自然有其历史的合理性,而且往往会在某一方面对现有研究格局有所突破,但同时也就必然会有所遮蔽,或者说会形成某种陷阱。对于一个学者,能否既从这样的学术新潮中吸取新的创造力和想象力,以丰富和发展自己的研究,同时又能够对其可能产生的遮蔽、盲点与问题有所警惕,保持某种清醒,既不盲目拒斥,又不盲目跟风,这是需要学术判断力、逆向思维的能力与学术独立自主性的。这恰恰是我们许多研究者所欠缺的,因此常常为各种潮流(如前文所说,其中有许多不过是"泡沫"而已)所眩惑,陷入了盲目性(《学术研究的清醒与坚守》,见《那里有一方心灵的净土》)。

我讨论的是学术研究的新思潮,夏昆老师面对的是教育新思潮,我们的态度和立场却是这样的一致,这大概是"心有灵犀一点通"吧。

正如夏昆老师所说,这些年教育新潮可谓多矣。他随便列举,就有教育经济主义、教育科技主义、教育个性化、爱心教育、民主教育、成功教育、互动教育、学生主体论等,还有层出不穷的"教育关键词",诸如"平等""敬业""师德""义务""新课标""改革",等等。夏昆老师并不否认这些教育新潮流、新观念、新概念的提出,是针对教育的许多弊端、问题的,因而其本身是具有一定的合理性的。我们从夏昆老师自己的教学实践,特别是班主任工作的实践中,都可以看出他从这些新潮流、新观念中吸取了不少滋养,也许在别人眼里,夏昆老师就是一位教育新潮中的人物。这都应该是没有问题的。

夏昆老师的独特处,就在于他身处潮流中而保持清醒。特别是当一些新潮流的鼓动者将其合理性绝对化,推向极端,甚至令其成为强制推行的"教育改革目标、方向",进而弄得一线老师无所适从时,夏昆老师就开始质疑,并慨然宣布:"我不相信"——

> 我不相信某个名师的方法可以放之四海而皆准;
> 我不相信某个被人推崇的理论完美得无懈可击;
> 我不相信某个潮流就可以代表教育的终极目标;
> 我不信台上某个慷慨陈词的专家自己相信自己的学说;
> ……

我由此想起了一部苏联电影的名字:"莫斯科不相信眼泪"。夏昆老师却自我调侃说:这是"蜀犬吠日"(《一意孤行》)。

在我看来,这是一次新的思想解放:从非此即彼、非白即黑的二元对立思维和将具有相对合理性的思想极端化的绝对主义思维束缚中解放出来,更是从官本位、专家本位的束缚中解放出来。

夏昆老师说:要"警惕地保持着自己的距离"(《一意孤行》)。保持距离,如前所说,并不是保守,拒绝吸取新养料,而是要保持自己的独立理性判断力和独立自主性。直白地说,就是把教育的权利掌握在自己手里。

在实际生活中,盲目跟风成了普遍的选择,而且已经造成了教育的许多问题,产生了严重的后果。而新思潮本身也因此而变质,出现了"播下的是龙种,收获的是跳蚤"的悲剧。

此外,我注意到,并且要强调:夏昆老师和他的朋友,既有基于独立思考的"我不相信",更有基于教育信念的"我要坚守"。而且这样的坚守,并不完全体现在,或不主要体现在他们的理论宣言上,而是渗透于具体的教育实践中的。这是一群极具教育活力、创造力的"永远都走在路上"的教育行动者,他们把自己的教育信念、理念化作日常教育实践,又反过来用自己实践的成功来证明、发展自己的教育信念和理念,为实现自己的教育理想和孩子们的健康发展寻找一个空间。

在这个意义上,此书大量收入的班主任工作随笔,也许是更值得注意的。这都是一个个具体生动的教育故事,很少理论分析,却有着更为丰富的含量,不同的读者都可以从中找到自己的阐释空间,得到不同的启示。我所关注的,是这些教育行为背后的教育理念和实践逻辑。

应该说,夏昆老师和他的朋友的教育活动,跟所有的任课老师和班主任老师一样,都是十分琐细的,面对的是一个个具体的学生,一个个具体的教育问题和事件,而且大多数都是突发的,无法预计和预作准备,而要作出即刻反应。这样,就要求他们必须把自己的教育理想、信念、观念,内化为近乎生命本能的东西。在我看来,体现在夏昆老师和他的朋友身上的这样的教育本能,主要是三大教育底线:一是培养能自省的公民(《在盐外的日子》);二是以对生命的敬畏来对待学生,同时教育学生尊重他人的生命(《一意孤行》);三是带着自己独特的生命形式进入教育(《一意孤行》)。我理解,夏昆老师把自己的教育随笔命名为《率性教书》,就包含了这样的意思。

而教育实践,它是自有不完全相同于思想的逻辑的,其前提也是一种清醒。夏昆老师说得很好:"我不愿意做这样的老师,以为教育可以替代一切,以为自己可以做到所有。我会承认,有很多我没有教好的学生,更有许多我教不好的学生。个人的力量总是很微弱的,只要我无愧于心,就可以坦然面对了。"(《我不愿做这样的老师》)这是我们必须面对的三大局限:教育本身的局限,教师个人的局限,以及教师在现实中的局限。清醒于这样的局限,我们在进行教育实践时,就不仅要清楚自己"要坚持什么",还要懂得自己"现在(在现实条件下)能做什么,不能做什么",以及"以后(经过争取,现实条件改变以后）能做什么，还是不能做的是什么"。这也形成了自我约束和自我限制，既不能超越现实可能性去做我们力所不及的事，也不能对现实条件下一个普通教师的作用，有过高的估计和期待。也就是说，我们既要坚持自己的教育原则和独立性，又要有清醒的自我限度意识，既要保持自我主体性，又要保持自我调节的功能。这就意味着，如果说思想者的逻辑强调的是理想，实践者就更要注意现实条件；思想者要求彻底，实践者就不能拒绝妥协。

　　由此产生的，是教育实践者必须具备的品质：除了懂得必要的妥协并善于掌握妥协的"度"（过与不及都不行）外，特别需要有教育的智慧，以及坚持点点滴滴的改变，"慢而不息"的韧性精神。我在夏昆老师的班主任随笔《我的孩子们》里所感受的，就是这样的以教育思想者为底气的教育实践者的可贵品质和精神。

2009 年 8 月 13 日

有这样一位农村教师

——马一舜《因为我爱呀》序

我有好几位在农村基层任教的没有见过面的朋友,马一舜老师就是其中的一位。我们是因为通信认识的,后来还通过电话;通信、通话的次数并不多,但却有一见如故的感觉,而且彼此都有自己的事要做,联系的密切程度并不那么重要,心有灵犀一点通就足够了。——这是真的,我的学术观点、教育观点常被质疑,被认为过于"理想","脱离中国教育实际",却在马老师这样的真正生活在困境中的基层教师这里引起共鸣,得到响应。这样的来自社会和教育底层的朋友,我是格外看重和珍惜的。

从通信中得知,马老师喜欢写作,我从他寄来的几篇文章也看出了他的才华与勤奋,于是去信希望看到更多的文章,看看有没有可能出一本书。结果于2006年底,收到了马老师寄来的厚厚一大本文稿,题目是《因为我爱呀》,还有一封情真意切的信。但我自己却被数不清的杂事所缠绕,竟没有时间,也没有精力来为我的这位朋友写点什么,一直拖了两年之久,而且拖的时间越长,心理负担越重,反而越难以动笔。现在已是2008年的岁末,再也不能拖下去了;我终于提起笔来……

因语言而痛苦：一个真正的
语文教师的深层困惑

就从这篇《苦辣酸甜谈语言》写起吧。马老师说："我这一生要说贫困给我的感受已经是够多够深够烈的了，但似不及语言。在我还不知道为贫困难受的时候，语言就已经开始让我难受了；在我通过几十年的努力，快要甩掉极端贫困的时候，语言给我的难受感反而有增无减……"可以说，这是一切有理想，有自己的思想、语言追求的语文老师、知识分子的最真实、最深沉的痛苦，被马老师敏锐地抓住了，而且表达出来了，就具有一种震撼力。

马老师在来信中告诉我，1964年9月，他出生在湖北省石首市一个偏僻的村子里，马老师形容说，这是"角落之角落之角落之角落"。他上小学时，正赶上"文化大革命"的后期。于是，"不到十岁，我就感受到了语言的可怕。不知是我小时候格外喜欢做坏事，还是同学们都觉得我（患有小儿麻痹症）软弱可欺，总之，我几乎每天都有错误被同学们检举给老师。老师总是上课时先念一条'最高指示'，然后批评我。有时念的是'千万不要忘记阶级斗争'，有时念的是'凡是毒草凡是牛鬼蛇神都要进行批判'……以致我一听到老师念语录，心就发怵，身子就发抖。可能是老师看到我的问题越来越多，于是在班上召开了一次批判会，他横着粉笔铆足了劲在黑板上写了'批判大会'四个字——这是我第一次看到横着粉笔写字。以后每当我看到别的老师或我自己当老师后这样写字时，总要想到这一幕"。——这是马老师孩提时所亲身感受到的极左政治下的中国教育，其中充斥了荒唐和暴力的语言教育，他说"恐惧早就切入了我的经验世界"（《恐惧的只是凡人》），以致当他当了语文老师，发现这样的语言暴力，还有语言的虚幻化、模式化，通过我们的教育"内化进了我们下一代的血液中"，他又为此感到了恐惧。

马老师还告诉我，他的"父母比一般的农民显得更忠厚老实，勤劳和无能，因此我说过，我的父母'比农民还农民'"。于是，"'文革'结束后，接着便是父亲的语言使我难受"。父亲说话总是来回缠绕，常常话不成句，毫无主见和定见，十句中至少有五句是迎合他人，以及"客气得啰唆，客气得低三下四，像是乞求"，这其实都表现了一种底层人物受物质与精神双重压迫所造成的精神病态。幼小的马老师却偏偏敏感于此，感到了在"漫长的炼狱"里煎熬般的痛苦，以致"我之所以拼命地要跳出农门，除了要改变我的祖辈们所延承的那种命运外，还有一个更现实的原因：要摆脱父亲的语言"。——坦白说，这样的痛苦，是我这样的城市知识分子过去从未想到的；但却更深切地揭示了马老师这样处在贫困和愚昧包围中的敏感的农村少年和农村知识者内在的精神困境。

以后马老师"好不容易走出家庭，有了工作和单位"，之后又是一番痛苦的挣扎与努力：马老师在信中告诉我，他因为残疾而备受歧视，感到上大学无望而在高一辍学；参加本村小学教师选拔时，又因残疾被排斥；以后勉强当上民办教师，但因为有新的高考落榜生而被替换；在养鸡、养兔、榨油、种果园都失败以后，回头再来教书，一边教学，一边自学，在工作、自学与经济困顿（报名、买书、参加面试时的生活费等，尽管金额不大，但对他来说哪一项都不是可以轻易解决的）的三重压力下获得大专文凭，又通过考试而终于成为"公办教师"。他原以为获得了基本的生存条件，能同时"挣脱语言的泥淖"，获得精神的解放，却不料遭遇到更大的精神磨难："又有新的语言给我以新的难受"，而且因为是语文教师而对语言的混乱有着"职业的敏感"，就几乎无时无刻不生活在语言的烦恼甚至恐惧中。当他听到一些为人师者念错字，写文理不通的句子，就浑身难受，听到同事这样教训不认真学习的学生："你怎么这么不在乎！你家里蛮有钱？你父亲当的什么官?"这教师语言中的金钱崇拜、官位崇拜的臭味,让他极不舒服。而听有些领导讲话,就更使他有受刑之感,大话、空话、套话、废话连篇,而且其中不乏"智商低,水平差,表现欲却特强"者,因为大权在手,包括自己在内的教师不愿听也得听,而且来听还不能迟到:在语言压迫的背后,是权力的压迫。

而且如马老师所说,这样的语言压迫几乎是无所不在的:"我一走进人群,就像孙悟空发现妖怪一样,不久就听出了人群中的废话和假话。每遇这样的场合,我就如白水鱼掉进了浑水中",浑身不自在,并有窒息之感。

于是就有了这样的困惑与追问:"为什么别人大都对语言处之泰然,而我对它却像林黛玉对贾宝玉的言行那样敏感,并生出不少的烦恼和痛苦呢?"——但正是在这里,马老师表现出他作为语文教师的素质、品格与天赋。在我看来,语文教师之所以为"语文"教师,就因为他的天职不仅是要教学生运用语文,更要捍卫语文,尤其是我们的母语,引导学生遵循与维护语言文明。因此,对语文教师而言,最重要的,也是最基本的素质,就是对语言的敏感:不仅是对优质语言的敏锐的感受力、鉴赏力,而且也包括对劣质语言、破坏语言文明的言行的极度敏感与警惕,以及捍卫语言纯洁性的高度责任感、自觉性,从而表现出捍卫语文教师职业尊严的道德勇气。

语言错谬背后的社会与教育问题

马老师清醒地意识到,他所面对的实际是语言错谬背后的社会与教育问题;而作为一个社会底层的教师,他对这样的问题,是有着更直接的感受与更深切的观察的。马老师说:"我不是一个纯粹的理论家,而是一个有良知、有思想,长期苦干并细察于教育第一线的老师,因此我比那些在外、在上的人多的是几分'亲历者之苦'和

'亲历者之痛'。"

马老师说，新课标和新教材诞生，曾给他带来了振奋和喜悦，但很快就消失了。因为"我们的教育面临着强大的抵牾力——教学内容与教师言行、学校与社会、书本与现实矛盾太多，可以说是处处矛盾。这种内外环境中的教育的效果就不能不是微弱甚至是负效果的"。这是我们必须正视的现实。

作为一个自学成才的农村知识分子，他同时又具有"卑微者的高蹈的思想"。马老师的文章让我最感动的，也正是这样的"位卑不忘救国"的情怀与境界。他在一篇文章里，针对当下教育的问题，一口气问了十个"如何"："如何避免部分学生产生自卑心理和性格扭曲？如何不让学生从小就习惯于高高在上、趾高气扬，或妄自菲薄、低眉顺眼？如何使学生都尊敬师长，团结同学？如何让每个学生都坚守尊严，个性鲜明？如何培养学生公正、平等的观念？如何让学生具有正义感和对真理的热爱之情？如何培养学生的博爱情怀？如何不让'差生'日后成为社会渣滓？如何让优等生日后成为真正的社会精英？如何提高整个中华民族的素质并具有强大的国际竞争力？如何使民族振兴而傲立于世界民族之林？"（《教育＝教优？》）可以看出，这些都是他在自己的教学活动中，念念不忘的问题，是他最感苦恼并努力探讨的，构成了属于他的教育观念与理想，而这同样是自然的，发自内心的。具有这样完全自觉的教育责任感、使命感，并且把它化为日常教学实践的农村教师，是不多见的。

有待改革的评价机制

这几乎是必然的结局："我所在的学校有这样一个规定：如果某老师的班级连续三次在期末统考中的成绩排同类班级倒数第一，则对该教师给以停岗的处分。由于我是一个早在新课标出台前就注重教学改革的教师，由于我在教学上一举一动都是从培养学生的创新能力和人文素质出发，而不是像有的老师那样处处从分数出发，由于我不屑于像某些同事那样挖空心思、绞尽脑汁地在监考、阅卷、誊分等环节弄虚作假，我所带的班级连续三次在统考中排名倒数第一，其中一次与上一个名次的积分仅有0.1分之差，与第一名也只有2.3分之差。"学校先要他公开检讨，马老师表示"在事关饭碗的分数面前我坚持我的教学理念"，拒绝检讨，于是，就被勒令"停岗"。尽管后来马老师得到舆论支持而复岗，但2006年他还是离开了，去了广东汕头的一所私立学校。

马老师反复追问的：为什么那些"只爱自己的饭碗和奖金，从不爱学生"的教师，那些以"死记硬背"教材和教参，"生硬灌输"知识为"看家本领"的教师，那些不惜"弄虚作假"，成为"学生坏品德的教唆者"的教师，却都能成为"教育竞争"中的胜利者(《教师，叫我怎么尊敬你》)，而"功底最深，人文素养最好，最有思想，最有教育良心，最受学生喜爱的教师"，却成了"所谓'教学绩效'最差的老师"，要被淘汰？(《真正的无私奉献——敢于教成倒数第一》)这里，最根本的原因，是我们的教育评价标准与机制出了问题：尽管口头上天天喊素质教育，但实际奉行的却是应试教育，分数才是教育评价的唯一的硬指标，分，分，分，不仅是学生的命根，更是教师的命根；由此而制订的各种竞争规则，诸如"定期考核制""末位淘汰制"等，就不一定是优胜劣汰，而可能是劣胜优汰，即所谓"劣币驱逐良币"。这样的评价标准与机制不变，中国的教育很难走出应试教育的限制。

孤立之下，马老师只好向他的学生倾诉，阐明自己的教育理念和理想。这获得了掌声和支持，却也产生了严重的后果：学生接受了他的教育思想，尽管语文素养的确有提高，考试分数却有所下降(不过比其他班少了几分)，导致他自己被停岗不说，还收到了学生这样的来信："请您不要为期中考试的倒数第一而生气,我们大多数同学也很后悔。……我们不是说您的课讲得不好,而是觉得您太放任学生了。……学语文还是要死记硬背,注释、翻译也要背。不能让读课外书占用过多的时间,对不做作业偷看课外书的学生要给予相应的惩罚。也许我们的建议不符合您那天在课堂上讲的那些振奋人心的话,但从小学到现在,我们受到家庭、学校、老师、亲人的影响,形成了以分数为目的的思想。……希望您能采纳我们的意见。"——马老师说:"写到这里,我似乎写不下去了,我真的不知道该说些什么。"(《掌声和掌声后的……》)面对学生的拒绝,我们除了感到无奈和无助,也真不知道该说什么了。

可以说,马老师和"马老师"们就是在这样矛盾的状态与心态下,坚守在他们的教育岗位上的。也许有人会认为这是不可思议的,但我确切地知道而且相信,"马老师"们又是自愿作出这样的选择的,并且无怨无悔。

这是为什么?

马老师回答说:"因为我爱呀!"

马老师说:"我的灵魂穿着一双草鞋",他是大地抚育的,来自民间,因此,他永远爱他脚下的土地,爱他的父老乡亲,爱农民的孩子——这是他须臾不能离开的学生。他始终维护着一个农村教师的尊严,他说:"我赞美那些穿着草鞋的灵魂,并且以自己拥有这样一个灵魂而骄傲!"(《穿着草鞋的灵魂》)

我要向他们脱帽致敬,并献上这篇小文。

2008 年 12 月 29 日

日常教学的琐细中隐含着深长的教育意义
——许丽芬《做一个纯粹的教师》序

　　作者说，她是一个普通得不能再普通的老师。这是确实的：一所城镇小学一年级的语文老师和班主任，也可以说是底层得不能再底层了。

　　底层的教育意味着什么呢？除了我们这些城里人，我这样的大学教授难以想象的贫穷、艰难、无助之外，就是无穷无尽的日常教学工作的琐细和平淡："这平淡的日子，就好像一个农民"，日出而作，日落而息，日复一日地面对"一颗颗湿漉漉的脑袋"，闻着"一股股浓浓的汗酸"，"日子就这样七零八落地逝去，孩子们也在一天天成长"（《日记，即自言自语》）。

　　生活就是这样，教育就是这样。

　　但有一天，虽然依旧是悄然无声，却发生了变化。许丽芬老师后来回忆说："当生活的污浊淹至胸腔时，我开始在逼迫中奋起：要读书，要吸取力量，要在日常生活之外为自己寻找一条可以信赖的小路"，于是，"在焦虑的苦痛与对光明的渴求中我啃读每一本能够抓住的书"。正是书，将她带入了精神的星空，"仍然在日常生活中爬行"，"心却向着远方"（《有点野气，有点不羁》）。许丽芬老师终于找到了自己的生命存在方式："脚踏大地，仰望星空。"——依然立足于底层教育，"和土地结缘"，却有了精神之光、理想之光的照耀，生活、工作依然琐细、平淡，却有了新的意义，"每天都有新的太阳升起"

（《日记,即自言自语》）。

生活变了,教育变了。

依然每天和孩子说话,但是突然注意到了"被遗忘的角落":那些"父母早出晚归的,长年单独和外婆一起生活的、少言寡语的、我又极少顾及的",不好不坏,因而在班级中显得不那么"重要"的孩子。他们因为被忽略,孤独感就隐蔽地每日每夜地蚕食着他们稚嫩的心灵,"为以后的心理不健康和'心智不全'埋下隐患","而这样的侵蚀就发生在我们身边"。意识到这样的失职,许老师产生了教育的顿悟:"驱赶孤独,营造温馨,应当成为我们每日生活的必需,每天和孩子说说话,应当成为'关注每一个孩子'的必备。每天,我们都有必要争取时间去和不同的孩子聊点什么,谈点家常,语气轻松,内容贴心,没有训斥,看上去毫无教育意义,这些微不足道的琐碎都应该成为我们每日捕捉的灵光。我想这就是教育的人情味吧。"——"教育的人情味",这是一个多么重要的教育命题,这是真正触及教育本质的顿悟:"唯有人性的教育,才值得我们如此兢兢业业,倍加谨慎。"而且还有这样的实践和效应:一个周末,许老师带着一个孤僻的孩子在绿地上玩了15分钟,"他有些羞涩,但很满足。当我问他要不要继续玩时,他说'不要了,回去吧',声音有点异样","那天他一回到家,就兴奋地叫着:'我要写日记,我要写日记,我的老师带我去青草地玩了'","听了这话,我心里有些欣慰,更多的是心酸"(《每天,和孩子说说话》)。这是真的:谁能不为之感动,并由此而深思教育的责任呢?

依然是每天没完没了地批改作业,许老师却突然对自己千篇一律的批语模式产生怀疑,感到厌倦,以至羞愧。"我们能否改变传统的作文评语做法,另辟蹊径? 我们能否和学生一起,灵活地运用语言,使之活泼生动?"由批改作业的语言联想到课堂语言,又有了教育的顿悟:教育本质上就是语言的教育,而"我们的语言,精彩纷呈的语言,正在被平庸化。在我们本该用来传承、延续、实验和创造语言的课堂上,更多的是复制、堆砌语言"。于是,就有了这样的自觉追求:要将上课、作文指导与批改作业,都当作是"参与一次美妙的语言实验"(《"如沐春风"的痛楚》)。

依然是例行公事去家访,许老师又突然发现了其中的味道和意义:正是家访,使自己"能更多地和学生的家庭、学生的日常生活建立起真实、具体的联系"。于是,一直被视为额外负担的、现在她却不厌其烦的家访,进入了她的生活:"很多时候,我会忘记我是代表'教育'而去的,我更多的只是想去走走、看看、听听,或者只是去摸一摸他们家早已斑驳的墙壁。我觉得,每一次走动,都会从不同的角落里发现一些细腻、真切的东西,寻回一些可以凝神静思的情感。孩子、家长注视的眼神,汇集在一起,几乎融成了我的土地,我就生长在这里。"(《家访笔记》)——这背后也有教育的顿悟:教育对教师而言,不仅是谋生的手段,更是生命存在方式、生命的意义所在,因此,真正的教育是内在于真正的教师生命之中的。

依然是带领学生集体旅行,突然有了不一般的"感觉":这一刻"站在山上,看一看更远一点的地方",这一番"体验'迷路'和'开路'的趣味",这一声"我们冒险回来了",不都蕴含着一个个教育课题吗?(《"你很有福气"》)于是,她懂得了这也是教育:带孩子"在村庄和野外瞎玩狂奔,在我的指引下,感知对土地、对虫鸟万物的爱惜和眷恋"(《被蓝色包藏的诗意》)。人在自然中,这本身就是一个最基本的、最重要的,也是最理想的教育状态。

这样,当许丽芬老师用新的眼光去观察、体验底层教育的日常教学生活时,就发现了琐细、平淡中"隐含着深长的教育意义"(《每天,和孩子说说话》),并且"在琐细里挑出了快乐"(《看我怎么罚你》)。

一个新的教育天地在她面前展开,并随时随地激发她的想象力和创造力。她逢人就眉飞色舞地唠叨一句话："教书真是一件很有创造力的事情。"她这样提出问题：为什么我们不能有"奇思妙想"？（《突然有了感觉》）她大肆宣扬："我在期待有一个意外"，"期待一个超越'文明规范'和'大众口味'的意外"，"期待一份开阔、一份自由，期待一种真正代表儿童朴素、真诚、无忌的生命状态"。（《日记，即自言自语》）

这是"教学灵感"的产物：许老师有一天给学生上一节"独一无二"的课，叫"静心思美"，老师和学生一起"静思五分钟，想想以前谁帮助过你，关心过你"，然后用笔写下自己的内心的感受。许老师这样解说她的教学设计背后的教育理念："每个人都要学会在安静中面对自己，对着自己说话，思考自己的生活。而思美是因为我们在生活中曾经得到过很多关心、帮助和鼓励，美需要用心反复咀嚼。所以我们要经常地思考它、回味它，怀着感恩的心。这样我们才能获得信心、善良、乐观和活力，生活也因此开阔和美好。"（《珍贵，献给"我淡蓝色的晕眩"》）——无论是"静心"，还是"思美"，都隐含着教育的真谛，它引起孩子强烈的反响是可以想见的："所有的生命都有回声。"单看学生的文题——《穿过美好时光的隧道》《温暖的心灵》《藏在心里的太阳》——就知道许老师播下了怎样美好的生命的种子！

还有"爱心加油站"，这也是一次突发的灵感：临近教师节，许老师布置学生开列一张"爱心清单"，罗列教过自己的老师曾经给过的点滴关爱，并且鼓励说，写得越多的人代表他越富有。从表面看，这只是前述"思美"活动的一个延伸，但许老师却赋予其新的意义："作为教师，有必要真诚而适当地宣扬我们所付出的劳动，和为人们遗忘、忽视的爱意，这是对自我价值的自信与认可"；而对于"那些懵懂的学生"则"可以因此寻回被日常遗落的爱的星火，重新调整出良好的受教育的心态"，"懂得感激他人之爱，感激师恩"，这"可以避免因为相互不能理解而造成的师生之间的相互伤害,理解的爱,才是解救一切生灵的灵丹妙药"(《爱心加油站》)。——在师生之间建立"理解的爱",许老师有意无意间抓住了当下教育问题的一个症结。

她就是这样在日常的教学工作中思考、探索教育,深化和提升自己对教育的理解,并开始对某些公认的教育观念,提出了质疑——

面对"差生"论,她这样追问:"何为'差生'?""差生的头衔是一种根植于我们头脑中的习惯思维强加给那些孩子的";"顽皮即野性;与众不同即学不正经";有的学生"只不过是学习或其他某些方面比较薄弱,处于暂时的弱势,可我们来不及等待,也不需要静思,更缺乏尊重——一种坦坦荡荡的尊重,一种一视同仁、平等对待的尊重"。——这又抓住了一个要害:"尊重一个人在普遍意义上的存在,便是最大的教育。"(《我们的孩子,没有差生》)

她还追问:人皆有好恶之心,但教师能够以自己的"好恶之心"对待学生吗?有好恶,就会对不喜欢不欣赏的学生产生无由的怨怼,有意无意伤害学生的自尊、自信,这是从根本上反教育的。教育的宗旨应该是"接纳",无条件无差别地,公平、客观、谨慎地接纳一切学生,"对每一个孩子保持应有的敬畏之心"(《师道应秉持"无好恶之心"》)。

还有,"依靠感性的爱,可以解决教育问题吗"?这是人们很少去想的一个常识:"如果教育的爱能够包治百病,那么社会就不用培训教师了,直接请当母亲或者父亲的人来当教师就行了。"(《看我怎么罚你》)教育当然需要爱,但更需要理性的引导,唤醒学生自身潜在的理性,"没有职业理性就没有教育"(《职业理性要比爱先行》)。

我不知道许老师的这些教育理念,是出于她自身的感悟,还是受到书本的启发,但有一点是可以肯定的,所有这些理念,都已经融入了她的生命,有机转化为她的日常教学实践,这就成了她自己的教育观。这底层教师的教育学,或许是更具有本真性和本根性的。我曾经说过，在较为偏远的地区，应试教育的影响相对少一些，或许还保留一点朴素的教育常态，并因此而具有了进行新的教育实验的可能性。在我看来，许老师的工作正是展现了这样的可能性，她的教育随笔所提供的信息，让我们感到振奋，我们应该向许老师和所有真正支撑着中国教育的底层教师表示最大的敬意。

2009年8月16日

让真正的教师成为教学研究和
教育改革的依靠力量

——《南京市教学研究年鉴(2008)》序

　　我是当年(1946—1950、1950—1956)南师附小和南师附中的学生,是南京的教育把我培育成人的;因此,读《南京市教学研究年鉴》(以下简称《年鉴》)。我不仅仔细读了这本2008年卷,还翻阅了2006年卷、2007年卷),我感到特别亲切,有兴趣。尽管《年鉴》记录的是当下南京教育发展的脚印,我却联想起当年所受的教育,首先想到的就是那些影响我终生的老师:附小的吴馨老师,附中的卢冠六老师,等等,在我的印象里,他们也都是《年鉴》不断提到的"研究型"教师。可见,中小学教师进行教学研究,这在南京是有传统的。在我看来,这甚至是南京教育的一个基本经验:一方面,要加强教育的实验性(当时附小、附中都是实验性学校),注重教学经验的总结与理论提升,以提高教师的水平——不仅是业务水平,更是精神境界,并在这一过程中,培育出一批高水平的"真正的教师";另一方面,又充分发挥这些教师的作用,使他们成为教学实验(实践与研究)和教育改革的骨干和依靠力量。

　　这里,有两个问题:什么是"真正的教师"? 又如何发挥他们的作用? 这正是我在阅读《年鉴》时最为关注的。也就是说,我在读这些"年度人物"介绍、"年度论著"、"年度论文"、"教学研究大事记"时,看到的是背后的"人",是那些"真正的教师"吸引了我。在我的眼里,这些活跃在当下南京中小学教学第一线的老师,不仅有当年我的老师的风范,更有鲜明的新的时代特色——

他们把教学工作看作是"一个追寻意义"、实现自我生命价值的"过程",于是"开始主动去批判那些'熟知而非真知'的东西,开始去追问那些习以为常的东西,不断叩问其发生、发展、变化意味着什么,试图获得一种意义的理解"(余颖:《教研感悟》,见《年鉴》2006年卷)。

他们把中小学教育视为对学生"终身发展负责"的"事业"(吴绍萍:《教研感悟》,见《年鉴》2008年卷),他们"与学生一起发现生命之美"(蒋桂林:《教研感悟》,见《年鉴》2008年卷),"享受生命成长的欢乐"(尤小平:《教研感悟》,见《年鉴》2006年卷),以促进学生生命的健全发展为自己的使命,"学生成长"是他们的教育思想和相应的教学实践与研究的核心。

他们"对抗无所不在的技术化的冲击",要求自己"成为一个有担当的知识分子",坚持"独立之思想,自由之精神",坚持"理想主义"(曹勇军:《教研感悟》,见《年鉴》2006年卷),因而他们也就实现了从"技术熟练者"到"反思性的实践家"的转型(陈履伟等:《品德与生活(社会)、思想品德、思想政治——2008教学研究年度综述》,见《年鉴》2008年卷)。于是,就有了"每一个教师都(应)有自己的教育教学思想"(于世华:《教研感悟》,见《年鉴》2008年卷)和"只有反思型的教师才能培养出创新型的学生"(张荣:《教研感悟》,见《年鉴》2008年卷)的教育理念和自觉追求。

他们首先是实践者,但和一般教师不同,他们更有"理论的反思"的自觉,因此,他们养成了"将教学研究融入日常教学行为的习惯",成为"职业兴趣"(朱建廉:《教研感悟》,见《年鉴》2006年卷)。他们懂得"教学是一种遗憾的教育",更自觉地把教学遗憾作为"研究的动力"和理论反思的起点(周茜:《教研感悟》,唐隽菁:《教研感悟》,见《年鉴》2006年卷)。即使在教学实验中遇到挫折,面临"教学理想被现实击得粉碎的痛楚”，也把“这样的痛”视为“让人清醒”的契机，“每一个新的问题的产生和追寻”都促使自己思考，“享受这样的过程，你就是研究者”（余颖：《一个数学教师的课程开发之旅》，见《年鉴》2008年卷）。

他们更有一线教育实践者的“尊严”，因而更看重自己的教学研究的“底层视角”，追求研究的“实践性和原创性”（曹勇军：《教研感悟》，见《年鉴》2006年卷）。他们说得很好，“作为一线教育教学实践者，研究就是对平淡生活中一切你感到是问题的事儿的学习、探索和反思”，自己所要做的事情，就是“实践‘深层次’的长效教育，努力将枯燥的、繁琐的、平常的教育教学工作转化为有趣的、简单的、深刻的教学研究”（吴邵萍：《教研感悟》，见《年鉴》2008年卷）。也就是说，他们的教学研究是以日常教学实践为基础，又是反过来指导教学实践的，是“源于教学，又高于教学，服务于教学”的（杨树亚：《教研感悟》，见《年鉴》2007年卷），体现了“实践出真知”，实践与理论相结合的理念，因而是生机勃勃，具有生命活力的。

作为教育思考者，他们不仅作“技术之思”“实践之思”，更作“解放之思”，即“根据自身所持有的标准衡量整个教育及所处的环境，提出批判性的意见，并对教育生活对学生的价值进行思考”（蒉友林：《教研感悟》，见《年鉴》2007年卷）。当我们读到《语文考试说明》该寿终正寝了”这样的看似激烈却十分痛切的呼唤时，确实感到了“教育批判者”的思想锋芒（王雷：《〈语文考试说明〉，该寿终正寝了！》，见《年鉴》2008年卷）。

他们又都是“沉思者”，是“在忙碌的生活之流里停下来”的“思考者”（汪丁丁，转引自蒉友林：《教研感悟》，见《年鉴》2007年卷）。他们深知，“教育的效果是滞后的，不是一蹴而就的”，“教育属于文化的一部分，文化的发展越缓慢越好，在这种缓慢中才能沉淀下一些特别有价值的东西”，因此，他们“甘于平淡”（吴绍萍：《教研感悟》，见

《年鉴》2008年卷），"养成了过内心生活的习惯,祛除内心躁气,心无旁骛,保持自由、从容、宁静、专注"（黄友林:《教研感悟》,见《年鉴》2007年卷）,自觉地"保持相对边缘的思考姿态"（曹勇军:《教研感悟》,见《年鉴》2006年卷）。

他们更是独立的思考者。他们清醒地意识到,"由于现代社会呈现的是开放和多元形态,在教育改革中,各种观点纷至沓来,各种概念层出不穷,各种批判不绝于耳,作为一线的实践者,我们必须发展自己的理性,成为自己的主人,努力把握好保持开放吸纳和坚持独立思考的张力"（吴邵萍:《教研感悟》,见《年鉴》2008年卷）。他们努力地"做自己的事,说自己的话,写自己的想法"（黄友林:《教研感悟》,见《年鉴》2007年卷）,更自觉地走"别人没走过的路"（张齐华:《教研感悟》,见《年鉴》2008年卷）。

他们都是"学习者",时时刻刻"处于一种学习的状态",这是他们的教学和研究的"底气"所在（吴邵萍:《教研感悟》,见《年鉴》2008年卷）。这是一群真正的"读书人",不仅读专业书,更读杂书,不仅读经典,更读闲书,不仅自己读,还引导学生读（谢嗣极:《读闲书》,见《年鉴》2008年卷）。特别是一些理科教师,都自觉追求"文理交融",进行跨学科的阅读（张齐华:《教研感悟》,见《年鉴》2008年卷）。值得注意的是,他们的"阅读"始终是和"思考""写作"与"实践"紧密结合的,或许可以说,他们的教学研究,以至成才的基本经验,就是这"阅读、写作、思考与实践"的四结合。

以上九个方面,构成了一个当代南京以至当代中国"真正的教师"的完整形象。在我看来,这样的"真正的教师"的出现,正是这些年教育改革的主要的,并且影响深远的成果,是南京和中国中小学教育和改革的真正希望所在。

我这里有意使用了"真正的教师"的概念。在为南师附中王栋生老师的教育随笔写的评论文章里,我曾说:在我的心目中,"合格的教师"就是"真正的教师"(见本书《这才是合格的,真正的教师——读王栋生老师的教育随笔》一文)。我这样强调,自然是有针对性的。当下确实存在着为数不少的"不合格的教师",他们的"不合格",不仅是业务水平不合格,更是精神状态不合格:他们不是为"追求意义和学生成长"而从事教育,而是在"混饭吃"。我们更有为数也不少的"伪教师",他们是我经常说的"高智商的利己主义者",他们的教学水平或许也不低,因此很容易和"真正的教师"相混淆,但有一个根本的区别,就是他们没有任何教育思想、理想,也毫无教育公心,既不真正关心学生的成长,也不从教育自身追求个人生命意义,而是追求和教育本质相违背的个人名利,因此,他们的一切教育行为都是围绕着"权力"转的,最会迎合领导,也最会表演、做秀。我在这里,无意追究这些"不合格的教师""伪教师"的个人道德责任。我所忧虑的是,正是这些"不合格的教师",特别是"伪教师",最容易,事实上也经常成为我们的教育和改革的骨干与依靠对象。而有些(当然不是全部)"真正的教师",特别是那些特别具有批判意识,不那么"听话"的教师,那些个性鲜明,特别有创造力,想法和做法都不合"常规",因而也难免有这样那样缺陷和失误的教师,却很难相容于周边环境,他们事实上还处于边缘化、被限制的地位,而他们本来是教育改革的动力,应该成为中小学教育实践和研究的骨干和依靠力量的。

于是,就提出了一个"如何识别、发现真正的教师",以及"我们的教育实践、研究和改革,究竟应该依靠谁,以谁为骨干"的问题。在我看来,这是关系着当下中小学教育和改革健康、持续发展的一个大问题,是万万不可掉以轻心的。这里不仅有认识上的问题,更有一个体制的保证的问题。这是一个十分复杂的课题,还有待专门的讨论。

发现了"真正的教师",还有一个如何发挥他们的作用的问题。

正是在这一点上,我认为,《南京市教学研究年鉴》的编纂与出版,是提供了一个很好的经验的。特别是评选"年度人物""年度论著",选登"年度论文",这对于发现并推出真正的教师,介绍他们的教育思想,推广他们的教育经验,并作为教育积累沉淀下来,是十分有力而又可行的举措。

为使这个工作做得更好,我有三点建议。一是评选"年度人物"的视野还可以开阔一点,特别是如何让我前面提到的那些有批判性、创造性,却容易被忽视、排斥的"特别"的教师进入我们的视野:其实"年度人物"也可以是"有争议的人物"的。当然,这需要眼力、勇气,在具体操作时则需要谨慎。我还想特别提出,除了要继续发挥五六十岁老教师的带头作用外,还要更加重视三四十岁这一代中青年教师,他们事实上已经是当下中小学教育的骨干,他们的状态,是会决定今后二三十年教育的发展的。我注意到《年鉴》推出的"年度人物"里,中青年教师已经占了很大比例,希望以后坚持下去。其二,目前"年度人物"的介绍仅限于个人的《教研感悟》,虽然很精彩,我就从中受益匪浅,但毕竟简单了一点。我想,是否可以从几年的年度人物中选出更为成熟的教师,对他的教育思想与经验作更为集中、详尽的总结,这样的总结,应以教师本人为主,但也可以吸收其他教师参加讨论,也包括研究教育的专家和教育学研究生。这也是我在文中所强调的:"实践出真知",我坚信,从教学实践的经验总结、研究和理论提升中是可以产生中国中小学教育的理论与方法的。第一线的老师完全没有必要妄自菲薄。在这方面,我们已经做过一些工作,但比较集中于老教师,现在应该把重心逐渐转向中青年教师这一代。其三,必须正视一个事实:有水平的"真正的教师"是不多的,他们在所在的小环境里,常常是孤独的。因此,除了自上而下地创造条件给他们提供发展机会以外,他们自身也需要跨校、跨学科地联合起来,以各种形式,相互交流,相互支持。我曾经介绍过福建部分教师的经验,他们建立"网上读书俱乐部",集体读一本书,交流读书笔记,结合各自教学经验,进行集体讨论,并由此发展为定期聚会交流:这样的民间的自我教育、培养、提高的方式,是值得提倡的。我这里特别提出"跨学科"的交流,也是受了《年鉴》的启发,我过去只关心语文教育,这回才发现,数学、物理、化学、生物、历史、地理、政治、音乐、美术、体育等学科之间其实是存在着内在相通的地方的,而且学科的综合发展已经是科学知识发展的趋向,因此,各学科教师之间的交流,也必然是未来教育发展的客观需要,在这方面,《年鉴》也提供了一个很好的园地。

最后,还要谈谈如何对待我们这里讨论的"真正的教师"的问题。我觉得需要防止两种倾向。任何具体的教师个人,都是有缺陷的,所谓"真正的教师"(包括《年鉴》推选出的"年度人物")也不例外,我们绝不能对他们求全责备,一发现问题就"骂杀"。同时更要警惕"捧杀",用名、利和权力将他们规化。我注意到,好几位被评为"年度人物"的老师,都谈到要以"平常心"来看待教学研究工作,当然也包括因教学研究的成绩而获得的荣誉。如前面所说,"真正的教师"一定是淡泊、淡定的;可以说唯有淡泊名利,才能自有定力,而拒绝一切诱惑,并永远保持教育的公心和自身思想、人格的独立。"真正的教师"的心中,除了学生的成长是容不下其他任何东西的,自己生命的意义也只能在学生的成长中获得。——就以此语寄赠入选《年鉴》的老师们,并感谢《年鉴》的主持者与编辑者。

2010年5月8—9日

辑二

构建汉语家园、精神家园

以心契心的交流，弥足珍贵的个案

——陈日亮《我即语文》序

释　题

陈日亮老师希望我为他的语文教育论集写序，我欣然应命，在给陈老师的邮件中说："从私来说，这是相互支持；从公而言，这也是推动语文教育改革和教学的需要。"

我和陈日亮老师是同龄人。我已经记不得第一次见面的时间和情景，留在记忆里的是一见如故的那份温情暖意。我最初把它归结为我们共同的对语文教育的痴迷，以及对语文教育改革的执着，在这一方面，我对陈日亮老师，还有孙绍振先生和福建中学语文教育界的朋友，确有"相濡以沫"之感，并且永远心存感激。但直到这一次仔细拜读陈老师的文章，才深切地感受到，我们有着更深层次的精神联结：对鲁迅传统的倾心与自觉追随。因此，对陈老师的"语文之路"，我是有话可说的。

我还注意到陈老师在"一次语文课改的访谈"中发表的一个意见：语文教育改革发展到今天，需要一次"新一轮的反思"和"关于语文教学效益这一沉重话题的深层思考"，以为"教改迟早要遭遇的攻坚战和持久战"进行"更周密的思想准备"[《语文教臆（下）》]。这可以说是一语中的，抓住了深化语文教育改革的一个关键环节。而且还提出了方法，就是"从坐而论道的太平交椅，站起来，走下去"，"走到'个案'中去"，研究学生"学习语文"的个案和教师"教语文"的个案，"尽量多占有材料，多用归纳法"，从中"发现机理，穷究本然，找到真正解决语文教学高耗低效的根本方法"（《退一步与走下去》）。这也切实可行，然而又是"知易行难"。

那么，我们是不是可以借陈老师此书出版之机，将其作为一个个案，加以研究、总结，切切实实地走出"第一步"呢？听说福州一中和福建省语文学会都有对陈日亮老师的语文教育思想进行学术研讨的计划，那么，大家都想到一起去了。在我看来，这是推动语文教育改革，形成与发展"闽派语文"的重要举措。作为一个站在门外，而又关心语文教育改革的大学老师，一个自命的"闽派之友"，我是应该加入讨论中，发表点意见的。陈老师说得很好：这样的讨论，应该与语文教学保持一种"若即若离的关系"，以便既可以"比较贴近地观察这门课程"，又能"从一个较远的距离思索这门课程"（《断想》）。

因此，对我来说，写这篇序言，既是"以心契心"的交流，又是关于语文教育的个案研究。——以上，算是"释题"。

"我即语文"

"我即语文"是本书的题目，也是陈老师语文教育理念的核心。

首先要关注的自然是"我"："我"走了怎样一条"语文——人生之路"，"我"和"语文"有着怎样的关系？

这正应该是我们讨论的起点。我和陈老师共同的学生姚丹（她是陈老师福建一中的学生，也是我的硕士生和博士生，现任中国人民大学副教授）对我说，她读陈老师这本书是从《语文流年》这一类记叙性文字读起，并且对"文革"时陈老师和他的学生的通信最感兴趣。这是应该这么读的：识其"语文教育"，先要识其"语文经验"。

而对我来说，识其"语文经验"，就是重读自己。

一、读书、写作于我们：抵御压力和诱惑，修身养性

两个人的历史竟是这样的相似：我们都是当年走"白专道路"的典型。陈老师在"文革"中检查他的人生观是："酒盈杯，书满架，名利不将心挂。"（《我的人生观检查之一》）而我则在"红专辩论"中，检讨自己的理想是："一间屋，一杯茶，一本书，一支笔。"简单说来，我们无非是以"读书""写作"的文人生活作为自己的人生追求而已。而这样的追求，正是陈老师后来提出以读书、写作为主要内容的"语文"是一种"人生行为，生命行为"的最初依据。尽管因为这样的追求，受到了种种磨难，但这依然成了我们最后的、唯一的坚守：在任何时候，我们都没有放弃读书和写作，都不离开语文活动；直到今天，尽管面对经济诱惑，人心浮躁，我们却人越老，越是眼不离书，手不离笔。由此形成了我们的"语文"理解：读书、写作的语文活动，对外，它是抵御一切压力和诱惑的精神支柱；对内，它是自我生命发展的需要，是修身养性，安身立命的依托。

这是确乎如此的：我每遇到生存和精神危机，都是回到"语文"，依靠闭门读书和写作来自救与自赎，以达到精神的升华的。而陈老师则强调读书和写作所达到的生命境界：他终身不忘的是，他的祖父"神专目注，一笔不苟"写字的情景，他从中感受到的是"心境澄明，意态执着"的生命状态，以及"身教的力量"。他在祖父的遗泽上，这样写道："神清若水，心细如发；以此修身，可以致贤；以此治学，可以成家。"（《我的语文流年》）每一个蒙受过陈老师教泽的学生，接触过陈老师的同事、朋友，大概都会在陈老师的身上，特别是在他的教学活动中，发现这样一种"心境澄明，意态执着""神清若水，心细如发"的生命状态和身教的力量，他的教学魅力也实在于此。这不仅是一种家传，恐怕更是他一生的读书、写作，坚持"以语文修身养性"的结果。他所谓"我即语文"，强调的其实是语文与人一生

健全发展的关系,通过语文活动达到的生命大境界。

二、鲁迅于我们:"文心"和"大化语文"

而且我和陈老师又共同地通过读书与写作结识了鲁迅:这是我们"人生——语文之路"上的重大事件,它几乎决定了我们一生。如陈老师所说,"无论是读书还是教书,是观人还是察事,我这一生都默然深受鲁迅的影响"(《我的语文流年》):不了解、不抓住这一点,恐怕就很难理解陈老师和我,以及我们这一辈许多人的语文教育观念和实践。

而最具有启示意义的是:陈老师是在初中语文课上通过老师的朗读而与鲁迅相遇的。陈老师说,这是他"心中一种神圣的忆念":在老师放情诵读《故乡》的那一刻,他感到了"从作家文字的深厚内涵和独特形式散发出来"的"经典的魅力",而且这是"通过声音传送"的,因而"直达心灵"(《我的语文流年》)。——今天,我们不难发现,陈老师的一些重要的语文教育理念,比如强调"经典阅读",提倡要"占据制高点",拥有"自己的阅读欣赏的偶像"(《半月鸿》),突出"诵读"在阅读教育中的作用,或许也就在"这一刻"萌芽了。而我则发现,就在这一点上,我们也是这样相似:我也从自己的阅读和讲授鲁迅的经验中,总结出了这样的教学法:"讲鲁迅作品,最主要的是读。靠读来进入情境,靠读来捕捉感觉,产生感悟,这是接近鲁迅内心世界和他的艺术世界的'入门'通道。"(《与鲁迅相遇》)

当然,更重要的,还是陈老师所强调的,他的"言语生命"和"鲁迅的文格、文体、文风"的"灵犀相通"的关系(《我的语文流年》)。我注意到,这个问题的最初提出,是在"文化大革命"那个特殊的年代。这一点我们也很相近:陈老师在"文革"中抄录了一本《鲁挖》,自称"私家书","在劫难中追随一个伟大灵魂的文字实录"(《我有一本书叫〈鲁挖〉》);我也抄了几大本,而且珍藏至今。"文革"中我还写了几十万字的鲁迅研究笔记,以手抄本的形式,编成《向鲁迅学习》一书;陈老师也有研究"鲁迅文风"的计划,并在和学生的通信中提出了初步思路。今天我有幸读到他当年的设想,依然为其思考的深入和见解的独到而惊叹不已。比如说,陈老师在信中提出:"《集外集·序言》的最末一段,是研究鲁迅风格的最要紧的文字,说也奇怪,竟很少有人提及。"(《致董琨》),问题是直到今天,也就是说,时隔30多年后,依然无人提及,这就不仅是"奇怪",而且令我们这些专业的鲁迅研究者"汗颜"了。而陈老师当年就注意到鲁迅为人为文的"严酷"和"通脱"两面,及其和魏晋文人、文风的关系,并引述了后来成为我的导师的王瑶先生的意见(《致董琨》);而我直到21世纪初写《与鲁迅相遇》和《鲁迅作品十五讲》时才来处理这一学术课题,也是相差了30年。我不禁想到,在"文革"结束以后的历史转折时刻,如果陈老师也和我一样,走上鲁迅研究的道路,那么,我或许会有一个杰出的同道。但陈老师坚守在教育岗位上,中学语文界因此有了一位深知鲁迅的、学者型的语文教师,也确是大幸。而且当我晚年回眸中学语文,又得以和陈老师相遇,这或许正是"命运之神"的巧妙安排。——不过,这已是题外话,不多说了。

而陈老师对鲁迅的关注,始终在于鲁迅之"文":如上文所引,"第一次"引起他灵魂震撼的,就是鲁迅"文字的深厚内涵和独特形式"。而引发他研究鲁迅的冲动的,也是鲁迅的"文风"。他在"文革"时期的通信中,这样写道:"我对这个问题发生兴趣,与其说是出自鲁迅思想锋芒与艺术力量的激触,毋宁说是由于现实的学风、文风的刺激。多年来的耳濡目染,对于时文中种种弊端之痛心疾首,有使自己不能已于言者,遂不自量力地想试它一试,纵于拯溺挽颓无些微之助,也可以破破愁闷的。"(《致董琨》)——我读到这里,立刻想起收入本书的《呼唤严谨求实的语文学风》一文,也是为语文学风的弊端而"痛心疾首","愁闷"不已。对于陈老师,为学风纠偏扶正,正是语文教育工作者的职责所在,因此,他几十年如一日,始终抓住不放。从这一角度看,陈老师对鲁迅之"文",他的文字、文体、文风的关注,显示的是一种"语文"的眼光。在这一点上,我们之间或有不同:我是更关注鲁迅的"心灵""思想"的。但如下文所要强调,"文字"与"心灵""思想"是不能分离的。因此,我在近年的研究中,也在关注鲁迅的语言和文体("文风"问题倒没有专门研究),并且十分重视文本细读。看来我们的"鲁迅视野"是各有侧重又在根本上一致而趋同。

实际上,陈老师的"语文鲁迅"的背后,是一个他后来所说的"大化语文"的观念。这也是在"文革"中初见端倪,并在其通信中,有一个非常重要而精彩的阐述——

> 当今之世,与其伏在牖下用功,躲进斗室偷安,实不如举步在风沙扑面的路途中,看看世人之种种面目手段,乃是现时代最紧要之学问文章。鲁迅曾指出:"必须和实社会接触,使所读的书活起来。"我过去读的书也颇不少,但于理解社会何有哉!真是隔膜得很,迂阔得很。这一看法的改变,也许将成为自己一生的重要的转捩点,这些年来,自感思想渐转向敏锐,头脑已不复成为他人意识的跑马场。年齿虽未至四十,而察人辨事,多有不惑,读书评文,亦颇能自放眼光,自树脊梁,不轻于可否而翕然相从也。这个小小进步,曾是付出怎样的代价!(《致董琨》)

这一段话,或有"文革"时代的烙印,但却对我们理解陈老师其人,特别是后来他所形成的语文观,都很重要,不可轻轻放过。

首先,我们由此而知道,陈老师不是"躲进斗室偷安"的庸人,而是有大关怀、大承担,有血性的知识分子,一个能"自放眼光,自树脊梁",决"不轻于可否而翕然相从"的具有独立性、自主性的知识分子。他对中学语文教育的坚守、思考、实践,都是出于这样的大关怀、大承担,这样的独立性、自主性。因此,他的"语文"关怀,"语文"理念,是以他的信仰、信念为支撑的,可以说是他的信仰、信念的表现,甚至可以说,"语文"即是他的"信仰""信念":这正是"我即语文"的深层含义所在。如果只看到陈老师的儒雅、慎言,看不到他骨子里的血性,他的"脊梁";如果只就"语文"谈"语文",看不到他的语文背后的大关怀、大承担,都不免是隔膜的。

我们说"语文"即是陈老师的"信仰""信念",还因为他把自己的信仰、信念,化作了自己独特的语文观念。具体地说,就是他所提出的"文心"和"大化语文"的观念。我们在下文还会有更具体的讨论,这里,只在本节"鲁迅于我们"的讨论范围内,略作说明。

在我看来,"文心"概念的提出,正是提醒人们注意"文"(语言文字)中之"心"(心灵、情感、思想)。我们在前文中说到陈老师关注鲁迅其"文",其实他更深知,"文"从"心"出,因此,他读鲁迅,也是读其"文"而识其"心",进而学其"文心",并借以滋养自己的"文心"。他说自己最后"读书评文,亦颇能自放眼光,自树脊梁",这"自放眼光,自树脊梁"八个字,实为鲁迅"文心"之神髓,陈老师已经将其内化了。因此,他后来以"文心"作为他的语文观中的核心概念之一,其实是以己推人,将自己读鲁迅而获得的"读书评文"的理念、标准推之于语文教学,期待年轻一代"读文"而识"心"、育"心","自放眼光,自树脊梁","作文"因此而有"心"有"胆"。这正是陈老师所理解的中小学语文教育的社会承担及承担方式:以"文"育"心",通过语言文字的培训,达到对年轻一代"心"的培育,特别是鲁迅式的独立、自主的读书写作习惯和心性的养成。他所要坚守并愿意献身的,是这样的一种从自己的特点出发的,有承担的"语文"。

而陈老师的"大化语文"的概念,更是直接来源于鲁迅。如前文所说,陈老师在"文革"时期的书信中即注意到鲁迅的这一观点:

"必须和社会现实接触，使所读的书活起来。"后来就发展为"从课内扩展到课外，从书本延伸到生活，从读书联系到做人，把语文和各个学科打通，和人生世界打通"的思路。如陈老师所说，这包含着"世界即语言，语言即世界"的理念，"把一切化在语言之中，把语言化在一切之中"，这样就会感觉到"随时随地都身处语文之中，都拥有学习语言的良好机会"，并且所关注、学习的是"活的语言"，是和世界、人生、生命相融合的语言，和"音乐、绘画、雕塑、建筑"相通，"浑成一体"的语言。陈老师强调，这样理解语文，似乎"离开我们所讨论的语文教学太远了"，"但它却是我教学思路经常延伸到达的一个境界，是我语文教育思想中早就孕育着的一个精魂。也许它只是一种混沌的意识，朦胧的体验，但却很真实，很执着"[《语文教臆（上）》]。——这是一个非常重要的提示：要理解、把握陈老师的语文教育思想的"精魂"，必须跳出单纯的语文教学的格局和眼界，他的语文教育思想和语文教学的关系，既是"直面"，又有"超越"。他胸怀中的"语文世界"是一个大世界、大境界，他关注的是人（学生和教师自身）一生的语文（"文"与"心"）的发展，民族语文（"文"与"心"）的发展，中小学语文教学仅是开端与入门。陈老师说，一个语文教师一旦形成这样的"大化语文"的观念，"就有可能深刻影响到他的教学行为方式，可以避免滋生匠气"[《语文教臆（上）》]。这又是一个极重要的提醒，我们也终于懂得陈老师的语文观念与实践，何以如此"大气"的原因。

除了"文心"和"大化语文"这两个基本点外，鲁迅的许多关于读书、写作的具体论述，也都被陈老师细心吸取，成为他的语文思想的重要资源，他的语文论述的重要依据。这里不妨抄录如下——

"孩子们常常给我好教训，其一是学话。他们学话的时候，没有教师，没有语法教科书，没有字典，只是不断的听取，记住，分析，比较，终于懂得每个词的意义"，"小孩子往往喜欢听人谈天"，其实是在"研究别人的言语,看有什么对于自己有关系——能懂,该问,或可取的"(鲁迅:《人生识字糊涂始》)。——陈老师说,鲁迅所揭示的这一简单事实,应该"有助于我们对学语文规律的认识":"在所有学科中,语文最可以'无师自通'。非无师也,乃一切口头的、书面的、好的与不好的语言都是老师,不一定非要由我们这些语文老师代庖不可。上面讲的'听取,记住',可以理解为各种形式的语言积累,其中最主要的是记诵。'分析,比较',就是对所积累的进行含咏、揣摩、玩味、领略,然后便逐渐地有所'取',即模仿运用。这种'积累——揣摩——模仿'的不断的循环往复,就是一个人最简便的学习语言公式,因而也必须作为语文教学的基本方式和主要教学手段。"(《1997:语文教学三题》)

"青年们先可以将中国变成一个有声的中国。大胆地说话,勇敢地进行,忘掉了一切利害,推开了古人,将自己的真心的话发表出来","只有真的声音,才能感动中国的人和世界的人;必须有了真的声音,才能和世界的人同在世界上生活"(鲁迅:《无声的中国》)。——陈老师对此作了两个方面的阐释和发挥:一是联系孔子所说"修辞立其诚",强调"真","真诚做人,真诚为文","说真话,说实在的话,说自己的话","不仅是运用语言工具表情达意的准则,更应该视为中国读书人修身处世的传统美德"(《半月鸿》)。另一则是强调教育改革要面对语文教育的"真实问题",更多地倾听"发自教育第一线"的"属于他们自己的真实的声音","只有真的声音,并且是不止一种声音,才能治愈语文教育的沉疴"(《退一步与走下去》)。

"(读书)有两种,一是职业的读书,一是嗜好的读书":"所谓职业的读书,譬如学生因为升学,教员因为要讲功课,不翻翻书,就有些危险的就是",这是"勉勉强强的,带着苦痛的为职业的读书";而"嗜好的读书","那是出于自愿,全不勉强,离开了利害关系的","能够手不释卷的原因",就在于"他在每一叶每一叶里,都得着深厚的趣味"。

　　"听说英国的培那特萧,有过这样的意思的话:世间最不行的是读书者。因为他只能看别人的思想艺术,不用自己。这也就是勖本华尔之所谓脑子里还给别人跑马。较好的是思索者。因为能用自己的生活力了,但还不免是空想,所以更好的是观察者,他用自己的眼睛去读世间这一本活书",而"要观察,还是先要经过思索和读书","但专读书也有弊病,所以必须和实社会接触,使所读的书活起来"(鲁迅:《读书杂谈》)。——陈老师在和王立根老师讨论"如何启动中学生阅读动力系统"的问题时,就引述了鲁迅的这一分析,作了两点发挥。一是强调学生的阅读如果不能进入"嗜好的阅读"的层次,就不可能有"真发动",并且由于缺乏"内动力",而"无法将一般的阅读兴趣转化为阅读智能",这是学生阅读能力"老是提不高"的症结所在。二是强调,所谓"阅读动力"不是一种"单一的读书欲望",而是"包含着各种协调动作的综合思维和语言活动,是一种复杂的心理过程"。受鲁迅启示,陈老师还将"有效的阅读"作了一分为三的分解,即"阅读"(吸收)、"思索"(加工)、"观察"(融汇),并结合古人"人生俯仰一生","俯而读,仰而思","仰视宇宙之大,俯察品类之盛"的意思加以深化,这都是极富启发性的(《半月鸿》)。

　　"画家的画人物,也是静观默察,烂熟于心,然后凝神结想,一挥而就。"(鲁迅:《〈出关〉的出关》)"有真意,去粉饰,少做作,勿买弄。"(鲁迅:《作文秘诀》)——这都是鲁迅自己的写作经验之谈,也同样引发了陈老师关于作文教学的思考,并得出两个重要结论。一是作文教学该在哪里用力?陈老师将鲁迅的经验发挥为一句话:"只有'静默'于平日,方能'挥就'于当场。"他解释说:"学生平时的作文,大多数是应命写作,是为了完成或应付一次作业或考试才提起笔来,见了题目才搜肠刮肚,难免心粗气浮。一篇好作文的酝酿,总要有一定的过程，是平时观察体验和阅读积累的一种反应生成，只不过自己并不意识到而已。"因此，一个懂得写作规律的教师，必定将主要力量用来指导学生"静默观察"（即积累写作材料），并将之"烂熟于心"（即思索、内化、积淀思想），因为"一旦内储充盈，到时就会文思辐辏，笔下溜圆，呵成一篇千字文不算难事"。鲁迅对"有真意，去粉饰"的"白描"之文的提倡，则引发了陈老师关于"作文文风"的思考。在他看来，鲁迅所倡导的是"美在朴素""美在充实"的为文之道。而"如果把报刊上一些中学生写的所谓美文进行逐段'抽析'，就会发现，多半是锦绣其外，枯槁其中"。"中学生写作是一种青春期的写作，他们的眼球往往被形式美所眩惑，会一味追求外在的华彩"，或许正因为如此，在一些成年人鼓励下形成的这股中学生作文的浮华虚夸之风，就特别令人忧虑。陈老师因此发出感慨："什么时候，'有真意，去粉饰，少造作，勿卖弄'的真的写作，也能够成为中学生的'最爱'？"（《〈福建一中学生作文精华2辑〉序》）

其实陈老师对鲁迅资源的吸取，也是自有特点的，就是他总能发现鲁迅语文读书写作观和中国古代传统之间的内在联系，这正显示出陈老师文化根底的深厚，他早已将鲁迅资源与古代传统文化资源"烂熟于心"，于是运用、发挥起来，也就得心应手。这本身就是一个重要的启示，也是陈老师多次提及的，我们在进行语文教育改革时，当然可以，也有必要借鉴外国的理论资源，但如果一味"眼睛向外"，而忽略，以至轻视中国古代和现代的语文资源，对外来资源又食而不化，盲目搬用，那是可能导致改革的理论资源的单一与混乱的。

陈老师说："教了一辈子语文，还是只相信一句话。这句话是鲁迅说的：从喷泉里出来的都是水，从血管里出来的都是血。语文教师的知识管道中没有丰满的'语文的水'，精神体内没有充盈的'语文的血'，他的思想和语言就不免干涸，并迟早要陷入生存困境。"

（《断想》）——这也是我一辈子"相信"的"一句话"。根本的问题在"人"——人的修养和人的精神。语文教育的关键，就在教师自身的"语文修养"（"语文的水"）和"语文精神"（"语文的血"）：我想，这也是陈老师对他的"我即语文"理念的最好阐释。

何为"语文"

一、陈老师"这一个"的典型性与特殊价值

我们已经说过，要将陈老师的语文理念和实践，作为一个"个案"，借以对语文教育进行"新一轮的反思"。那么，陈老师"这一个"的典型性在哪里？

刚才，我们已经谈到了语文教育改革的资源问题，集中在讨论古代资源和鲁迅资源，还没有谈到如何对待语文教育界自身的资源的问题。如陈老师所说，"传统语文教学，对于当代语文教学的改革与发展，既是历史包袱，又是巨大财富"（《断想》）。这里说的"传统语文教学"，应该是指20世纪50—70年代的语文教学，而所谓"当代语文教学的改革与发展"，主要是指八九十年代，以及新世纪初的语文教学实验。而陈老师既成长于"传统语文教育"之中，又是"当代语文教育改革"的先行者，借用鲁迅的概念，正是历史"转变"中的"中间物"（《写在〈坟〉后面》）。——这也是我们这一代人的共性：我在我的专业现代文学研究界也是"历史的中间物"。这一代人的最大特点和优势，是在于他们对陈老师所说的"历史包袱"和"巨大财富"都有切身的体会。

而陈老师在这一代中又自有特点。我曾经和一位中学老师谈到我对陈老师的印象。在我看来，陈老师的最大特点，也是最可贵之处在于，他不"保守"——从不将自己的教育理念和经验凝固化、封闭化和绝对化，更不以自己作为标准来衡量、要求一切，而是始终保

持开放的态势,不断学习和吸取新的资源,进行新的探索。但同时,他又决不"趋时"——他自有主见,对自己从实践中产生的,经过深思熟虑的基本理念和经验,是有坚守的,决不轻易放弃和动摇,有时甚至表现得相当固执。这里所显示的正是前文反复强调的"自放眼光,自树脊梁,不轻于可否而翕然相从"的独立、自主精神。因此,在所谓"语文教育大论争"中,他拒绝了简单、明确地"站队",而是采取了复杂的分析的态度,对论争双方的观点,都有所吸取,又都有所批评和保留,他坚守的是一个独立的立场。因而在极端者看来,他的立场就不够鲜明,有点折中,有人会觉得他"保守",有人又会觉得他太"激进"。但在我看来,正是这样的"不鲜明",这样的"复杂分析"的态度,就使陈老师跳出了语文教育观念上的"两极对立"的模式和思维[《语文教臆(下)》],他对语文教育和教育改革的思考,就具有了特殊的意义和价值。特别是当人们冷静下来,面对语文教育的真实问题时,就更会感到他的清醒之可贵。

　　我还要强调的是,陈老师能够坚守这样的独立与清醒,最根本的原因,是因为他淡泊名利,因而能够超越功利的考虑,唯以"求真、求实"为鹄的,一心探求语文之"道"和"法"。他胸中装的唯有"学生"和"教师",如何切切实实地使学生学有所得,第一线的老师教有所依,这是他的语文思考和实践的出发点和归宿。这是难能可贵的,因为一切改革,也包括语文教育改革,都会涉及利益问题,我们的语文教育改革之所以如此复杂,许多问题纠缠不清,就因为夹杂着利益关系;或许正因为如此,陈老师这样的语文界有威望的"高蹈"之士,就非常重要。他们所起的是"清洁空气"的作用:唯有跳出名利场,去除浮躁之心,进入陈老师所说的"心境澄明,意态执着"的状态,才能够真正讨论真实的语文问题,才会有实实在在的语文教学实验。尽管当下中国语文界的现实距离这样的状态很远,但我们毕竟有了陈老师这样的榜样,他能做到的,我们未必不能做到,而且,事实上在许多学校,都有这样的"陈老师",只是如鲁迅所说,他们被忽视,"不能为大家所知道罢了"(《中国人失掉自信力了吗》)。——我们早已说过,陈老师只是语文教育的默默坚守者与探索者的一个代表,一个典型。

在对"典型性"作了以上说明之后,我们就可以进入对陈老师语文教育思想的讨论。

陈老师在论及教育改革时,曾谈到所谓从一个极端跳到另一个极端的"钟摆现象",而且"矫枉过正"常常是将"非枉"当作"枉"去矫正,结果造成了许多混乱[《语文教臆(下)》]。——而如前所说,陈老师的教育思想的一大特点,就是不走极端。因此,当"钟摆"情形正剧烈的时候,他的思想很容易被忽略;而当人们在反思"钟摆"现象时,蓦然回首,就发现了它的价值。

陈老师的语文教育思想说起来也很简单:他念兹在兹,追问不已,思考、探索了几十年的,其实只有两个问题,也就是他一再提及的吕叔湘先生的问题:"'语文'究竟是什么?""学习语文是怎样一个过程?"[《语文教臆(上)》]

二、"语文":"重在心智体验和技能经验的学科"

我们天天谈论"语文",却很少对"语文"一词的真实含义进行追问和讨论,而这,正是陈老师思考的起点,从而形成了他的独特的"语文"观——

　　"语文"一词,是教师的专用词。它决不仅仅是课程的代称,而应该表示着一种对语言和语言学习的生成、掌握、运用的独特理解。这种理解要比语言学家和作家都更深切明了,更富有睿智和创造力。我们的语文教师都应该在教育过程中使自己成为语文学家。(《断想》)

　　这里所说,或许都是"常识",但却都是击中要害的。长期以来,我们或是以"语言学家"的眼光去看待"语文",以"语言学知识"作为语文教学的中心,课文成了语言学知识的例证,"讲语言学知识,考语言学知识"成了语文课的全部内容、出发点和归宿,因而忽略了学生阅读、写作能力的训练。有一个时期,我们又用"文学家"的眼光去看待"语文",文学欣赏成了语文阅读课的全部内容,作文教学实际上是要求学生按成年人,甚至作家的方式写作,而忽视了对学生作文基本功的训练。我们所缺的,恰恰是"语文学家"的眼光,我们脑子里甚至没有"语文学"是一门独立学科的概念,我们只看到,或者过分夸大了语文学科和它临近学科——语言学和文学的联系,而忽视了它们之间质的区别。这质的区别,就在陈老师所指出的,"语文"是一个"语言和语言学习的生成、掌握、运用"的教学活动和过程,它的任务和目标,是引导青年学生"了解语言的生成规律",进而"掌握、运用"语言,并具有学习语言的能力,养成习惯。当然,这样的阅读、写作教育中对语言的学习和运用,是要以一定的语言学知识和文学知识为支撑的,但这里仍然有两个不可忽视的问题:一是必须以"语言的学习、训练和运用"为中心,而不能以"知识"为中心;二是即使是知识,也有一个"知识转换"的问题,不能简单地将语言学知识和文学知识直接搬用到语文教学中,"微缩简装"到教材里,而必须建立和学生的学习、训练相结合,相适应的"中学教学的语文知识系统"(《知困小札》)。而这两个方面,我们或是认识上存在误区,或是在实践上缺乏有力切实的举措,至今也还在困扰着我们的语文教学。在这样的背景下,上述陈老师在理论上的澄清,强调有别于语言学和文学的"语文学"的独立价值,明确提出"语文学科的构建"任务,实在是意义重大的。

　　更重要的是,由此而引出的对语文学科性质与职能的体认——"语文是重在心智体验和技能经验的学科。"[《语文教臆(上)》]

　　在我看来,这是对语文学科性质最准确,也最简明的一个概括。

　　这就是陈老师反复强调的,语文学科首先是"行为的学科"。前文提到,陈老师在鲁迅的启示下,曾谈及"在所有学科中,语文最可以'无师自通'"的特点,也就是说,人"总是本能地具有这样那样的语言行为"。但人在学校读书期间,又需要接受"语文教育",其目的就是要通过教育,使人的"自发的语言行为变成自觉行动,使之符合规范,切于需要"。这就注定了语文学科本质上的行为特性,也就是说,"光知道遵守哪些规范(知识原理)还不行,还得通过反复练习,养成时时处处都能合乎规范要求的行为习惯"。在陈老师看来,"要让习惯成自然,而不是知识能运用,这就是语文和其他课程的本质区别"[《语文教臆(上)》]。如果说学生学习物理、化学知识是为了能够运用这些知识,那么学生学习语文,目的并不是掌握课文本身的内容和知识,而是为了由此习得听、说、读、写的能力,并养成读书、写作的习惯。课文、知识的学习、讲授,都只是桥梁,需要转化为能力与习惯。因此,物理、化学这类"认知学科",可以用学生对教材知识的掌握来直接考察其教学效果,而语文学科的成绩却要用教材之外的能力、习惯来衡量,高考"依纲离本"的趋向就是反映了语文学科的这一特殊性:它所依据的是教学大纲所规定的必须达到的阅读、写作能力与习惯,而不是教材文本的具体内容。——陈老师如此苦口婆心地强调语文是一门"行为的学科",自然是有针对性的,而且在我看来,也是击中要害的:因为长期以来,我们一直是将语文课等同于物理、化学这样的"认知学科",而忽略、遮蔽了语文学科的特殊性能。如陈老师所说,我们一个时期大谈语文的"语言、文体的知识性",一个时期又大谈语文的"文化性",看似两个极端,其实所注重的,都是"认知",而不是"语文行为"本身,最终导致的都是语文能力、习惯的训练和培养的"空置"。

　　当然,只是强调语文学科的行为特质,并不能解决语文学科特性的全部问题,弄不好还会导致另一方面的遮蔽。这里的关键,是如何认识"语言行为"。如陈老师所说,语言是和人的思维、情感、思想,"相互依存,须臾不离"的。因此,对人的语言行为,对学生语言行为、能力与习惯的培育,绝不是一个纯粹技艺的训练,而是要"接通思想,直诉心灵"的。这正是陈老师所要强调的,"语文"同时是一门"心灵的学科","课文应该成为学生内心体验的源泉,课堂上要有情感生活,有心智的活动,语文教学如果不能让学生凭借语言感悟、移情、益趣,那就是失败的教学",因为那也同样远离了语文的本性[《语文教臆(上)》]。——陈老师对语文课"心智体验"功能的提出与强调,同样有着重大的理论和实践价值。如陈老师所说,"以知识为中心"的认知教学的要害,正是在"把精美的文字成品拆卸成了零星的标准件,有血有肉的文章变成了学生做分析实验的死的语言标本"[《语文教臆(上)》]。这样的和学生心灵无关的"知教",因为远离了语言文字的本性,就使得本来与语文有着天然亲和力的青年学生也远离了语文,最具生命活力的语文课成了学生厌烦、放弃的对象,这真是一个嘲讽。而近年出现的语文教学中的"泛人文化"倾向,一方面,如陈老师所引朱自清所说,"只注重思想而忽略训练,所获得的思想必是浮光掠影",而且以"课程内容的虚无"为代价的"泛人文化",看起来好像特别重视"精神",其实依然是远离学生的心灵,更谈不上"心智体验"的[《语文教臆(下)》]。因此,最后也必然使学生远离语文,使语文课成为厌烦、放弃的对象。这里,我们再一次发现:"唯知识"与"泛人文",看似"钟摆"的两个极端,其本质则都是对语文作为"心灵的学科""行为的学科"的本性的背离。用陈老师的话说,就是"背离本真,迷失自我"[《语文教臆(上)》]。

　　陈老师正是从这一角度,对50多年来中国语文教育的历史经验,作了一个总结。他指出,在20世纪的"五六十年代",语文教育的理论与实践,重心在"重道",结果把语文课上成了"政治课";到

"八九十年代",重心转到"重文",结果把语文课上成了"语文知识课"。其实"所重的都是'道'与'文'的认知,而不是感悟与历练",失去了语文课理应注重"心智体验"和"技能经验"的本性(《断想》)。——在我看来,新世纪的语文教育改革中出现的陈老师所说的"课程内容的虚无""训练项目的空置"和"评价体系的缺失"等三大问题,看起来似乎又摆到了"重道"这一极,把语文课上成了"人文课"[《语文教臆(下)》],但其内在思路,也依然是"重认知"而轻心灵的"感悟"和语文行为的"历练"。

陈老师说:"这大概就是语文教学是非丛生的一个重要原因。"(《断想》)——诚然!诚然!

因此,必须回到语文课的本性、本职、本能上来,使"语文课"成为"语文课",实实在在地成为一门重在语文行为(听、说、读、写)过程中的"心智体验"的养育和"技能经验"的培训的"心灵的学科,行为的学科"。

陈老师说得好:"没有语言(言语)训练的语文教育,和没有生命情感体验的语文训练,同样都是一种伪教育或伪圣教育。"(《断想》)——在我看来,都是"非语文""反语文"的。

三、"不要抽出而讲之"

但认清语文既是"心灵的学科",又是"行为的学科"的本性,并不能解决全部问题,弄不好,就会陷入"心灵"与"行为"的二元论,从而产生新的混乱。这样的教训也是有过的。

于是,就有了这样的强调:"心灵"和"行为","它们并不是彼此孤立的存在,而是一个统一体,就统一在语言中。所以我总是紧紧抓住语言教学来培育文心和训练方法、习惯"。在陈老师看来,"文"与"道"是统一的,是"一张皮",而不是"两张皮"[《语文教臆(上)》],"它们的关系是一而二,二而一,你中有我,我中有你。统则两美,离则两伤"(《断想》)。

这些年,我在一些场合里,也谈到了所谓"一张皮"的问题。我想,这里的关键,还是如何理解前文所说的"语文是心灵的学科"的问题。我因此注意到陈老师所提出的"心智体验"和"文心"的概念。我甚至认为这是陈老师对语文教育学的重要贡献,因为它为我们长期说不清楚的一个问题,提供了解决的新思路。包括我自己在内的许多人都强调语文课程对学生精神成长的影响,因而提出,语文课在培育学生的人文精神方面有着其他学科所无法发挥的特殊作用。我们这样说,当然也有自己的理由,其最主要的依据,就是我们自己和许多人的成长经验:中学语文老师的影响往往决定我们的终身发展。但我们依然不能在理论上说明,语文教育对学生的心灵、精神影响的特殊途径和特殊作用在哪里,因而不能有力地回答人们经常提出的质疑:过分强调语文学科在人文精神培育上的特殊使命,会不会使语文课的"负担过重",而且在教学实践上也确实会产生一些问题,这些年所出现的"泛人文化"的倾向,不可否认,是和这样的"理论上说不清楚"直接相关的。

陈老师所提出的"文心"概念正是在这样的背景下显示了意义:它提醒我们注意"文"与"心"的交融关系。如前文已经谈到:"文"从"心"出;从另一面看,又是"心"在"文"里。从语文教育的角度看,语文课对学生心灵的影响,主要是通过"文"。这里有两个过程,首先是按陈老师引述的叶圣陶先生的说法,"打通了语言文字,这才可以触及作者的心",这也就是叶老所说的"潜心会本文",在潜心品味、琢磨、把玩文字的过程中,达到和作者的"会心",引起心灵的共振,这也就是陈老师所说的"心智体验"。在这样不断的、长时期的阅读文本的过程中产生的"会心",就会起到潜移默化的作用。这就有了第二个过程,即"回心"的过程,返回来对学生的心灵产生影响。培育了学生的"文心",当他发而为"文"时,就如前文已经提到的那样，自己的文字里也有了"文心"。因此，我们说，语文课是"心灵的学科"，其实是有些笼统的；更准确地说，语文课是"培育'文心'的学科"，它对学生的心灵影响，主要是因"文"而及"心"，人文精神的熏陶，也必须落实到"文"上，通过语言文字的熏陶和训练而育其"心"以及为"文"的能力和习惯：这两者应是同一个过程，既没有无"心"之"文"，也没有无"文"之"心"。

于是，就有了这样的教学原则："不要抽出而讲之。"

据陈老师介绍，这一原则是叶圣陶先生20世纪60年代在福建讲学时提出的，并且有这样的阐释：所谓"不要抽出而讲之"，就是"不要抽出课文中之政治道理而讲之"，"不要把作品化为文学方面之若干概念与术语而讲之"（《亲聆叶圣陶》）。

陈老师对叶老的这一教学思想和原则，可以说是独有会心，因而在理论和实践上都有独特的发挥。

陈老师说："只一个'抽'字了得！""语文课上需要讲的东西确实很多。是从语言文字中'抽'出来讲，还是'放'到语言文字中去讲，既是语文课程的一个基本原则问题，也是检验语文教师业务水平和执教能力的一项最重要的指标。不要说那些刚走上讲坛的年轻教师，就是从教多年的语文教师，在'放'和'抽'的处理上，恐怕也未敢轻言已经'过关'。不妨作如是看：语文教学的全部奥秘和全套功夫，就都在这'不要抽出而讲之'的七字诀当中。"（《亲聆叶圣陶》）

陈老师如此看重叶老的这一原则，既是因为它概括了自己几十年语文教育的基本经验，而且也是他的"文心"理论的一个有机组成。在我的理解里，陈老师的"文心"可以概括为三句话，并且是直接关系着对语文教学的理解和实践的："文从心出"——因此，在语文教学中，不能将"文"作为语言知识或文学、文化知识的例证，而不触及"文"（语言文字、表达形式）中之"心"（思维、思想、情感）。"心在文中"——因此，不能脱离"文"而"抽"出思想、理念而大谈之。这样的"借题发挥",不仅脱离了课文之"文",也脱离了作者其"心",和教材与语文教学已经无关了。"循文会心"——因此,必须紧紧抓住"课文的语言文字、表现形式"这个中心,引导学生从领悟"文"面之"义"(字义、语义、用法、表现特点)入手,感悟"文"后之"意"(意味、情意、意念、用心、意图)。这里的关键,是找到每一篇课文中"文"与"心"的契合点,而且是最具匠心的那个"点",也即文章的"核"和"纲","纲举而目张",整篇文章就"拎"起来了,整个教学也就活了。这自然是需要功底,也要下功夫的:如陈老师所说,语文教学之"难",之"魅力",均在于此。

不难看出,"不要抽出而讲之"这一教学原则的提出,是有针对性的。叶圣陶当年强调"不要抽出课文中之政治道理而讲之","不要把作品化为文学方面之若干概念与术语而讲之",显然是为了纠正将语文课上成"政治课"或"文学课"之弊。而近年所出现的"泛人文化"和"无边的讨论",其实也是"借题发挥",是另一种形式的"非语文"。

难能可贵的是,陈老师不仅有理论的发挥,更有实践的经验,而且有了这样的总结:一是"以心契心","通过对文句的诵读和揣摩去唤起学生的映现、联想、想象等心理体验,自然也包括必要的认知和推理","达到心与言谋,神与文通";二是"以文解文",引导学生"在上下文和字里行间进行观此识彼、'瞻前顾后',联系参照着把内容读懂,一般不需要作外加的注解分析和引证发挥",即"就在文章中把文章读懂";三是"以言传言",即引导学生"在充分感知理解的基础上,学会用自己的语言进行复述、转述、概述、评述,包括作必要的解释和解说,使语感由模糊向清晰,由零星向完整,由滞顿向灵敏转化"[《语文教臆(一)》]。——这都是具有可操作性,而又有相当的理论含量的论述,其对当下语文教育的意义,是不言而喻的。

以上所说,都是陈老师对"语文究竟是什么"的回答。对"学习语文是怎样一个过程"这一问题的思考和实践,陈老师以一语概括之——

四、"大量阅读、思考而内化、外烁,语文之功毕矣"

这句话出于《断想》一文,陈老师还写有不少指导中学生"如何学语文"的短文,在发给我的邮件里,特地说明他是有意为之的。这个提醒非常重要:正是在这些断想、短文里,集中了陈老师自己学语文、教语文的宝贵经验和思想。现在他浓缩成这样一句话,其中的丰富内涵,颇耐琢磨。我体会,至少包含了以下六层意思——

其一,"阅读"是语文课的基础。陈老师甚至提出:"语文应该更名为读书课,或实质上已经成为读书课。"(《断想》)这是有科学根据的,书后附录的许更生先生的文章,就引用了苏霍姆林斯基的论述:"缺乏阅读能力,将会阻碍和压抑脑的极其细微的连接性纤维的可塑性,使它们不能顺利地保证神经元之间的联系。谁不善于阅读,他就不善于思维","学生的智力发展取决于良好的阅读能力","谁没有掌握阅读的技巧,谁就是一个没有受过教育的人"。而学生学习写作,也是以阅读为基础的,如陈老师所说,学生的写作,除了"从直接的生活观察积累之外",还应"从间接的生活——读书——中思考吸取","'读'也孕育'写'","读"与"写"是"循环互动"的(《半月鸿》)。在我看来,这里更蕴含着陈老师自身的生活经验和生命体验:陈老师之所以有着如此丰厚的文化素养、语文素养,他的语文教学之所以达到这样高的境界,其奥秘就在一点:他任何时候都是个"读书"人,终身都处在阅读状态中。

其二,我们所说的"阅读",必须是学生自己对文本(课文)的阅读。这看似常识,却在我们的语文教学中长期被忽视,得不到落实。我们先是以教师烦琐的、不得要领的讲授、借题发挥,代替了学生自己的读书和习练;近年来,我们又大谈学生的主体作用,搞了许许多多的谈话和活动,但这谈话那谈话,却偏偏不谈课文的语言文字,这活动那活动,又偏偏远离了课文,学生依然没有,也不懂得如何自己去读书,另一方面又把老师的引导,必要的领读、范讲否定、取消了。这样的"阅读(特别是学生的阅读)缺席"的"语文课",也是一种"非语文"。

在这样的背景下,陈老师的"历练自学"的主张,就特别值得重视。这是陈老师语文教育思想中的一个基本点。他甚至说了这样一番动情的话:"减去二十年,我仍然会为'历练自学'的语文教学目标坚持探索。我国几千年'学贵自得'的传统语文教学经验,在新时代环境条件下,一定要继续传承和发展。'教是为了不需要教',这是我终生信奉的教育宗旨。语文教学不论教什么和怎么教,在中学毕业以前,总得把学生的自学能力培养起来。"[《语文教臆(下)》]而对学生的"自学能力"的培育,陈老师也有一个精当的概括:"一是学习兴趣的逐步提升;二是学习方法的逐步掌握;三是学习习惯的逐步熟练;四是学习意识的逐步增强。"(《断想》)这四个方面——学习兴趣、方法、习惯、意识的养成,应该是语文老师的基本职责。我们说语文教育要为学生终身学习打底,最重要的底,就是这样的自学的能力。

其三,阅读必须是"大量"的。这又是一个常识,却又是我们语文教学中长期解决不了、落实不了的难题。因此,陈老师在指导学生"怎样学语文"时,总是苦口婆心地反反复复地讲一个意思:"语文之路"要"从博涉开始"。他引述吕叔湘先生的话:少数语文水平较好的学生,你要问他的经验,异口同声都说是得益于课外看书。为什么有大纲有教材,有教师一篇篇地教,课内反而不得益?难道课外果真有什么成熟的经验,有真功夫可学吗?陈老师自己也带着这个疑问走访过十几位语文学习的尖子,他们也都异口同声:"课外是喜欢读什么就读什么,轻松自如,不担心考试,也不像课内尽是听老师讲解分析,老一套,挺腻味,学不进去。"陈老师由此得出结论,读书要"自由地选择,广泛地涉猎,不知不觉地受用":阅读应该"从这里开始"。而这也正是课堂语文阅读教学的问题所在:教不得法,讲得太死;又读得太少,一个学期学生只读十几篇文章,眼界自然狭窄。因此,陈老师发出召唤:"语文之路的第一程,便是先解放了自己,各自向着语文的广阔世界,去四处走走看看,去广搜博采,自由涉猎。"(《语文之路》)也就是说,语文教学必须从课内延伸到课外,引导学生能够"感觉到随时随地都身处语文之中,都拥有学习语言的良好机会"[《语文教臆(上)》],因而不再抱着几篇课文不放,随时都处在阅读状态中。这就是陈老师所说:"得法于课内,收益于课外。"(《历练自学:高效能之本》)

以上三点,集中到一点,就是要引导学生"趁年轻的好时光",自己大量读书(《断想》)。这既是语文教学的基本经验,也切中多年语文教学的弊端。如陈老师所说,"知性分析、授读模式、谨守教材、专攻课内,遂造成语文教学大面积的病灾。量少、质次、面窄、授多,是捆住语文教学的四大绳索"(《断想》)。我担心的是,这样的情况越演越烈,甚至学生根本不读书:不仅不读课外书,连课文也不读了。那我们语文教学的根基就动摇了。——陈老师有一句读来有惊心动魄之感的话:"语文老师,您坐稳了!"(《断想》)学生不读书,我们的语文教学,我们的语文老师,就真的坐不稳了!

其四,语文教育的责任,不仅要引导学生读书,还要学生"得法",学会读书的方法,由"读得懂"而"懂得读"。这也是陈老师语文教育思想的一个要点。这里需要解决两个认识上的问题。一是读书(和写作)是否有"法"。陈老师通常的回答是:"定体则无,大体则有。"[《语文教臆(上)》]这个问题我们在下文还会有讨论。这里主要讨论第二个问题:学生读书(和写作)要不要"循法"。这是一个教育学上的大问题。陈老师是主张要有规训的,这正是学校教育的特点:如前所说,语文本来是可以"无师自通"的,现在需要语文教育,就是因为经过教育,可以使学生懂得规范,学得方法,形成习惯,从而将自己的语文活动由自发变成自觉。我们现在的问题,恰恰在忽视了学生尚处在人生的"学习阶段"这一基本事实,而把学生的读书、写作和成人的读书、写作混同,并以此来要求学生和进行语文教学。比如,包括我自己在内的许多人都强调学生的"个性化自主阅读"和"自由写作",这也是有理由的:因为这是阅读与写作的一个理想境界,也可以说是我们语文教育的最终目的;同时这也是针对语文教学中确实存在的对学生创造性和独立个性的压抑的问题的。但如果把"个性""自主""自由"极端化、片面化,过度强调,就有可能遮蔽了问题的另一面,这就是陈老师所指出的,"学生还是学生,受到生活阅历和文化积累的限制,包括阅读经验的不足,他们作为'读者'的'前理解'是有限的",因此,他们的自主性和所能拥有的自由都是有限的;也正因为如此,学校的语文教育的任务就是要增加他们的文化积累,教给他们阅读、作文的方法,让他们习得读书、写作的基本规律,这就需要训练,要提出"有序的节制"的要求[《语文教臆(下)》]。这看起来好像和"个性""自主""自由"的要求相矛盾,其实是相反相成的,如陈老师所说,这是"先规范而后出格"(《断想》),或者说,是为了"自由"而"节制",为了"自主"而依法"有序",为了"放"而"收"。离开了必要的规范,不掌握规律、方法的自由、自主,其实是虚假的;而失去了自由、自主的目标的规范、方法,就会变形,甚至导致阅读、写作本性的丧失。在这两方面,我们都是有教训的。

　　其五,关于"读书"之"法",陈老师在他长期教学经验的基础上提出了一系列的原则、方法。我特别注意的有二。其一是"熟读记诵"(《断想》)。如前文所说,这不仅是由汉语的特点所决定的,是中国传统语文教育的基本经验,而且也是陈老师个人最重要的语文经验。这也是我的经验，我在研究鲁迅的过程中就发现："他的作品里的那种韵味，那种浓烈而又千回百转的情感，里面那些可意会不能言传的东西，都需要通过朗读来触动你的心灵。"（《与鲁迅相遇》）朗读所达到的是一种"整体感悟"，是进行"语感"的熏陶和"情感"的浸润，是通过声音而直抵"心灵"。其二是"问疑揣摩"（《断想》）。这是在熟读感悟的基础上引导学生"深思"，即陈老师引述的荀子所说："诵数以贯之，思索以通之。"按陈老师的说法，阅读就是一个"无疑——有疑——无疑"的过程：开始"大体能懂，无疑可问"；于是就需要老师"启疑导思"，使学生学会"无疑处有疑"；然后"通过对文字的揣摩、思辨、品味而释疑消化"（《历练自学：高效能之本》）。而最后的"无疑"，是阶段性阅读的结果，其实是"无疑"中"有疑"的，因而也就开启了以后的"再阅读"的可能。应该说，这是阅读的重心所在：通过"问疑"而培育、训练思维；通过"揣摩"而培育、训练"对于语言文字的敏感"，及语言文字背后的"对人生世相的敏感"（《断想》）。用陈老师的形象说法，就是要培育"多情善感"之心：无论对语言文字，还是人世人心，都要"多情"而"善感"（《知困小札·文心和语感》）。这也就是陈老师所说的"思考而内化"的过程，而所谓"内化"，陈老师引述朱熹的话说，就是"使其言皆若出自吾之口，使其意皆若出自吾之心"，显然，内化的不仅是语言文字能力，更有"文心"。

其六，"内化"之后，还要"外烁"，即将因阅读的吸收、内化而更丰厚的语言能力和文心，作由内向外的表达，写而为文：这就是作文的训练。陈老师对中学生说：作文训练之门，即在"模仿——变化——创造"。"模仿"是连接"阅读"与"写作"的关键，是"内化"和"外烁"的必不可少的中间环节。这又是一个简单的常识，却总是被弄得很复杂，而且总是被忽视："学语文必须靠模仿。一个人学会、掌握一种语言的过程，也就是对一种语文进行摹习的过程。但摹习不是克隆,摹中有变,久而久之,就会变化为自己的,甚至还会创造。"(《语文之门》)如陈老师所说:"从不自觉模仿(小孩)到自觉模仿(青少年),再到不自觉模仿(成年人),殆语文学习必由之路乎?""现在的问题是,中学语文教学已不讲'模仿',也更不会注意'变化'了;而事实上学生又总在'模仿'与'变化',是一种处于自流状态的低效率的个体行为,与语文教学几乎不相干。"我们必须改变这样的语文教学脱离学生实际的语文活动的状况,引导学生自觉地"先模仿而后摆脱"(《断想》)。这里同样也存在一个"模仿"与"创新"的辩证关系的认识,而我们总是把两者对立起来,从一个极端跳到另一个极端。

五、"得法"还要"养习"

这也是陈老师语文思想的一个基本点:"教给方法",还要"养成习惯",这才能真正做到"学会自学"而"受用终身"。在他看来,这应该是语文教学的出发点和归宿。

困难在于,如陈老师所说,语文学习的"习惯"(连同"方法")都有一定的"模糊性",难以进行"科学的界定"。因此,陈老师总结他多年的教学经验而提出的"十大阅读习惯",就十分难得。这里不妨抄录如下——

第一,能自主选择文段,进行准确、流利,有一定表情的朗读。

第二,能主动识记内容文字,作默诵或复述、转述、概述。

第三,能自觉对文章读物的内容进行概括,归纳要点,寻绎思路,体会意图。

第四,能自觉发现文章读物的写作特点和语言特色。

第五,能自己发现值得揣摩的文字和需要思考的问题(包括提出独立的见解)。

第六，不动笔墨不读书，阅书时做阅读记号，有书写批注。

第七，能坚持做剪报，做读书摘要、笔记，经常积累思想材料和语言材料。

第八，能自觉利用工具书和有关资料索引。

第九，能坚持每周课外阅读书刊报纸（一般不少于1万字），每月去书店1—2次，了解图书信息或选购图书（有条件的每年至少要选购10本书）。

第十，能经常和同学交流读书心得，主动向老师请教问题。

［《语文教臆（上）》］

在我看来，如果学生真能形成这样的读书习惯，我们语文教育的目的也就达到了。

不过，我还想补充一点：在"语文行为习惯"以外，还应有"语言文明习惯"，我曾经设想过，比如"表达真实的思想和情感的习惯"，"尊重不同意见，容纳多种声音，不打断他人说话的习惯"，"在谈话与论辩中服从真理，修正错误的习惯"，等等（《以"立人"为中心》）。如果说"语文行为习惯"是将语文知识、能力转化为习惯，"语言文明习惯"就是将语言文明的理念转化为习惯。在我看来，这两个方面，就构成了我们所说的"语文素质"："素质"正是知识、能力、理念内化为习惯。这样的语文素质的培育和提高，是作为"行为的学科"和"心灵的学科"的语文课程所要达到的教学效果。

六、语文"黑箱"

这也是陈老师在他的书中反复提到的一个概念，我很欣赏这个概念，因为它表现了一种难得的清醒：清醒于语文教学的特殊困难，语文教育改革的长期性、复杂性，因而清醒地看到：还有许多语文"黑箱"未被认识，包括自己在内的已有的探索、思考和实践，都只是一个开始。

陈老师一再提醒:"至今为止,我们对语文教学的种种看法,包括被称为集大成的新颁布的语文课程标准,其中所阐释的方方面面,无非都是些理念演绎","正如再好的科研成果,倘若不通过中介或中间开发,就不可能转化为生产力,转变为产品一样,在没有找到使原理(理念话语)转化为有效的可实践操作的机理机制之前,再好的理念都可能变成纸上空谈"(《退一步与走下去》)。

陈老师还一再提及当年叶圣陶提出的问题:"语文课到底包含哪些具体的内容?要训练学生的到底有哪些项目?这些项目的先后次序该怎么样?反复和交叉又该怎么样?"在陈老师看来,"课程内容的虚无"和"语文训练项目的空置(也包括因此带来的训练无序)"这当下语文教育的两大问题,都是源于语文教育"机理机制"的不明[《语文教臆(下)》]。

因此,他大声疾呼——

"通力合作,揭开黑箱,探究语文思维过程的奥秘,乃是人文学者和工具论者们共同的历史使命!"(《断想》)

陈老师同时指出:"语文这一天然的生命行为,其机理也许并不复杂,然而在传统——也许还有现实的——的教学话语势力之下,我们就会视而不见,见而不察,察而不肯践履力行。那么,再简单的也会教得复杂。令许多人苦叹:语文教学实在太难太难了!"(《退一步与走下去》)

当然,语文教学也确实有其特殊困难之处。在我看来,它是根源于语文课程自身的内在矛盾的,或者如陈老师所说,语文教学存在着一个"永久性的怀疑"。这就是前文一再提到的,语文本可无师自通,"文章无须教,文章不可教"(《断想》),因为语文行为(读书与写作),从根底上是个人的、心智的,因此,"文无定法","诗无达诂"。但另一方面,"文无定法"又"大体有法","诗无达诂"又"大体可解"，这就使得语文"可教，须教"，我们的语文课程才得以成立。语文课就实现在这"大体有法"与"无定法"，"可教"与"不可教"的张力之中。既"有法"，自然就需要，也可能进行训练，并要求建立可操作的训练项目和次序；但只是"大体"有法，因此，"法"自身就有很大的模糊性，这就给训练的项目和次序的确立与明确化带来很大的困难。更复杂的是，为文还有"无定法"的一面，这样，教师在教"法"时就不能讲得太"死"，不能将其绝对化，在学生掌握了一定的"法"以后，还要引导学生对既定的"法"有所突破，以实现语文行为的自主与自由。我们固然可以如前文所说的那样，在理论上提出"先规范而后出格"这样的原则，但落实到实际操作，就不那么容易。常常是一讲"法"，讲"训练"就"死"，一讲"自主""自由"就"乱"。从这一角度看，语文教学的"钟摆现象"，是和语文课程本身的内在矛盾有关的。语文课程就其天性而言，确实具有"随意"和"散漫"的一面[《语文教臆（上）》]，因此，本书附录的文章在阐释陈老师的"我即语文"的理念时说："语文是最能展示自我的学科"，"教师就是教材"（赖登雅：《一事能狂便少年》），是有道理的。但语文课又必须"有序"，遵循共同的规范与要求，因此，陈老师说，教师"既要给学生以规范，也要给自己以约束"[《语文教臆（上）》]。这就是语文教学真正的"难点"所在。正如陈老师所说，语文课应建立的"秩序"，是"既活跃又严谨"，这就需要"调控"[《语文教臆（上）》]。在我看来，如何正确地认识和把握内在于语文课程中的"有法"与"无法"，"可教"与"不可教"的矛盾所形成的张力，不断进行"调控"，做到有序而不死，活泼而不乱，既对学生进行严格的训练，又不束缚学生读书、写作和心灵的自由：这是语文教育的艺术所在。

　　语文教育的另一个难处，是我们现行教材基本上是"文选型"的。我和陈老师一样相信以后教材会多种多样，但最多的恐怕还是

文选型，"因为阅读和写作仍然是形成语文素养的核心"。但这样的
文选型的教材，却存在着一个问题，就是陈老师所批评的，教材编写，
包括练习设计，都是以引导学生"读懂"这一篇和这一单元的课文为
中心的，而较少考虑如何引导学生由"读得懂"发展到"懂得读"，即
缺少前面反复强调的"方法"和"习惯"的训练，即使有训练，也是因
文而设，有很大的随意性，缺乏系统性与有序的安排，形成不了一个
课程结构。这样，语文教育的"得法养习"的目的就仍然得不到落实
[《语文教臆（下）》]。陈老师的批评和忧虑自然是有道理的，也是
从他的教育理念出发的。但这仍然存在两个问题，一是前文所说的
"训练项目和次序、结构"如何建立的问题，二是如果只强调了训练
的系统性和结构性，会不会又把课文作为训练项目（知识和能力、习
惯）的例证和材料，而忽略了选作课文的范文，特别是经典文章自身
的文思逻辑，将其作实用化的肢解呢？在我看来，"读得懂"和"懂得
读"这两个要求，实际上也是构成了文选型教材的内在矛盾的。如
何在这两者的张力中进行"调控"，还是一个尚未解决的课题，这大
概也是陈老师所说的语文"黑箱"吧。

　　陈老师说，我们要准备进行语文教育改革的"攻坚战"和"持久
战"[《语文教臆（下）》]：这是深知语文教育和语文教育改革之言。

余论：关于语文教育改革

　　这篇文章写得实在太长，写作的时间也拖得很久，但还没有涉及
陈老师对语文教育改革的思考：这其实是他的语文教育思想中很重
要的部分。那么，就偷个懒，把他的一些重要意见辑录如下，而不再
作分析。好在我们都是历史的在场者，自不难理解其意义——

　　　作为一门完整而系统的课程，对其终极教育目标的追求，是

不会迁就现状的,也不会去照顾局部和个别的利益的。然而在实施的过程中,则又不得不考虑从现状出发,替施教的具体对象着想。

语文教学,也应该有自己的"初级阶段""中级阶段""高级阶段"。(《断想》)

国家有"三农"问题。语文教育改革则有"三普"问题。

要适合普通学校,适应普通教师,能够提高普遍成绩。

否则,改革就只能是空头支票。(《断想》)

破坏是痛快的,但建设却是麻烦的事。——鲁迅当年如是说。

语文教育改革也是这样。当我们还没有看清楚的时候,且不忙着破坏,把可改造而无须重建的破坏了,麻烦尤甚。历史的教训,不可不谓深刻。(《断想》)

在没有瞅准之前,在尚未达到共识之前,一切通过试验,注重调查,不要操之过急,避免忽起忽落,无所适从,最是要紧。(《你说怎么考》)

在文章写完以后,又收到陈老师的邮件,传来了他为《我的语文流年》一文新补写的一段文字,依然是谈鲁迅的影响,正好作本文的结束语,不妨抄录一段——

鲁迅的困顿而倔强的"过客"意志,他的对"绝望"抗争的努力,他的时时反观与解剖自我的勇气,隐隐地给了我启示和感召。鲁迅所引用的裴多菲的诗句"绝望之为虚妄,正与希望相同"，一直是我人生行旅和语文生涯守望的灯塔。不论是"绝望"的羽翼曾经多次掠过我心灵的那个年代，还是"希望"的微笑既激励我也不无蛊惑我的今天和明天，我相信，它的光芒都将始终照临我。

这既是对陈老师"人生行旅和语文生涯"的总结，更是一个启示：我们的语文教育和改革，正需要这样的"时时反观和解剖自我的勇气"，这样的"困顿而倔强"的意志，这样的"永远向前走"的"过客"精神。

2007年2月9—14日、17日、20—22日，3月1日

重在建构孩子自己的精神家园

——读严凌君《青春读书课》成长教育系列读本

　　简直不敢相信，这厚厚的六大卷书竟出自一位普通的中学老师一人之手。我编过类似的中学生课外读物——《新语文读本》，我们是动员了十多位朋友，先后折腾了两年，才编出来的，其中的艰苦，我是深有体会的。因此，我懂得这数百万字的分量。

　　我更惊异于编著者给他的孩子，以及我们这些成年人，展现了一个如此广大，如此丰厚，又如此美好的人文空间。这些天，我都徜徉其间，如痴如醉，乐不思蜀，它让我忘记了一切：忘记了战争的疯狂，病毒的猖獗，以及自己身体的不适。我深信，编给中学生读的书，要让孩子们喜欢与感动，首先我们成年人自己要喜欢与感动；自己不喜欢、无兴趣的，千万不要硬塞给我们的孩子，这也是"己所不欲，勿施于人"吧。

　　对于一直在关注、思考中学语文教育的我，这套书更有一种特殊的意义。当我发现在许多重要的教育理念、编辑思想上，我，以及我们《新语文读本》的朋友与本书的编者严凌君确有相通之处，自有一种志同道合的欣慰感，在某种程度上，这是反映了一种共同或类似的教育思想的；而当我进一步发现，严老师的思考在某些方面比我们更为深入，有许多属于他自己的独立创造与开拓，更是感到由衷的喜悦。这正是我要感激严凌君先生以及他的学生的：他们的试验激发与深化了我的思考。于是，我一边读，一边随手记下了不唤自来的种种感想、思绪，现在整理成文，就算是我的读书笔记吧。

关于中学教育理念

一、中学教育在哪里出了问题

严凌君在他的《化育天下学子是读书——"〈青春读书课〉读本"的思路与探索》里，一开始就谈到了"两种'不读书'的学生"——

> 这样的学生是常见的：自入学以来，接受12年的系统语文学习，但高中毕业了，却仍然没有学会读书——既没有自学的兴趣，也没有读书的方向，更没有读书的方法与审美意识。一个连书都不会读的中学生，他接受的语文教育是合格的吗？

> 另一类学生功课优秀，考试分数高，能够顺利考上大学——目前形势，绝大部分是进修文科之外的专业，有可能，他们一生的人文功课，就是中学时代那几本教科书。此后，他们可能再也没有兴趣去看那些非专业的不实用的"闲书"，从此与文学和文化名著绝缘。在个性和人格养成的青春岁月里，极少有过人文的阅读与思考，这样一批批"优秀"学子的"精神家园"何在？中学语文教育是否存在严重失职？

这或许正是严老师立意开设读书课、编选教材的最初动因吧。——也就是说，他的试验是有极强的"问题意识"的。

我们的中学语文教育，以至我们的中学教育在哪里出了问题？——这自然是一个大问题，可以从不同的角度提出，例如严老师在《呼唤志同道合者》中，就连提了两个问题："我们教书的目的是什么？是考试还是育人？""学生求学的目的是什么？他是一台升学的机器或是一个通过学习成为有独立人格的个人?"这都是全局性的。而这里,严老师又从语文教育,更具体一点,是从阅读教育的角度发现了两个问题。

一是读了15年的书,还没有养成读书的兴趣与习惯,也不会读书。这不仅是吕叔湘先生早已指出的"少慢差费",更是我们没有为学生的终身学习打好底子。——这本是中学教育,特别是中学语文教育,首先是阅读教育的基本任务。

另一方面的问题,发生在"高分"学生身上,在"分数决定一切"的环境下是更容易被忽略的。我们也有过"高分低能"的说法,但对"高分"而"失精神"的现象却视而不见。严老师问:"这样一批'优秀'学子的'精神家园'何在?"这绝非耸人听闻。其实这样的警钟早已敲响了。我注意到在严老师指导的深圳育才中学的《春韵》网站上有过关于"刘海洋事件"的讨论。一个以高分进入清华大学的学生,为了满足自己的好奇心,竟然残害动物,正是暴露了"尊重生命,敬畏生命"的意识的缺失,"与自然、人和社会和谐相处"的基本素质的缺失,这样的人文关怀的缺失,说到底,就是"精神家园"的缺失。在此之前曾经发生过的中学生杀害同学、父母的事件,更是以血的事实警示我们,只关心学生的"分数",而不关心学生的"心灵"的"教育",将造成怎样严重的后果。

二、"失精神"的危机:警惕实利主义与虚无主义

正是在这样的教育背景下,严老师的"读书课"就显示出它非同寻常的意义。一位听课学生的反应,让我深受感动——

"读书课给予了我们一个和伟人交流的机会和氛围,再不是和网友胡侃,不是被包围在理化题海里,不是每天重复过着日子,平庸地思考。它让我知道世界上还有这么一群人,在思考着这么一些问题,发现原来世界并不像自己想象的那么简单,知道原来我们祖先是这

样一步一步地走向文明……老师的一句解说让我们恍然大悟，豁然开朗，引起太多太多的思考——我们到底为什么活着？自由的意义是什么？……读书课让我肯定了许多问题的价值——文学的价值，思考的价值，想象的价值。而在以前，我都是有所怀疑，或是轻视的。读书课令我有了另一种思考，开始隐约地思考自己需要什么样的精神。原来活在这个世界上，不仅需要知识，还需要那么一点精神的支柱；懂得不仅需要知识武装自我，还需要有精神来升华自我。"

这里，谈到了中学生中所存在的对"文学的价值，思考的价值，想象的价值"的"怀疑"，这是特别应该引起重视的。我收到过不少中学生的来信，他们大体上经历过这样的思想变化过程：开始盲目地相信老师、学校、成年人教给他们的一切；然后，因某种机缘，发现其中有不少谎言，于是，开始怀疑，进而走向极端，就出现了这里所说的对一切价值的怀疑，以至过早地"看透"一切，于是，开始以调侃的态度、玩世不恭的态度来对待人生。而且这样的现象还往往出现在比较敏感，甚至是有自己的思考的所谓"早慧"的孩子身上，这又是另一种形态的"失精神"，"精神家园"的失落。我曾在一篇文章里说，这是"成年人说谎、演戏，在子孙后代这里遭报应"，这确实令人恐怖。这样的在年轻一代中越来越有"市场"的虚无主义倾向，是应予以高度警惕的。因为历史经验证明，这样的虚无主义是很容易走向对强权的依附的：寻找支撑自己的"归宿"，这本是人的一种本能的欲求；当个体生命因虚无主义而陷于极端悲观、绝望、孤独时，是很容易被充满自信的强有力者的坚定、决断所吸引，进而被其俘虏的。一个没有"自己的精神家园"的人，是不可能有真正的独立的人格的。这是20世纪中国知识分子精神史上，曾经发生过的悲剧，不能再在我们的后代身上重演了。严老师的读书课正是筑起一道精神的堤防，以抵御专制主义、实利主义、虚无主义等对年轻一代的侵袭，其意义确实不可低估。

正因为这是与社会上的消极思想的对抗，而我们的学生又非生活在真空之中，"严老师"们的努力要真正为学生所接受也并不容易。于是，我注意到严老师和他的学生的一场网上论争。一位学生没有去听严老师以"我们需要一场灵魂的拷问"为主题的读书课，并且在网上发帖说明缘由："我不去是因为不想使自己更痛苦"，"只有少数人的反思只能使高尚者更痛苦，使卑下者更快乐"。严老师在回帖中首先表示"谢谢你坦率地发表意见。正如伏尔泰所言：我可以不同意你的观点，但我誓死捍卫你说话的权利"，表明这是一个平等的相互尊重的讨论。但严老师仍然严肃地指出："从屈原以来，凡是有思想的中国读书人，都爱说'世人皆醉我独醒'之类的自我标榜的宣言，然后怀璧自珍，浊者自浊，现实并没有丝毫改变。这是中国文人传统中非常可怕的一种思想毒素，到了你们这一代，还要继续中毒下去吗？"他强调："历史是在反思中进步的，任何一个有能力的人拒绝反思都将使我们民族失去改进的微小机会。而且灵魂的拷问是每一个人自己的事，并不能因为没有人赞赏和跟从而放弃。""我们没有时间等到所有的中国人都吃饱了，再来顾及灵魂。那时候的'灵魂'除了酒囊饭袋还会是什么呢？""我们没有时间等待，我们没有机会等别人来开头，如果我们真的清醒，就该自己来开头！"——我完全能够理解严老师对"自命清高"背后的"冷漠"的强烈反应：我们周围总是有那么一些人自认有"高智商"，以居高临下的态度冷眼旁观现实，自己不屑介入不说，还将一切介入者视为"幼稚"，甚至斥之为"作秀"。在我看来，这也是另一种形态的"失精神"。问题是这样的冷漠之风已经袭入了年轻一代的心灵，他们本应是意气风发，热血沸腾的。因此，当我听到我的学生半是崇敬半是嘲讽地称我为"老天真"时，我的心里是又紧又冷的。

三、构建精神家园：中学教育的基本职责

于是，严老师的呼唤就引起了我的强烈共鸣——

"年轻人心地还柔软，有机会不变成木乃伊，趁早给自己的精神家园播种，你未来的人生和我们民族的未来就有希望。"

也许更为重要的是，严老师的理念已经被他的学生所接受，化为学生自觉的行动。在他指导的《春韵》网站的"编辑手记"中这样写道："不成熟，正是青春的至纯至美。一切都还没有定型，一切都还来得及，一切都还可以从头设计。无数的可能性，无尽的选择，无可限量的未来，都在今天蕴藏。趁着心地还柔软，我们为自己的未来播种。"一位学生听了严老师的读书课以后，有了这样的感悟："长久以来，我对于家园的理解是很具体的：地球——人类的家园，团体、家庭——个人的家园，直到读到这段文字才猛然发现，原来精神也有家园，也需要归宿。这一切从《白话的中国》开始。读着这些最优秀的文章，仿佛在跟睿智的大师们进行心灵上的交流，那些或优美或富有哲理的文字，充实了我的头脑，丰富了我的思想。由此，我开始构筑一片属于自己的精神家园，找到属于自己的精神依托和心灵的归宿。"

这里，所提出的是一个重要的教育命题：中学阶段，正是人生的起始阶段，是人的个体生命的"童年"，与人类生命的"原始"时期有一种同构关系，在这个意义上，中学校园在人生的漫长旅途中是一个"精神之乡"：从这里出发，又最终回归于此。而中学生活与人际关系的相对单纯、无邪、明亮、充满理想，就使得中学时期更是人生中的"梦之乡"，它不可重复，留下的却是永恒的神圣记忆：一个人有，还是没有这样的神圣记忆，是大不一样的。中学阶段"开始构筑一片属于自己的精神家园"，即使带有梦幻色彩，但却会为终身精神发展垫底，成为照耀人生旅程的精神之光；而且可以"时时返顾"，是能够"返归"的生命之"根"。在这个意义上，中学教育的影响是辐射到人的一生的，通俗地说，是"管"人的一辈子。严老师的一位学生，中学毕业以后远离家乡留学澳洲，但他说："人在澳洲，心里想着的仍是育才的读书课。"他因此将中学的这门课程称为"永远的读书课",对于他,以及所有的育才之子,中学校园是永远的生命的归宿:中学本就应该承担"精神家园"的教育功能。

至于严老师和他的学生一再说及的"心地柔软",则是强调在中学时期建构精神家园的可能性。中学生一切尚未定型,具有较大的可塑性,用严老师的说法,就是还没有成为僵化的"木乃伊";而且相对地说,较少受到污染,精神处于相对清洁的状态,也即较多地保留了生命的原生状态,精神之路尚未被各种垃圾堵塞,也就具有了较大的开放性与可吸纳性。从另一个意义上说,则突显了教育的作用,甚至可以说,学校给予什么样的教育,就会有什么样的学生。好的中学老师对学生的影响,是怎么估计也不过分的;老师的某一句话,学校的某一次活动,影响学生终生——决定他职业的选择、人生的道路,以至命运,这样的事是屡见不鲜的,几乎每一个过来人都可以举出许多例证。这实际上是加大了中学老师的责任:在构建学生的精神家园方面将发挥重要的独特的作用,如严老师所说:"全国数千万教师——特别是语文教师,应该是社会思想的孵化器,我们希望下一代成为什么样的人才,我们就努力给他们什么样的教育。""严老师"们的重要与价值也正在于此。

关于语文教育理念

一、在阅读好书中构建精神家园

如果前述命题可以成立:中学应该承担引导学生构建自己的精神家园的责任;接下去的问题是,中学语文教育,或者说我们这里着重讨论的阅读教育,在构建学生精神家园方面,可以发挥什么样的作用? 应通过什么样的途径去发挥作用?

这样提出问题,本身就包含了一种自我警戒:不能过分夸大语文教育的作用,以致使其负担过重;但同时不能否认的却是语文教育在构建学生精神家园方面,确实有其特殊的"优越性"。我完全同意严老师的这一意见:在中小学所有的课程中,语文课所担负的传播人类和民族文化的功能是首屈一指的,而文化正是语文课的"内核"。这就是说,语文课主要是通过人类与民族文化的传承,来引导学生构建自己的精神家园的;而这样的传承又主要是通过经典名著的阅读来实现的。细读严老师关于他的教育追求、设想的文字,可以发现,他有两个梦:一是我们前面一再强调的"构建学生自己的精神家园",一是"创建一座书香校园",这两者是存在着一种内在联系的。严老师一言以概之:"在阅读好书中构建自己的精神家园。"——这正是贯穿这套《青春读书课》系列读本的基本理念。

这背后隐含着对人们已经说得很多的"读书"的意义的并不寻常的理解。在《人间的诗意——人生抒情诗读本》的一篇导读里,严老师这样写道——

许多人专注于平面的生活,他的生存空间是可以按平方米计算的,除了他的眼睛看得见的屋舍、田园,除了他足迹踏上过的街道、城市,他没有别的空间;他的生存时间是可以用时钟来计算的,他只懂得活在今天,他的想象力很少涉足遥远的过去和未来。其实,一个人可以拥有一种立体的生活,当我们不只是用肉体,而且是用灵魂在生活的时候,人的心灵所能容纳的世界是没有边际的,当它穿梭古今,漫游于人类所创造的精神空间,在生命中自由轻翔的时候,人就把自己的有限的生命投入到滔滔不尽的时间之流,在短暂中体验到永恒。

由平面折向立体生活的最方便的秘密通道,就是书籍。除了大地存留的化石和遗迹,书籍是人类记忆的最重要的物证(如果不是唯一的话),而且是由无数代人有意识地保存下来的记忆。它们构建了人类的第二生活，比专注现实的平面生活丰富得多的立体生活。当我们阅读书籍的时候，我们就是在重新经历书中的生活，无量数的书籍，为我们提供了无量数的生活。

这里所提出的"平面的生活"与"立体的生活"即"第二生活"的概念，是颇具启发性的。"平面的生活"是受具体的时空限制的，是偏于肉体的，物质的；而"立体的生活"则是精神的、心灵的生活，是超越时空的。特别是中学生，就其"平面生活"而言，显然是更为狭窄有限的，但却可以通过"书籍"这个"秘密通道"，打破时空的限制，"穿梭古今，漫游于人类所创造的精神空间"。这不仅极大地扩展了学生的精神生活面——"无量数的书籍，为我们提供了无量数的生活"，而且也极大地提高了学生精神生活的质量：在与创造人类和民族精神财富的大师、巨人的对话中，"重新经历"他们在书中所描述的生活，自会达到一种前所未有的精神境界。这样建构起来的精神家园，尽管需要通过学生今后一生中的实践，不断加入其自身的人生经验、生命体验，才能真正化为其自身生命的有机组成部分，但在起点上通过阅读打开一个足够辽阔的文化空间，进而达到精神空间的扩展，这对其终身发展中生存空间的扩展，无疑是具有重大意义的。

二、培育"贵族精神"，关注平凡人生

这里还要提及的是严老师的读书课的另一个重要理念：培育"贵族"精神。这是一个很容易被误解的概念。其实，周作人当年曾有过一个解说，他说，所谓"贵族精神"是"尼采所说的求胜意志"，不满足于"现世的利禄"，而"要求无限的超越的发展"，是一种"超越现代的精神"（《自己的园地·贵族的与平民的》）。鲁迅也有一个观点，他说，"向上之民"总是"欲离是有限相对之现世，

以趣无限绝对之至上者也"(《集外集拾遗补编·破恶声论》)。写到这里,又突然想起我刚读到的与严老师同在广东省的东莞中学马小平老师写的一篇文章,转引了他的一个学生写的一段话:"我们需要宁静,需要仰望天空。我们要明白还有一种不同于大地上的庸碌、琐碎的生活。尽管世界已失去了温存。可我,仍执着地把信仰的头高高仰起。"(见《追寻意义——一个中学教师思考和言说的个案》,中央民族大学出版社2002年版)。按我的理解,周作人、鲁迅、严老师,以及马老师的学生所说的,基本上是相通的——当然,也有区别,比如,周作人认为,贵族阶级因为已经解决了温饱问题,因此,较容易有超越现实的追求;而鲁迅则以为即使是普通的平民,也会有"向上"的追求,这几乎是出于人的本性的。事实也确实如此,我们每一个人都会有这样的经验:小时候总喜欢仰望天空、远山,对"天边""山外"有着神秘的向往。问题是,现在的孩子,特别是城市里的孩子,早已失去了这样的"远方"感,失去了对"无限绝对之至上者"的向往与追求。这里有社会的原因,也有我们教育上的问题。我们前面所说的"实利主义",最终也是要导致人的充分物质化、平庸化的。而我们的"压缩饼干"式的教育,山也似的作业、考试早已将孩子的时间、空间填满,他们何暇,又到何地去"仰望天空"呢?

另一方面,如严老师所说,"在当下这个信息时代,学生面对的信息大量激增,选择什么来充实自己,常常是跟着感觉走,未成年人的判断力不足,他的自我选择多是从俗——追逐流行文化"。这是一个新的教育课题:我们不能一般地否认流行文化,它在对孩子的教育上自有其意义和价值。但也应该看到,流行文化即使其最好的方面,也是一种社会文化的平均水平的反映,如果只是用这样的流行文化来滋养我们的孩子,就必然导致文化的贫血症与精神的平庸化和鄙俗化。因此,健全的教育,就应该为孩子提供广阔的文化空间,在流行文化与高雅文化之间形成某种张力。而按我的理解,学校教育、课堂的语文教育,应以向学生提供高雅文化的滋养为主,同时对学生课外对流行文化的吸取进行必要的引导。在阅读教育中,我们之所以提倡阅读经典名著,正是出于这样的理念。

但正如严老师所说,如果不在实践中加以落实,"读名著将是一个'空对空'的希望"。严老师的"读书课"正是这样的自觉实践:他以培育学生的"贵族"精神为目标,就是要对抗挤压式的教育对学生想象空间、思想翱翔空间的剥夺,还学生以自由;就是要对流行文化形成一种制约性力量,让学生明白"还有一种不同于大地上的庸碌、琐碎的生活",引导学生"仰望天空",追求前面所说的精神上的"第二生活",构造一个"立体"的精神空间。一位语文老师在听了严老师的课以后,这样写道:"无论是读书,还是听课,我都有一种灵魂被净化,精神被提升的感觉。他把人类关怀展现在我们面前,让我感受到一种从未有过的作为人应有的尊严与崇高。"严老师自己还有一句话:"目的就想还语文教育一个应有的崇高地位——引导学生为自己的心智成长而读书,为健全的青春和丰富的人生而读书。"严老师的读书课正是这样的课程:它给学生以智慧,它提升了学生的精神境界,同时也恢复了人(教师与学生)所应有的,以及我们的语文课应有的尊严与崇高。

这里,也许还要作一点必要的补充:强调"贵族精神",决不意味着对平凡人生的贬斥或否定。这也是严老师教育理念中非常重要的方面。在他特意选择,并且在读书课上深受学生欢迎的王小波的《我的精神家园》里,就有这样的明确表示:"我不大能领会下列说法的深奥之处:要重建精神家园,恢复人文精神,就要灭掉一切俗人。"所要构建的正是"俗人"的,也即所有的平凡的人所应有、也能有的"精神家园"。王小波说他是"用宁静的童心来看"人文之路的,严老师则将其概括为"回到常识":"这条路是这样的:它在两条竹篱笆之中。篱笆上开满了紫色的牵牛花,在每个花蕊上,都落了一只蓝蜻蜓。"正是这只"蓝蜻蜓"与这朵"牵牛花"感动了许多听读书课的孩子,一位学生这样写道:"但愿,走到生命尽头时,我能够说,我从牵牛花丛中走过来了。"这蓝蜻蜓与牵牛花都象征着生命的自然成长,而所谓"回到常识",其实就是回到人的生命本性。于是,就有了"凡人天使""凡人英雄"的说法:在《成长的岁月》卷里,选了一篇题为《天使之举》的文章,讲一位少女为了保护一棵巨杉不被砍伐,居然在树上住了两年,严老师在"导读"里写了这样一段话:这位少女"想维护的,其实是人和自然唇齿相依的古老关系。这种关系,在一切都被当作商品的现代社会,是'不正常'的;这种行为,在要求孩子唯命是从——唯成人和社会之命是从的环境中,是不会发生的。所以,她不属于现代,更不属于我们,'因为她是天使',一个凡人的天使。但是,人的本性的善良,无分古今与中外,人皆有之。我们有理由相信,现代社会,正期待一个个这样的'天使'降临"。还有一篇文章讲一个"认真地对待他的'牛肉面'的老师傅"的故事,作者说:"这原是生命里的另一种坚持。"严老师在"导读"里则称之为"我们生活中的一位凡人英雄",并且发表了如下议论:"你能否设想,没有什么惊天动地事迹的凡人,也可以是英雄? 只因为他身上具有作为'人'的伟大素质,比如诚信、认真、负责、善良、友爱、孝慈、自我牺牲等,正是这些普通人的行为,构成了一个社会的素质,建设着我们每天所过的生活。"这是确乎如此的:我们前面所说的人的尊严与崇高正是存在于普通人的身上,并且是由他们来维护的。因此,我们的教育,正是要引导孩子去努力发现世界上每一个平凡的人(当然也包括自身在内)的生命的意义与价值。严老师在《人间的诗意——人生抒情诗读本》卷里,特意选了俄国诗人叶夫图申科的《世上每一个人都特别有意思》,并意味深长地说了这样一番话:"世界上每个人都特别有意思,因为每个

人都是一个世界。那些平凡的人，全有自己不平凡的世界——自己
的初雪和日出，自己的初吻和相思，自己的爱恨情仇，自己的秘密国
土。因而，一个人的离去，带走的是一个世界。请慎重书写你的世
界史。"

三、构建汉语家园：感悟汉语之美，正确使用汉语，融入民族文化

最后还要说一点，严老师关于"在阅读好书中构建自己的精神
家园"的理念背后，自然包含着他对语文教育的性质、功能的认识。
他认为应该"从汉语、文学、文化三个层面来理解语文课"："正确、纯
洁地使用汉语，是语文课的最低要求"，但"它一旦变成最高要求，实
际就降低了语文的价值"，因为"语文的精华在文学"，"要领悟汉语
言文字的美和灵性，唯一的正道是多接触汉语言文学经典"，而"语
文课在打通'语言'关、打开'文学'之门的过程中，始终贯穿的一条
线索是'文化'"。正是基于这样的认识，严老师将语文"教育目标"
定为"会汉语的人、有汉语文学修养的人，以及读书种子或思想种
子"三个层次，并且声明，他所编写的《青春读书课》系列读本的"培
养目标是第二、第三个层次的人才"。这就规定了他的读本的特色，
从另一面说，也是一个限制：它是在学生基本上过了语言关，能够正
确使用汉语的前提下，为了进一步满足孩子的精神发展需要而编写
的，因此，它在整个语文教育体系中，是一门选修课的教材，或课外读
物。强调这一点，是因为尽管我也同意"正确、纯洁地使用汉语，是
语文课的最低要求"这一说法，但如果了解语文教育的实际，就会知
道，从全国范围来看，真要达到严老师所说的第一层次的要求，还需
要作许多艰苦的努力。而且，在我看来，即使是进入第二、第三层次，
也不能忽视语言的教育，严老师强调他的读书课要引导学生感受与
领悟文章的思想之美与文学之美，或许还应该加上语言之美，这三美

之间是存在着内在的联系的。

　　而且就我们强调的"构建精神家园"这一命题而言，"汉语家园"也是一个不可或缺的重要环节。对这一点，严老师其实也有精彩的论述。读本里有两篇选文特别让我感动。一篇是奥地利作家茨威格的《绝命书》。在第二次世界大战中，他因反对法西斯而被迫流亡巴西，最后以自杀的方式结束了自己的生命。他作出这样的选择，最主要的原因，就像严老师在"导读"里所说，"茨威格是一个德语作家"，"流亡巴西的茨威格，仍有作品在英语世界流通，但他感觉漠然，他焦心的是他的作品在母语世界的被禁。所以，他在非常冷静的状态下决定自杀，在写下这份《绝命书》时，他已经明白无误地说出了告别世界的动机：'与我操同一语言的世界对我来说业已沉沦，我的精神故乡欧洲也已自我沉沦。'"这是一个血的警示："母语，是一个作家的精神家园，是一个人存在的永远的皈依。"一旦失去了与母语的血肉联系，人的生命就失去了存在的依据。因此，当我在《白话的中国——二十世纪人文读本》卷里读到欧阳江河的《汉英之间》，是受到了灵魂的震撼的："为什么如此多的中国人移居英语，/努力成为黄种白人，而把汉语/看作离婚的前妻，看作破镜里的家园？究竟/发生了什么？我独自一人在汉语中幽居，/与众多纸人对话，空想着英语，/并看更多的中国人跻身其间，/从一个象形的人变成一个拼音的人。"严老师说得很好："语言文字是文化的载体，是一个民族的生存之本"，"英语作为世界性强势语种，对汉语的侵犯已是大势所趋。怎样在文化大融会中不失民族本色？这是诗人对国人的郑重提醒"。而我却想着我们中学语文教育的责任：如何引导孩子感悟汉语之美，感受正确而自如地用汉语表达自己的快乐，建立与母语的血肉联系，将母语所蕴含的民族文化、民族精神的根扎在心灵的深处，并在此基础上构建起自己的精神家园。——或许这才是我们的语文教育的根本。

关于语文读物的编选

一、从民族和人类文明的源头读起

在确认了"在阅读好书中构建自己的精神家园"的目标以后，接着的问题是，如何给孩子提供足够广阔与自由的"书籍世界"，以便使学生在足够广阔与自由的文化空间内进行自主选择，为构建自己的精神家园打下坚实而宽厚的基础。这就涉及这套读本的选文原则与总体结构。

严老师这样概括自己的"编撰的基本思路"："坚持民间立场、开放的视野、丰富的信息，兼顾文学之美与思想之美，提供精要的思辨材料，展现人类广阔的精神空间。"而我更感兴趣的是，编选的实践中所体现的某些原则。其中有两点特别引起了我的思考。一是"从民族与人类文明的源头选起"。《人类的声音——世界文化随笔读本》卷一开始，就选了《旧约》《希腊罗马神话》，以及基督教经典、佛教经典、伊斯兰教经典与中国儒家经典的片段，这是显示了一种眼光的。人类文明有一个逐渐发展的过程，人的个体生命的精神也有一个逐步成长的过程，这样的过程是不可随便跨越的；在某种程度上，所谓经典的阅读，就是引导学生进行"历史长河"中的思想、文化的循序渐进的跋涉，使学生"重新经历"人类文明发展的历史，从而使自我精神与人类文明的历史取得同步的发展，真正做到尽量广泛而全面地吸取人类文明成果的精华，这或许是一条比较健全的精神发展之路。之所以要强调这一点，是出于对现实生活中一些阅读现象的忧虑：有不少孩子，特别是一些"早慧"的孩子，当他们不满足于甚至是反感于学校教育，开始到课外阅读中去寻找精神的出路时，往往首先接触的是一些批判性、消解性极强的现代主义、后现代主义的文化。这或许有助于他们的独立思考，但因为不能从整个人类文明发展的过程中来理解这些现代主义、后现代主义的文化,缺少与之抗衡的另一种精神力量和文化底蕴,就很有可能将现代主义、后现代主义文化中的消极面发展到极端,前面所提及的部分中学生中的虚无主义、玩世主义的倾向的产生,就与这样的一种阅读选择有关。这就提示我们,一定要引导学生以开放的心态吸取多元的文化,使其精神结构中形成相互补充、制约的张力;即使是最好的文化,单一的接受,都会导致精神的狭窄化,而且很容易将其绝对化而陷入盲目性。

二、多元阅读,创造开阔的思想平台

这是从作为接受者的学生这一面说的;作为引导者的教师、编书者,也同样需要警惕,不要用自己的文化选择,以至价值取向来代替学生的自主选择。严老师曾说,这套读本是他送给学生的"礼物",那么,把自己最喜爱的作品作为首选,或作详尽的介绍,都是很自然的。于是,就选了一般选本中少见的马雅可夫斯基的《穿裤子的云》,而且破例写了长达五千字的"导读",并且深情地回忆马雅可夫斯基的诗如何陪伴自己度过"惶惑的青春"。还有海涅的《你是鲜花,你是亲爱的孩子》,短短的十六行诗,严老师却情不自禁地为其写下了二千余字的《海涅——爱神悲悯》。这些地方都是严老师的真诚、可爱之处。大概也只有这样的私人独家选本才能做到如此的个性鲜明。但这样的"自我表现"又应该是有节制的,严老师似乎也自觉于此,他的读本并不局限于个人的爱好,而竭力选录各种思想、风格的作品。总体说来,给孩子提供的是口味不一的精神盛宴,但我仍觉得还可以更加"兼容",在所涉及的精神命题里,把各种不同的,甚至相互抵牾的思考、见解,都呈现在孩子面前。教育者的责任是为学生创造一个尽可能开阔的思想平台,让他们独立地思考,自主地选择,而不是将我们自己的思考结论灌输给学生,更不是把我们自己的选择强加给学生。作为共同的思想与文学的探讨者,我们也可以发

表自己的意见,这当然会对学生有启发,甚至有某种引导作用,但却不能代替他们自己的思考与选择。我读严老师写的"导读"就有这样的感觉,他几乎是用独白的方式,倾诉着自己对选文的独特感悟与理解,其中有许多思想的闪电、火花,足以使读者、听者眼睛为之一亮;但却没有任何强制接受的压迫感,不过是教师"姑妄说之",学生也"姑妄听之",在毫不经意之中,实现了思想的交流、沟通与碰撞:这应该是一个较为理想的教育境界。

三、成长的权利:读本的基本理念之一

作为一个系列读本,如何将选文组织成一个有机的结构,这也是最能显示编选者的眼光与功力的。严老师的这套读本共分六卷,按我的理解,似乎可以分为三大板块。初级读本第一卷《成长的岁月——我的学生时代读本》与初级读本第二卷《心灵的日出——青春心智生活读本》,某种程度上可以视为"生命读本",是和学生一起讨论他们在从童年到少年、青年的生命成长过程中所遇到的各种精神命题。其中贯穿着在我看来是极为重要的两个教育理念:"成长的权利"与"敬畏青年"。

《成长的岁月——我的学生时代读本》一开篇,就如此深情地写道:"人的成长是一件奢侈的事。在所有的动物中,人是孕育期最长的一种,人的学习生存技能的时间也最长。随着社会文明的演进,一个人的学生时代也日益延长。从出生到大学毕业,一个人要用二十几年来求学,在此期间,他无须对社会有所贡献,他的任务就是学习、成长。"这是一个高屋建瓴的判断,一语道破了学生生活的本质。于是,就有了"成长之美"与"成长的感觉":"青春的美就在成长","成长的感觉,外人看来,是芝麻开花节节高的喜悦;自己体会,则有蛹虫化蝶的痛苦和新鸟破壳的挣扎"。而且,更重要的是,还有"成长的权利":"儿童的权利,就是探索、发现和成长的权利","充满神秘

的世界，是可爱的世界；永存好奇的童心，是可爱的赤子之心。让世界永远保留一点神秘，让心灵永远保留一点好奇，不要轻易就把世界'看透了'"（亨利·博斯科：《大河的魅力》"导读"）。这里所说的"探索""发现"与"好奇"，是一切创造性的学习、研究与劳动的原动力，是蕴含了文学艺术、科学、教育，以至人生的真谛的，也正是成长的秘密所在。而现在，严老师将其提到"儿童权利"的高度，是直指当下教育的弊端的，"不要轻易就把世界'看透了'"一语内含着深切的沉痛之感：应试教育的最大问题正是对学生"好奇的童心"，探索、发现的欲望与激情的压制，是对青少年时代最宝贵的天真、坦诚的"赤子之心"的伤害，是对学生"成长的权利"的侵害。因此，我们今天的教育改革就是要把"属于孩子的还给孩子"，恢复他们在"探索、发现与好奇"中"成长"的权利。严老师的读本也就找到了一个基点，就是如何诱发青少年天生的好奇心，激发他们探索与发现的激情，并提高他们探索与发现的能力。这其实也应该是中学教育，以至一切教育的基点。

四、敬畏青春：读本的基本理念之二

《〈成长的岁月〉前言》里，还有一段话也引起了我的注意："青春时代不只是为了给成年生活做准备，它不是一个过渡的时段。青春时代，本身就是一种生活，是一个人一生中最热情洋溢的日子。最多的梦想，最纯的情感，最强的求知欲，最真的人生态度……让我们一边欣赏自己青春的美，一边为自己的未来播种。"于是，就有了关于所谓"成熟"问题的讨论。史怀哲，一位法国医生，在非洲建立丛林诊所，为贫民义务服务一生，1954年获诺贝尔和平奖，他写了一篇文章，宣布"我本能地防止自己成为人们通常所理解的'成熟的人'"。此说引起了严老师（也许还有我）的强烈共鸣，将此文选入《读本》，并作了这样的"导读"："在青少年时期，许多人都有过狮子般的雄

心,成年以后,奇怪的事情发生了——他们大多数人却像老鼠一样畏畏缩缩地活着。原因是:他们'成熟'了。什么是成熟呢? 史怀哲的定义是:'贫乏、屈从和迟钝','顺从命运的理性化'。人类社会从来没有按照理想的方式存在过,维持社会平衡运行的只是一些最低级的生存原则——衣食住行的满足,而无暇顾及人的天性的发展……它本能地吞噬青年的梦想,用约定俗成的规矩,用残酷的生存竞争,打磨你生存的锐气,砍去你标新立异的枝条,最终把你变成一个成熟的庸人……史怀哲比喻道:'为了能够更好地经受生活的惊涛骇浪,他减轻了自己生命之舟的负担。它抛弃了被认为是多余的财富,但扔掉的实际上是饮用水和干粮。现在他轻松地航行,但却是一个受饥渴折磨的人。'"正是为了对抗这样对青春财富的随意抛弃,于是,就有了"敬畏青年"的命题。

　　"青年"作为一个具有独立而独特的人的生命阶段,是有其特殊的价值的,可以说"一个人的本质和生命的理想"都奠定在这一时期,能够成为自己"一生中的依靠"以至"最终根据"的自我精神力量也都孕育于这个时期:"我们以后的收获,都取之于我们的生命之树在春天的萌芽。"因此,不要轻信那些"总有一天,会把今天极为珍视的一切的绝大部分东西看作只是幻想"的肤浅的说教;相反,"深沉的生活体验对青年说的则是另一番话。它恳请青年人,在整个生命中要坚持鼓舞他们的思想,人在青年理想主义中觉察到真理,由此他拥有一笔无价之宝"。当然,也必须做好准备:当走出校门,步入社会,"付诸实施的理想,通常为事实所扼杀。但这并不意味着,理想从一开始就应该屈服于事实,而只是我们的理想不够坚定。理想不够坚定的原因在于它在我们的心中不纯粹,不坚定"。因此,我们应该达到成熟,"不断磨砺自己,变得日益质朴、日益真诚、日益纯洁、日益平和、日益温柔、日益善良和日益富于同情感。这是我们应走的唯一的道路。通过这种方式,青年理想之铁锻炼成不会失落的生命理想主义之钢"。史怀哲还说了一句意味深长的话："纯洁自己的人,什么也夺不走他的理想。"在某种意义上说,中学教育就应该在一个人的相对纯洁的年代培育能够"纯洁自己的人";"严老师"们的读本所做的也正是"纯洁内心"方面的工作。

五、如何让孩子贴近古典:强调"民间",突显"人性"

初级读本第三卷《古典的中国——日常生活人性读本》,高级读本第一卷《白话的中国——二十世纪人文读本》,高级读本第二卷《人类的声音——世界文化随笔读本》,则可以视为"文化读本"。从表面上看,似乎并无新意,是从中国古代文化、中国现当代文化与外国文化三个方面来开拓学生的文化视野,这几乎已经成为当下课外读物,以至教材编写的被普遍接受的共同思路。但严老师却自有独特的理解与处理,颇耐寻味。

我没有能够读到《古典的中国——日常生活人性读本》这一卷,但严老师关于此卷的设计却引起了我的强烈兴趣:"文言时代与我们相距遥远,如何让学生贴近古典。读本选择了新颖定位:还原中国古代的日常生活情调,看中国人如何诗意地栖居在大地上。呈现中国人传统生活中富有人性的一面,属于普通人的日常生活的一面,反驳以往的帝王将相的历史,也反驳以往总是批判传统,以为古不如今的浅视和愚昧,主要展示'光明'的一面,希望学生读完以后,有点喜欢做一个中国人。我们要知道中华民族文化的好处,才能高高兴兴做一个中国人。民族原生态文化体例。选文以古典小品、笔记和诗词为主,不选高头讲章,即便是古代原典,也偏重选择生活气息浓厚的部分。全部选文试图反映中国人的精致的修养情趣,与大自然和谐共处的人性画面,作为一个种族在大地上探求人性的存在方式的辉煌努力和丰厚积淀。"确实如此:面对"文言时代与我们相距遥远"的现实,"如何让孩子贴近古典",一直在困扰着中学语文教育界的朋友；现在，严老师的设想至少是打开了一个新的思路。其要点有二，一是强调"民间"，"还原中国古代的日常生活情调"；二是突显"人性"，"呈现中国人传统生活中富有人性的一面"。在这样的新的视野下，自然会有新的选文标准，对传统文化的新的阐释，而且从古今共有的日常生活与人性两方面找到了今天的孩子与生活在同一块土地上的古人对话的通道。

把传统文化解释为"一个种族在大地上探求人性的生存方式的辉煌努力和丰厚积淀"，这本身就很有新意；而从"中国人如何诗意地栖居在大地上"这一角度来透视中国传统文化，更可以说是严老师的一个发现。萧红在《呼兰河传》里，曾深情而生动地回忆她在幼时"跟祖父学诗"的情景，这是人们所熟知的。严老师却由此感悟到中国传统文化与传统生活方式中的诗意："中国孩子的童年是洋溢着诗意的——感谢祖先，发明了这样方便地传递美感的精美的文学形式，简短的诗句，无尽的诗意，让中国的孩子从小在诗情画意中熏陶，虽然背诵诗句不免错乱，但从小建立对事物之美和文字之美的敏感，将受用终身。"这里谈到了诗的传统对于中国人童年生活的影响与渗透，谈到了中国语言文字本身所具有的诗美，这都说明"诗意地栖居在大地上"这一命题，尽管借用了荷尔德林的诗句，但确实是抓住了中国传统文化的某种神韵的。而我特别赞赏的是严老师为中学文言文教学所制定的目标：使我们的孩子从小就"知道中华民族文化的好处"，从而"喜欢做一个中国人"。这话说得很平实，如果置于全球化的背景下，就不难看出其深意：这实在是我们一再强调的"构建自己的精神家园"的"扎根"教育的一个极其重要的方面。

六、引导青年阅读"20世纪白话文本"的意义

用"白话的中国"来概括20世纪的中国，也同样大有深意。因为确实存在对用白话进行中学语文教育的质疑。这自然是不能同意

的。严老师说得很好:"白话文的功绩不只是替代了文言这种纯书面的形式,它也改变了传统的思维方式,相伴而来的是心态的开放、个性的解放、与世界交流的强烈欲望以及文化教育的普及。一个民族开始用正常的声音说话了,中国的文字由贵族的语言变成平民的语言。20世纪中国文学的魂魄,就是用白话表达的种种来自民间的声音。"因此,引导青年学生"阅读20世纪白话文本",实在是意义重大的——如严老师所说,这"就是认识20世纪的中国,从文字上为百年中国把脉"。

而由于这是刚刚过去的历史,与"现在的中国"的现实生活还有着密切的血肉联系,对于今天的学子是更为休戚相关,也更重要的:"书籍一定要与人痛痒相关才值得去读。"当然,这仍然有引导的问题,于是,就有了严老师对自己的《白话的中国——二十世纪中国人文读本》的目标的设置:"回顾刚刚过去的20世纪中国历史,不要让现在求学的青年误以为我们只有一个落后挨打的中国,一个精神荒芜的中国,一个风花雪月的中国,一个歌舞升平的中国。所以,就有了这本书——请你仔细看一眼,我们一百年的精神遗产,我们的白话的中国。"这自然都是有感而发。我们这里确实存在着对20世纪中国文化全盘否定或大加贬斥的虚无主义倾向。我曾经在一篇文章中谈到,中国思想学术界的许多人,把目光或转向中国古代,或转向外国(而且限于西方世界),却恰恰忽略了"现代"与"中国","20世纪的中国经验"被排斥在研究视野之外,这是极不正常的。也许更加触目惊心的是"强迫遗忘",一个世纪的"血战前行的历史"(鲁迅语)被抹得干干净净,也看不到有血性的人,真正的"中国的脊梁"被淹没在历史的尘埃之中,只剩下严老师这里所说的"风花雪月""歌舞升平",这样的对年轻一代的误导,是特别可怕的。因此,在我看来,严老师的《白话的中国——二十世纪人文读本》的编选,就具有了反抗历史虚无主义,拒绝遗忘,向青年学生展示历史真相的意义。

七、培育全球化时代的世界眼光、人类意识

《人类的声音——世界文化随笔读本》的立意也很高：不同于将外国文化看作是一个"吸取""拿来"的对象的传统理解，严老师在"前言"里，就开宗明义："人所具有的，我都具有，北京的蝴蝶扇动一下翅膀，澳洲的袋鼠就要感冒。你与我，中与外，民族与世界，各种间隔人们的有形与无形的藩篱都被纷纷推倒，任何人为的封锁都阻隔不了人们的声息相通。世界，是我们共有的世界；一切的文化，都有我的一份；一切的声音，都有我的音量。"这使我想起在《白话的中国》卷里，选了一篇费孝通先生的《孔林片思》。费老提出了一个很有意思的观点："孔子讲'仁'就是讲处理人与人之间的关系，讲人与人之间如何相处"，而"现在世界正在进入一个全球性的战国时代，是更大规模的战国时代。这个时代在呼唤着新的孔子，一个比孔子心怀更开阔的大手笔"；"新的孔子必须是不仅懂得本民族，同时又懂得其他民族、宗教的人。他要从高一层的心态关系去理解民族与民族、宗教与宗教、国与国之间的关系"，"考虑到世界上不同文化、不同历史、不同心态的人今后必须和平共处在这个地球上，我们不能不为已不能再关门自扫门前雪的人们，找出一条共同生活下去的出路"。无论严老师的导读，还是费老对"新的孔子"的呼唤，都显示出一种世界眼光、人类意识。其要点有二，一是强调"世界，是我们共有的世界；一切的文化，都有我的一份"。一切文化都是人类共同的财富，因此，非本民族的文化也就不再是"他者"，而是"我"的一个部分。另一方面，则强调人类文化是生活在地球这块土地上的各民族、各地区……的人民共同创造的，或者说，每一个民族、地区……的人民（包括我们自己）都应该并且已经对人类文化的创造作出自己的贡献，因此，这样的人类文化必然是多元的，同时，又逐渐形成某些人类共同的伦理原则，生存底线。——收入《人类的声音》卷的《走

向全球伦理宣言》即是这方面的一个尝试。我们前面所一再强调的
"精神家园"意识由此而得到了一个深化：我们要引导孩子构建的
"精神家园"，既是"个人的家园"，又是"人类的家园"。这就回到了
五四时期的观念："我是人类之一；我要幸福，须得先使人类幸福了，
才有我的分；若更进一层，那就是说我即是人类。所以这个人与人
类的两重的特色，不特不相冲突，而且是相反相成的。"（周作人：《艺
术与生活·新文学的要求》）。——在严老师的感觉中，前述费老的
呼唤，"那一把声音好熟悉，让你误以为是五四时代呐喊少年中国的
录音回放"，这不是偶然的。

八、升华为纯粹、丰厚的心灵的诗

最后一卷《人间的诗意——人生抒情诗读本》的设置，以此作为
《青春读书课》系列读本的第三板块，一个"综合"，一个"结"，是充
满了智慧，并最能显示编写者，以及整个读本的个性与独创性的。这
里包含着对"诗"与"年轻的生命"（这是我们的教育对象）的内在联
系的深刻理解："几乎在每一个人的人生中，都有一段诗意盎然的岁
月，那是多愁善感、混沌初开的青春期，迷惘执着的深情，敏感纤细的
心灵，仿佛只有诗歌才能诉说满腹的心思，书写对生活最初的感应。
因而，每个年轻人天生的就是诗人。"这里更包含了对"诗"与"母
语""大地的美""人性的光辉"，以及"人的精神家园"（这都是我们的
基本教育命题）之间的内在相通的深切的感悟与把握："几乎每个民
族的祖先，都不约而同地选择了诗歌作为最初的母语文学形式。人类
的文学以诗歌开篇，或许，诗歌是人类心灵最隐蔽的语言，最能表达人
类质朴的感情和纯真的心愿？""人们把世界最美的状态称为诗境，把
心中最美的意念称为诗意，把文字最精妙的语言称为诗句，把最动人
的画面和最能激发人的想象的言外之意称为诗情。诗歌，让我们亲近
大地的美和人性的光辉"，"人诗意地栖居，成为永恒的渴求"。因此，

引导孩子读诗，写诗，用诗来陶冶心灵，营造诗的家园，在中学语文教育中是带有根本性的，如果把诗歌教学局限在文体知识的范围，那就太可悲了。而严老师所要做的，正是要恢复诗歌本身，以及中学诗歌教学所应具有的神圣地位。他因此选择了"与人的成长密切相关的那一部分诗，希望是可以伴你一生的诗篇"，只要读读那些栏目，就可以知道它将把我们的孩子带入怎样的境界："太阳、大地、海洋"，"星与树"，"我是谁"，"人生礼赞"，"我没有时间恨"，"我的灵魂没有一丝白发"，"灵魂选择自己的伴侣"，"爱情也有歇息的时候"，"今夜我能写出最悲凉的诗句"，"亲爱的母亲"，"心愿之乡"，"人类我爱你"，"学会爱黑暗的日子"，"生命之书至高无上"，"大地上的诗意永不消亡"，"面朝大海，春暖花开"……从整套书系的结构上看，这显然是一个提升：将所有的阅读、思考、讨论，都升华为纯净而丰厚的心灵的诗。

关于中学语文老师

没想到这篇读书笔记竟写得如此之长。但情有未尽，我还想再谈一个也许是我最想讨论的问题：我们需要怎样的中学语文老师？

我首先想起的是前面已经提及的东莞中学的马小平老师的著作《追寻意义——一个中学教师思考和言说的个案》里的一段话，那是引起了我的心灵的震撼的——

　　我认为，每个人的一生都是在人生的舞台上作发言。向这个世界，向着周围的人们描述出我们的所思、所想，描述我们的快乐和痛苦。而发言也就成了我们生命的一部分，成了我们快乐与痛苦的来源。

　　但是，作为一名普通的中学教师，发言是困难的。

　　困难之一，就是中学教师没有话语的权利，我每每被拉去和派去听一些报告，听一些大学的专家和学者大谈中学的教育教学，其中当然也有精彩的发言，但大多数的言说都是非常平庸的，是缺乏智慧的，缺少生命体验的。他们每每用一些现成的理论来解释活生生的教育教学现象，以貌似智慧来进行理论的说教；而我们被要求将他们的理论落实到我们的教学中来。

困难之二，能够获得话语权的中学教师，往往是在一种虚假的话语框架之中言说。中学的语境中，充满了无意义和缺乏智慧的话语。活生生的教育现象和教育对象本来构成了最好的言说的内容，可是现在它们全退到后排去了，站在前排的竟是那些缺乏意义的空洞的话题。

困难之三，就是绝大多数中学教师没有言说的要求，面对别人为我们制造的事件和语境无话可说。普遍的弃权和普遍的沉默。

思考的权利是与生俱来的，没有人能够剥夺，除非我们自己放弃。

可是我们个性化的言说权利却被削弱了。带有个性的声音太微弱了，刚刚说出来，就在人群的喧嚣声中蒸发了。

这正是我所担心的：我们的中学语文教育改革，如果不能保证第一线的中学语文老师的自由的言说权利，不能充分地发挥他们的积极性与创造性，并且落实在他们的具体的教学实践中，那么，就不过是马老师所说的一阵"喧嚣"。应该明确这一点：有什么样的教师，就有什么样的教育；中学语文教育改革的成败，全系于语文老师的文化、精神素质和主动精神。而语文教育改革的最大困境，正在于中学老师依然是"沉默的大多数"。这个局面不能有根本的改变，就很难有真正有效的教育改革。

我于是终于明白，严老师、马老师的工作，为什么会让我如此激动，因为这是期待已久的中学老师的"个性化的言说"；而且我知道，已经发出自己独立的声音并在努力地实践的老师，尽管目前比例还不大，但绝对数却并不少；而且我们可以期待这样的老师将会越来越多：这正是语文教育改革的希望之所在。

我从这些老师的言说与实践中，更看到了我们已经拥有，并且应该拥有怎样的语文老师。

严老师有一篇自我介绍——《"白衣书生"的书生意气》，说他最大的骄傲就是有一间自己的书房，并自题歪联"书斋大世界，世界小书斋"，于是就有了"环壁皆书，欣然自得，坐拥书斋成一品老百姓"之乐。他由此而悟出一个道理，并始终坚守："教书者首先必须是一个读书人，尤其是语文教师。语文教师不爱读书，不知其可也；语文教师不会写作，不知其可也。"连说两声"不知其可也"，自是有感而发：语文老师不读书，或少读书，不写作，甚至不会写作，恐怕正是当下中学语文教学问题的症结之一。我们说要提高中学语文老师的文化、精神素质，也许正要由此开始：爱读书，多读好书，勤写作，从中养成书生意气，保持书生本色。

我在阅读严老师的这套读本的时候，总是要联想起我的中学母校南师附中的前身东南大学附中主任廖世承先生所提出的"治教育者"的"三种资格"：一，略谙教育原理；二，确具实践精神；三，有恒心（参看《〈施行新学制后之东大附中〉序二》，见《中国名校丛书·南师附中》，人民教育出版社1996年版）。在我看来，这也可以看作是对合格的语文教师的三个要求，而"严老师"们也确实已经做到了。首先要"略谙教育原理"，并逐渐形成自己的教育理念，对教育、中学教育、中学语文教育有属于自己的独特而稳定的见解；否则就会像廖先生所说，"宗旨不定，俯仰随人，徒知抄袭成法，而不克独行己见"。如前所分析，严老师的这套读本的最大特点正在于它是有思想支撑，有自觉追求的，无论是全书的体例、结构、选文，还是对具体文本的导读、解说，无不体现严老师对于语文教育，对于文学,以至对于人生理想的真知灼见,因而自成一体;而马老师则很早就提出了"语文教师的学科觉识"问题,强调要有语文教学研究的哲学思考,建立学科的独立意识:"几十年来,语文教学所以没有成为一门独立的专门的学科,就因为它没有确立自己真正的独特的研究对象,它始终只是其他学科的附庸,或是语言学、文艺学的附庸,或是教育学、心理学的附庸。"[《关于中学语文学科建设的思考(二)》]这样的对于语文学科建设的大问题的带有根本性的思考,实在令人感佩。我由此而想到,中学语文教育本身即是一门大学问,中学语文老师是应该,也完全能够著书立说的,不但应该提倡大学教授到中学上选修课,更应该鼓励中学教师到大学去讲授自己的研究成果,打破大学与中学之间,教育界与学术界之间的界限,也许只有在这一过程中,才能培养出真正的中学教育、中学语文教育的"名师",以至"大师"。中学语文教育改革发展到今天,应该而且可以提出这样的"造就一代名师、大师"的目标,一切真正把语文教育当作自己的事业的老师,也应该有这样的雄心壮志。

一个真正的语文老师,除了要有马老师所说的理论研究的兴趣,更需要廖先生所强调的"实验精神",并在这两者之间形成一个良性的互动。如廖先生所说,"缺乏实验精神",就会或"因循敷衍,每事盲从",或"矜新奇以眩世,而不问究竟"。而"盲从"与"矜新奇"恐怕正是当下的两大通病,治疗之法就是踏踏实实的实验。严老师的令人敬佩之处正在这里:他说自己作为一个"白衣书生",日常工作是做两件事:"开设一门旨在精英教育的新型语文课——'青春读书课',用自编读本授课,以期养育一批'读书种子'。建设一家'中学生原创文学网'——'春韵网站',目标是发展成中学生文化教育精品网站。在深圳育才中学,建立一个'读书'立体网站:一门课,一套教材,一个中学文学社团,一本中学文学杂志,还有一个网站。"

关于他的读书课与读本,我已经谈得很多,但对他指导建立的

"春韵网站"还得再说几句。"网络教育"是一个新的教育课题,当人们还停留在议论其利弊的阶段,严老师已经开始了实验,我陆续收到三大本汇集网站上的文章的《春韵》杂志,其内容之丰富,学生与教师参与积极性之高,实在令人兴奋。在我看来,严老师和他的学生至少做了两个方面的实验:如何将中学生所关注的流行文化与读书课(学校教育)所要强调的经典阅读两者沟通,相互渗透、补充与制约,即所谓"在野"与"在堂"之间的良性互动;如何利用网络的优势,更充分地发挥学生的学习主动性,促进老师与学生之间,学生与学生之间的平等、自然、无拘的交流,也形成良性互动。这方面的经验还有待总结,这里只能出一个题目。

我想进一步探讨的是,一个教师,长期坚持进行这样、那样的自觉的有目的的教学实践,就会逐渐形成自己独特的教学风格。前不久,我读到了南师附中的王栋生老师的一篇题为《呼唤风格》的文章,指出我们不能只是强调培养学生的学习个性,而忽视,甚至扼杀教师的教育个性,并进而提出"风格——语文教学的灵魂"的命题,强调"'师'与'匠'不属同一层面,匠的技巧再高,难有创见,师则一定要有自己的风格,善于创造"(见《南京师大附中教育文选》,江苏教育出版社2002年版)。这些意见都谈得很好。严老师的实践也有力地证明了,独特的风格的形成不但应该而且是可能的。严老师所在的育才中学的蒋波老师曾以"诗意"二字来概括这套读本的风格:"一是结构划分、内部衔接和联系过渡有一种诗意的流畅感;二是文前的提示文字有强烈的'诗情魅惑'力;三是整体的调子有一种抒情的风格。"并对严老师的讲课风格作了这样的描述:"用'大而化之,笼而统之'的气魄和胸襟来牵导语文和文学的学习,这样做,看似'离开'语文实则更走近语文,甚至可以说走进语文的灵魂里,这叫作'大处落笔,小心收拾'。"尽管这还是少数人的实验,但毕竟第一步已经迈出了。

但这却是一条坎坷之路。我始终无法摆脱严老师的一段自白给我带来的沉重感:"常常,我上课的感觉,是带着一群疲惫不堪的勇士去攀登人类的精神顶峰,越爬到高处,队员越少","学养的熏陶是个细水长流的活,而对于很难有时间和机会走进读书课堂的同学,课堂所发出的一丝微弱的呼声很难传到他的耳中,于是尴尬复尴尬"。这正是我们必须面对的现实。因此,前述廖世承先生所说的"有恒心"三字,对愿意献身于教育改革事业的老师们,是格外重要的。廖先生说得好:"喜近功,乏远虑,有良好之主张,不能始终贯彻者",是不可能攀上我们的理想之峰的。

这就说到了理想主义者的选择问题。严老师有一段话说得很好:"这个时代,叫嚷和埋怨只嫌太多,缺少的是行动。我们总等着自上而下的转向指令,却忽略了人人可为的自下而上的变革驱动","一个理想主义者,所作所为是现实主义的坚韧努力"。这里有两个意思:一是"民间立场";二是强调"行动",高远的理想要落实到具体的、一件一件的、可行可为的小事,并且有"远虑"而不求"近功","不问收获,只顾耕耘","做"就是了。严老师的读书课就是这样一堂课、一堂课地讲下来的,他的读本也是这样一篇篇、一本本地编出来的,积十数年之"水磨功夫",才有了供我们今天在这里评说的数百万字的生命结晶。

我也是这样一个字、一个字地写出了我的读书笔记,前后花费了十多个日日夜夜。我多次说过,语文教育改革的主力是第一线的"严老师""马老师"们,我这样的关心中学语文教育,却既无理论,又无实践经验的大学教授,只能站在门外,做一点服务性的工作。写这篇文章,也只是为坚持实验而倍感寂寞的老师们呐喊助威。——自然,也是给自己鼓劲。

2003年4月20—29日

读书人的语文经验和语文教育、教师观

——读商友敬先生的三本书

在《坚守讲台》(华东师范大学出版社2006年版)一书的"作者简介"里,商友敬先生说自己"爱读书,爱写作,爱旅游,爱交友"。在朋友们的印象里,他也确实是这样的"四爱"之人。其核心是"爱读书"。他是一个有着传统气息的现代读书人。这是他的人生之路与为师之道的出发点和归宿。

读　书　人

一、读书是一种生命存在方式

朋友们都知道,商友敬先生有着坎坷的人生经历,用他自己的话来说,就是"用无数不自由的日子换来屈指可数的自由日子"(《〈语文教育退思录〉后记》,见《语文教育退思录》,四川人民出版社2003年版),这几乎是他一生的概括和写照。商友敬先生最终也没有将他的个人苦难史写出来,这大概是他的一个未了心愿,但他却留下了《读教生涯漫忆》的长文(见《语文教育退思录》),也算是一个历史的交代。在某种意义上,这是一部商友敬先生的读书史:幼时帮助祖父"晒书",核对书目,进而在祖父书房里偷读闲书;初中时代"旧书店"当"站客";高中"一天一本小说";进入社会后,先是在"大跃进"中以大跃进的速度和劲头读书,后来在上海四处结交

"书友"，以至因此而遭牢狱之灾，却仍在狱中抄录马克思主义原著而"自得其乐"，最后在劳改农场读书中获得人生的醒悟："不管在什么环境下，我都应该成为一个读书人，一个有陶渊明式的人格，有李清照式的深情，有张陶庵式的襟怀的人。这个世界只要有至情至性的诗文可以供我阅读，'微躯此外复何求'"；改革开放以后，他突然"发现了'自由'"，就抓住机会不放，读书不止，教书不止，写书不止了。商友敬先生说，伴随他度过晚年的是三句话。一句是鲁迅先生说的："我倘能生存，我仍需学习。"一句是张中行说的："一觉醒来，发现自己还活着，那就读读书，写写文章。"一句是陶渊明说的："纵浪大化中，不喜亦不惧。应尽便须尽，无复独多虑。"他大概就是怀着这样的心愿、心情远行的。

　　这就是商友敬先生的一生：以读书史作为自己的生命史，这是地地道道的读书人，是商友敬先生的人生特色，更是他的价值所在。在商友敬先生这里，读书，已经获得了一种超越性的生命意义。他多次谈到"把读书看作是生活的第一需要"，是一个读书人"成长的唯一秘诀"（《书是读进去的，文章是写出来的——致黄玉峰老师》，见《坚守讲台》）。他还引述福楼拜的名言"阅读是为了活着"，并作了发挥说"活着是为了阅读"（《教师：在读书中生存》，见《坚守讲台》）。张中行先生的那句话——"发现自己还活着，就读读书，写写文章"引起商友敬先生的强烈共鸣，并且实践到底，绝非偶然：读书成为一种生命的存在方式和生命的意义与价值的体现。

　　由此而形成了商友敬先生独特的语文教师观。他提出了一个重要的命题："教师要在读书中生存，要处在真正的'读书状态'之中。"他说："我们教书的人，多读书，时刻不停地读书，这才是我们的本分，也是常识性的真理。"（《教师：在读书中生存》）诚哉斯言！关于语文教师的本分、修养、学养，可以提出种种要求，但在我看来，商友敬先生所说的"在读书中生存"，时刻处在"读书状态中"这一条，最重要,最基本,真正说到了要害处。而正如商友敬先生所说,"有相当一部分教师,除了教材和教辅材料之外,其他的书基本不读,这是反常的现象",当下语文教学、教改中的许多问题,从语文教师的角度说,"老师自己不爱读书,不读书"应该是一个症结。因此,我们现在需要回到商友敬先生这里说的"常识性的真理"上来,使语文教师首先成为商友敬先生这样的"读书人"。

我们的讨论,还可以深入一步:读书所呈现的,是怎样的生命状态? 这就涉及商友敬先生的读书观——

二、读书为己,立己

这是商友敬先生的读书观,乃至语文教育观的核心。

这里,有两层意思。首先是为谁读书? 是为"己",还是为"他人"? 商友敬先生的回答是明确的——"不论古今中外,一切大师哲人,都把读书治学首先看作是自我修养之事,看作是为了提高自己充实自己,满足自己甚至是娱乐自己的事",即所谓"养得胸中一种恬静书味,亦稍是自足矣"(商友敬先生引曾国藩语),也就是为"趣味"而读书(商友敬先生引梁启超语),这也是鲁迅所倡导的"出于自愿,全不勉强,离开了利害关系"的"嗜好的读书"(《读书杂谈》)。与此相反,如果为"他人"读书,甚至"专为服侍别人、满足别人、愉悦别人,乃至哄骗、愚弄、取媚于别人而从事学习,就不是'君子之道',而是'小人之道',甚至是'妾妇之道'了"(《读书为己》,见《坚守讲台》)。

这就涉及第二个层面的问题:读书是为了什么? 商友敬先生曾在《教师报》上开有专栏,题目就叫《立己书话》,并有这样的解说:"教育的目的是'立人',孔子说'己立立人',所以我们教书的首先自己要立起来,'立己'就是通过读书使自己立起来的意思。"(《〈立己书话〉后记》,见《坚守讲台》)

之所以如此强调"立己"，是因为读书最容易丧失自己。这也是鲁迅早已警告过的：他在1927年对中学生的一次演讲中，就特意引述萧伯纳和叔本华的话，指出："世间最不行的是读书者，因为他只能看别人的思想艺术，不用自己"，即所谓"脑子里给别人跑马"。这就是说，读书，好读书，也有危险，或者说陷阱：弄不好会成为"书橱"，"即使自己觉得有趣，而那趣味其实是已在逐渐硬化，逐渐死去了"（《读书杂谈》）。

这更是我们这一代的一个惨重的历史教训。——商友敬先生长我两岁，我们都同是"1930年后"那代人。商友敬先生十分沉重地说到，我们曾因为"懒惰和怯弱"而"轻信"，结果就陷入了蒙昧的迷信，"我们这一代人由于轻信而丧失的一切，下一代人应该把它找回来"（《坚守讲台》）。商友敬先生还谈到自己和我们这一代人一生"大部分时间活得很'窝囊'，也就是自己不能把握自己，自己不能支配自己，真是浑浑噩噩，随人俯仰"（《读教生涯漫忆·结语》）。这都是痛切之语。

问题是这样的"丧失自我"而陷入愚昧的危险，在今天依然存在，于是，就有了这样的生命的呼唤："读书人心里绝不能丧失'自我'，丧失了'自我'就一无所得"，"在这个千人作'秀'，百'戏'杂陈的时代，人人眼花缭乱魂不守舍，我们教书的人，先要来一次'招魂'，把'自我'找回来。找回自我再读书，才可以在书中发现自己和充实自己，然后以一个真的读书人的面目走向讲台，新的教育将由此起步"，"'读书为己'应该从教师开始"（《读书为己》）。

三、"一辈子在疑难中讨答案"

商友敬先生有一篇妙文，题目叫《书中自有……》（见《坚守讲台》），讨论在我们那个时代被"批判"得"体无完肤"，却又在如今这个年头实际上成为许多人读书动力的一句名言，据说是宋真宗鼓励人读书的话:"书中自有黄金屋,书中自有颜如玉,书中自有千钟粟。"商友敬先生对这个让天下所有读书人为之迷恋、困惑不已的"书中自有什么"的问题,作出了一个他自己独到的而多少有些出人意料的回答:"带着自己的头脑到书里去,书里什么都有;不带自己的头脑到书里去,书里什么都没有。"因为在他看来,"'书中'有的只是一连串疑问,靠你去思考、去探索、去追寻、去发现"。真是说得好极了,这是真懂读书、教书者言。胡适说做学问的要诀就在"无疑处生疑",这也是读书之要诀,更是教书之要诀。写到这里,突然想起福建一中陈日亮老师的语文阅读教育经验中,就有"问疑揣摩"这一条,我曾作过这样的阐述:"按陈老师的说法,阅读就是一个'无疑——有疑——无疑'的过程:开始'大体能懂,无疑可问';于是就需要老师'启疑导思',使学生学会'无疑处有疑';然后'通过对文字的揣摩、思辨、品味而释疑消化'。而最后的'无疑',是阶段性阅读的结果,其实是'无疑'中'有疑'的,因而也就开启了以后的'再阅读'的可能。应该说,这是阅读的重心所在:通过'问疑'而培育、训练思维;通过'揣摩'而培育、训练'对于语言文字的敏感',及语言文字背后的'对人生世相的敏感'"(参看本书《以心契心的交流,弥足珍贵的个案——陈日亮〈我即语文〉序》一文)。还可以补充的是,在这一阅读的"生疑、解疑"过程中学生学会了独立思考,并养成习惯,那就意味着一种真正的"读书人精神"的培育。这正是商友敬先生最为看重的,他说:"读书人的特点是:小学小疑,大学大疑,此疑即解,彼疑又来……一辈子在疑难中讨答案,心劳力瘁,却总是锲而不舍,永不放弃。一旦什么都不想了,什么都不疑了,这就意味着他精神上的死亡。"(《心事》,见《坚守讲台》)

　　商友敬先生最后总结说:"说到底,读书就是用眼睛去发现,用大脑去思考。有了这种习惯,人就渐渐立起来了。"(《书中自有……》)可见,商友敬先生的读书观、教育观,最后是归结到"立人"这一中

心点上的。我们前面所说的作为生命存在方式的读书，其所培育的
"读书人"，是一个独立自主的人，特别是精神独立的人，一个永远的
思考者和探索者。因此，在商友敬先生的理解里，"语文教师应成为
读书人"，不仅是强调教师应有的读书趣味、学养、习惯，更包含了自
觉地追求精神的独立和思考者、探索者的品格这样一些深层次的意
义。他自己也正是这样身体力行的，即所谓"认认真真读书，堂堂正
正做人"，这是真正的教师风范。

四、读书即交友

商友敬先生是有"敬友"之风的。读书、写作为交友：这大概是
商友敬先生的人生信条。

我理解，这里有三层意思。

首先，读书即交友。商友敬先生深有体会地这么说："张中行先
生打过这么一个比方：读古典文学，如同童年时代交了一个朋友，当
时不觉得亲密，以后越老越感到亲切。我对此颇有同感，当然也希望
普天下的年轻人都能交上这样一个可以对话、可以交流、可以共悲欢
同命运的'朋友'，'朋友'就在你心中，人与人，人与历史在长期的对
话中，理解了，交融了，教育的目标也就实现了。"（《语言资源和视域
融合——谈中小学的文言文教学》）

其次，因读书而结友。商友敬先生说："我有个习惯，读书读到高
兴或激愤的时候，总想找个人谈谈"，"所以读书不断也就电话不断，
电话不断就友情不断"（《〈立己书话〉后记》）。这大概就是现代读
书人的读书之乐吧。

其三，因读书而交大自然之友。商友敬先生说他"爱读书，爱写
作，爱旅游，爱交友"，这四爱是统一在"交友"之上的。他谈到自己
爱旅游，就是因为在书本上结识了许多古友，就想去看看他们当年生
活的遗迹，达到更贴近的心的交流。他曾谈到自己专诚到陕西韩城

去参拜太史公司马迁的祠墓的体验："那是在黄河边的一处高坡上，相当破败了。我去的时候，整个祠庙只有我一个人"，独自伫立沉想，"他那孤傲独立的精神"就永远留在心上了。商友敬先生更津津乐道的，还是和"名川大山"的结交："我曾经一口气登上江西三清山，一个人去安徽天柱山神秘谷中摸索……"（《读教生涯漫忆·旅游与教书》），这是面对面的倾谈，因此，最好一人独往，那样的人和大自然的神交、意会的乐趣，是体味不尽的。

商友敬先生有言："一个人，朋友多，如同鱼之在水、鸟之在林，无往而不适，活得自在，活得开心。"（《读教生涯漫忆·交友与教书》）他不仅有现实生活之友，还有书中之友，更有大自然之友，三友须臾不离，商友敬先生有幸了。

五、现代读书人

"读万卷书，行万里路"，这本是中国传统文人向往、追求的生活方式。凡和商友敬先生接触过的人，都可以感受到他身上的传统文人的气息，他对中国传统文化，特别是古典诗词的一往情深，是很让人感动的。

但我们要强调的是，商友敬先生本质上是一个现代读书人。

王栋生先生对我说过，商友敬先生那样迷恋传统文化，却坚持反对"读经"，在"国学热"中始终保持清醒，是很不容易，特别值得尊敬的。

我以为，这是他深懂中国传统文化的必然表现：深知传统文化的博大精深，因而一往情深；深感将传统文化宗教化所形成的精神束缚，因而始终清醒。

他的立场是鲜明的：古代文化、文学作品不可不读，但"不要把它当'经'读"。他一语道破：所谓"读经"，就是"再度把儒家宗教化，再度把活泼泼的儿童压抑成'信徒'，再度创造'陋儒''腐儒'，名为'弘扬国粹'，实际上是制造精神奴隶"(《文言文教学断想》，见《坚守讲台》)。说是"再度"，不仅因为中国古代就有这样的读经传统，它构成了中国传统的消极方面，而且我们这一代人也有过这样的"天天读"的读经历史，商友敬先生称之为"跪着读"："屈膝，表示崇拜；低头，表示屈服；口中念念有词，表示信仰；脑子动也不动，表示毫无怀疑，全盘接受"。因为有过这样的经验教训，对今天的读经，就不能不警惕、反对，要大声疾呼：读经之风不可长，"启蒙的工作还需继续不断地努力"。

关键是"跪着读书"，还是"站着读书"。如商友敬先生所说，问题就在有没有"独立之人格，自由之思想"，是不是现代中国人，现代读书人(《我为什么反对读经》，见《坚守讲台》)。

语 文 经 验

读了一辈子书，就有了学语文的经验，教语文的经验。这样的来自自身语文实践的经验，是十分可贵的，是商友敬先生的一笔独特的财富。我读他的《读教生涯漫忆》，在好几个方面，都受到很大启发。

一、在"三大语言空间"中成长

讲到如何学习语文，商友敬先生劈头就问："我从小怎么学说话的？"——这好像是一个不用问、无须问的问题，因此，就常常被忽略了。但商友敬先生却问了，而且进行了认真的思考。他说，他一生下来所学到的就是扬州话，"这是我的母语，以我母亲的话最标准。确实在我的心目中，直到现在，她的话最好听，最柔美，最亲切。我庆幸自己落在这样一个语言环境里，学会了这一种华美而又纤丽的语言，它有一种磁铁一般的吸引力，吸引我在语言的海洋里徜徉，无往而不适"，"当我一个人自言自语的时候，我说的就是扬州话，甚至我在写这篇文章时,我口中喃喃自语的也是扬州话。这是母亲教给我的语言,它已经成为我血肉身躯的一部分了",如今我们兄弟姊妹历经沧桑重新聚首时,说的还是扬州话,我们好像又回到母亲的身边,尽管母亲已经不在了。——我写这些,只是说明了一个普通的道理:母语是我们生命的一部分,是我们思想和情感的存在方式,而绝对不只是一种'工具'"(《读教生涯漫忆》)。——这是商友敬先生所写的文章里,最让我感动而深思的一段文字。这里对"母语"的情感和意义价值阐释,都很重要,值得注意。我们通常把"汉语"理解为母语,而忽略了更为直接的母亲说的、母亲传授的"方言土语",这是片面的。或许只有理解了这样的方言土语的意义和价值,我们对本民族、本土语言的"家园"意义,才会有更全面、更丰富、更深刻的理解和把握。由此提出的问题是,我们的语文教学,是否也应该适当地包括方言土语的教学? 这是一个新的教育课题,应该讨论和研究。

商友敬先生深感自豪的,是他进小学以后,为了适应和同学、社会交流的需要,又学会了上海话,不仅"能说上海上层人物的礼貌语言,也能说市井之间的世俗语言,甚至能用上海话骂出一连串的脏话。最妙的是我能够说带有浦东色彩的、苏州色彩的、宁波色彩的、北方色彩的以及苏北色彩的上海话"。当然,他还学会了北京话,"那时也有些老师用普通话上课,但大都不标准,所以在中小学的语文课上,我常被老师点中站起来朗读课文"。——这都说得很有趣,我们中小学的口语教学,是否也可以从中得到启发,变得丰富多彩一些呢? 商友敬先生说得好:"一个孩子的语言适应和同化能力是很强的,可惜父母和老师对此都不怎么在意。"

商友敬先生的总结也很有意思:"学到了这三种方言,可以并行不悖地运用,到了家里对父母长辈用扬州话,亲切舒适;到了学校用上海话,与同学亲密无间;普通话则是一种比较庄重严肃的语言,在正规的场合……以及朗读文学作品,一定要用普通话。"结论是:"这

三种方言充盈了我生活的三大空间，我就是在这'三大语言空间'中
成长的"。——"语言空间"，这是一个重要的概念。我们的语文教
育应该以普通话教学为主，这是现代社会思想文化交流，更是民族文
化凝聚的需要；但不要忘了，我们这个幅员广大、文化多元的国家，
不仅有着多民族的文化和语言，还有丰富多样的地方文化和语言，因
此，我们的语文教学应该为中小学生提供更为广阔、丰富的"语言空
间"，广阔、丰富的语言空间的背后是一个广阔、丰富的文化空间，并
包含了更深厚的"家园"意义。这大概就是近年来一直提倡的"乡
土教材"的编写、教学的意义所在吧，这应该是语文教育的有机组成
部分或重要补充。

二、在"实社会上流动着的语言"中学习语言

商友敬先生最津津乐道的，是他课外的语文活动。他列举出的，
即有"看戏（特别是京剧、昆曲）"，"听书（特别是扬州评话）"，"对对
子"，"看话剧"，"听相声、北方曲艺（京韵大鼓、单弦、山东快书）"，
"读报"，"唱歌"，"听朗诵"，"读元明散曲和明清民歌"，"看电影"，洋
洋洒洒十大项。

商友敬先生反复强调，他从中提高了"语言修养"："京剧昆曲的
唱词都十分讲究声和韵，而声和韵正是我们母语——汉语的灵魂。
京剧的唱词并不典雅，但是它圆润流利，念在嘴里好听，有韵味，是语
言艺术的精品。能够欣赏它，进而掌握它的规律，并融化到自己的
言语中去，你能成为一个富有语言能力的人，一个出口成章的语文
教师。"

他从中学到了语文教育艺术："说书是一种艺术，教书何尝不也
是一种艺术？""教书也必须对文本有透彻的了解，在字里行间看出
作者的命意所在，并进而传达给学生听，使他们与你有同感，与他们
切磋琢磨，与作者的心逐步靠近。教书的人是大可向说书艺人学到

一些宝贵经验的。"他还从话剧中学到了"旁白"艺术:"如果把一堂课比作一台戏的话,教师就应该为自己选定'旁白'的角色,这样他可以自由出入于戏内戏外,起一个穿针引线的组织者的作用,更能激起演员(学生)深入到文本之中去,体验剧情和人物的性格状态。"

他从中提高了文化修养,以至形成了人生态度:"在(相声表演艺术大师)侯宝林身上,我们能够染上一种善于发现生活中有趣现象的习惯,习惯久了会成为一种性格,幽默、风趣、乐观、豁达,婉而多讽,刺而不虐,这是一个男子汉应该具备的性格,也是一个语文教师应该具备的人生态度","从小就读报的好处在于很早就听闻国际国内大事,使自己渐渐成为一个社会的人,一个有时代感和历史感的人"。

可以说,商友敬先生就是在这样的课外的"大语文"课堂里,学习语文,并逐渐成长成人的。

由商友敬先生的这一语文经验,我又想起了曾经关注过的周作人的语文经验。周作人作为一个散文艺术家,同时又是一个学习语言的天才,他的汉语修养自不必说,他还精通日语、古希腊语和古英语。尤其是他对日语的精微之处的把握,对其内在神韵的感悟,他对日本文学经典的翻译,都是无人可以比肩的。那么,他是如何学习日语的呢? 他的经验,就是学习语言的重心,不在"书本上的日本文,而是在实社会上流动着的语言"[《知堂回想录(下)·学日本语续》]。他首先到民间世俗文学里去寻觅学习活的日本语言:到日本称作"寄席"的杂耍场去听"落语"(相当于中国的单口相声),进而欣赏日本民间戏剧"能乐"(多为悲剧)、"狂言"(多有滑稽成分),以及"注重诙谐味及文字的戏弄"的"川柳"(民间讽刺诗,风俗诗)。在感悟到了民间文学的滑稽趣味、语言趣味以后,再转向对日本文人文学中的"俳谐"的关注,也是首先注意其语言特色,即所谓"俳谐体",然后通过语言而进入其内蕴,即所谓"俳境禅趣",由此而进入日本文化的殿堂。以后，周作人在总结他的这段自学经历时说：学习日本语，"其来源大抵是家庭的说话，看小说看报，听说书与笑话，没有讲堂的严格的训练，但后面有社会的背景，所以还似乎比较容易学习。这样的学来了的言语，有如一棵草花，即使是石竹花也罢，是有根的盆栽，与插瓶的大朵大理菊不同"，"我看日本文的书，并不专是为得通过了这文字去抓住其中的知识，乃是因为对于此事物感觉有点兴趣，连文字来赏味，有时这文字亦为其佳味之一分子，不很可以分离"（周作人：《苦口甘口·我的杂学》，参看钱理群：《周作人传》"婚后"一节，北京十月文艺出版社1990年版）。

尽管商友敬先生谈的是学习汉语，周作人说的是学习外语（日语），但其精神却是相通的。我以为有以下几点：其一，从民间俗文学入手，学习"实社会上流动着的语言"，即不仅学习书本上的语言，更注重学习生活中活的语言，不仅学习文人雅的语言，更注重民间的俗的语言。其二，不只是从知识的角度去学语言，而更注重情趣——语言的情趣，以及在其背后的风土人情。其三，在"赏味"语言文字时，一定要注意特定民族的语言文字的特点，如周作人所强调的日语的俳谐味及俳境，商友敬先生所死死抓住的汉语的"声"和"韵"。这也是周作人所说的，汉语有两大特点：一是具有"音乐性"，商友敬先生特别注重从京剧、昆曲、说书、京韵大鼓、单弦、相声、话剧、朗诵、唱歌中去学习汉语、普通话，都是着眼于其与听觉艺术的相通；二是具有"装饰性"，有许多先生更注重从雕塑、绘画、书法方面感悟汉语言文字，着眼点就是其和视觉艺术的相通。其四，不是为学语言而学语言，更要注重语言中的"文化"：其实，汉语的最大特点，就是它不只是一个语言符号，还积淀着丰厚的文化。这就是周作人所说的，这样学来的有文化内蕴的语言，才是真正"有根"的。——这四个方面，对今天语文教学和语文教师修养的启示意义，大概不必再多说了吧。

语文教育、教师观

　　商友敬先生不是一个语文教育专家,他的语文教育、教师观是在他的读书、写作和教学过程中逐渐形成的,可以说是"读书、思考、写作、实践"四结合的产物。我在好几个场合都谈到,这"四结合"是许多有经验的语文老师的共同的成长之路,商友敬先生应是其中的一个代表吧。这样形成的语文教育、教师观可能不具有强烈的理论色彩和系统性,但它所具有的实践性与思辨性,也自有其不可替代和忽略的意义和价值。

　　商友敬先生的语文教育、教师观,我们在前文已多有讨论,现再作一些补充。

一、培养"真正的读书人"

　　商友敬先生有一篇文章的题目就叫《为了下一代"精神成人"》(见《坚守讲台》),这可以说是他和所有的有理想有追求的教师共同的教育信念。具体到语文课程,商友敬先生提出了一个目标,就是要培养"真正的读书人",或者说要播下一粒"读书的种子"(《书是读进去的,文章是写出来的》,见《坚守讲台》)。——这当然不是对语文教学目标、目的的全面概括,但却是抓住了要点的。

　　什么是我们所要培养的"真正的读书人"? 商友敬先生在《书中自有……》一文中,引述了《西方名著入门》(商务印书馆1995年版)一书的编选者,美国芝加哥大学的校长哈钦斯的话,强调了两点,一是教育"应该是使人们为过有学问的生活做好准备",一是"教育的目标,应该使人养成过有头脑的生活的习惯"。我以为这两点大概就能概括商友敬先生心目中的"真正的读书人"和语文教育的目标:为"过有学问的生活"做准备,就是为学生"终身学习"打好底子；养成"过有头脑的生活"的习惯，就是为学生"终身思考"打好基础。

在另一篇文章里，商友敬先生又强调要养成"读书和藏书的习惯"，"形成自己的读书态度"（《按书目读书》，见《坚守讲台》）。

的确，如果通过我们的语文教育，学生从中学起就养成了读书的习惯和思考的习惯，有了这两个底，他一生的健全发展，就有了基础和保证。只要做到这两点，我们作为语文老师，就尽了自己的职责，甚至可以说"功德无量"了。

二、书靠"读"，文章靠"写"

这是商友敬老师《读教生涯漫忆》一文的两个小标题，却浓缩了他一生读书、写作、教书的基本经验。在我看来，许多老语文教师的经验，也都在其中了。用商友敬先生的话来说，这都是"常识性的真理"，而常识、真理都是最朴实的。

关于读什么书，如何读书，商友敬先生有几个观点，很值得注意，甚至是可以当作语文教学的警句来看的。

一曰"不读教科书以外的书，就无法长成人"（《书中自有……》）。这个观点，也是由哈钦斯先生的一段话引发的："如果教育是获取知识的话，则教育就应该让学生死记硬背事实。所以教科书的内容就应该主要是让学生死记硬背的事实。除此之外，还有令教师、学生以及教科书的作者都不安的考试，考试的内容多半是检查学生是否记住了课本上的事实。由此你便可以明白，为什么教科书必然使人感到厌倦。"（《西方名著入门·致读者》）可见，死记硬背教科书是一个世界性的教育问题。这里的问题有三：一是教科书本身如果有问题，比如存在着意识形态的遮蔽（如某些历史教科书）或科学性问题，那就会贻误后代；二是用死记硬背的方式读教科书，就会把学生培养成"书橱"，扼杀了独立思考的能力；三是只读教科书，是会把人的眼界变窄,思想变狭隘的。而商友敬先生此言,更是切中当下教育的时弊:应试教育的最大问题,就是使得中小学生(甚至他们的老师)"不读教科书(和教辅书)以外的书"。

二曰"读半懂的书"。详言之,就是"全懂的书不用读,全不懂的书不必读,要读就读只懂一半的书,这样才能逼你去探索,去思考,去追求,才能激发你的兴趣和求知的欲望,才有真正的收获"。商友敬先生说:"其实,我们从小到大就这么读过来的","由薄薄的小册子到厚厚的经典名著,由浅入深,就是不断地读'半懂的书',我们的进步就是不断地化'半懂'为'懂'"(《读半懂的书》)。真正的经典名著到最后也不会完全"懂","半懂"倒是正常状态,因此才能常读常新。这也正是读经典名著的意义和魅力所在。商友敬先生是主张青少年阅读经典名著的,他说:"少年时代多读名著,能使一个人眼界高、目光清、趣味雅、心胸阔。有了读名著的根基,就不至于堕入恶趣,就不至于成为一个浅俗的人。"(《名著最宜少年读》)而现在的问题正在于基本不读书,偶尔读点书,也只是图省事,读不用费力的书,即所谓"快餐阅读",其结果就是鲁迅说的"大口吞下的""并不是滋养品,是新袋子里的酸酒,红纸包里的烂肉"(《我们要批评家》),其后果就不仅是倒胃口而已。

三曰"书读不通畅,语文课不能及格"(《语文教育退思录》)。商友敬先生是主张"诵读"的,"放声地读,动情地读,读出一股气势来,读出一种气氛来,这是学习语文的最佳情境,是一种类似磁场一般的'语文场'"(《熟读深思子自知》,见《坚守讲台》)。他的依据在汉语言文字的特点就是"讲究声和气",不通过朗读,不能感悟字句中的"声情""气韵"和"见识"(《〈语文教育退思录〉》)。他还强调"读"和"思"的结合,因此,有"三境界"说:"学生只听先生读、先生讲","嘴也不动,心也不动,脑子更不动——此第一境也";"跟着先生读","嘴也动了,心也动了,但脑子未必动——此第二境也";"非但能大声读,读了之后还能静思默想","嘴也动了,心也动了,脑子更动了——此第三境也"(《梳理课堂——窦桂梅"课堂捉虫"手记》,见《坚守讲台》)。

三、师生乃"文章知己"

商友敬先生有一篇文章,题目叫《对话还是对立》(见《坚守讲台》),讨论教师与学生的关系,语文老师应以什么姿态出现在课堂上,创造一种什么样的课堂秩序和气氛? 他说:"教书,不外乎就是带着学生一起学习。语文教师,不外乎就是把自己觉得好的文章介绍给学生,让他们从中也读出好处,化而为自己的精神财富和语言资源;或者发现学生写作中的优点和不足之处,加以指点和引导,让他们的思路和语言文字越来越畅达。说到底,不过是师生之间结一个'文章知己'。"他还说一生中最让他感受到语文教学的真谛和乐趣的,是他晚年在老年大学里讲语文,因为在这里无须应试,学员学习语文也无功利目的,只为"怡情养性"。因此,他把自己的教学任务定位为"陪老人读书","不外乎是先把书读一遍,然后到课堂上与他们一起读,有什么感想大家交流交流,有什么疑难大家讨论讨论,读不懂的放在一边以后再说",这就真的成了"文章知己"了(《读教生涯漫忆》)。

于是,就有了"自由的对话,自在的交流,心灵的沟通"的"语文教学的理想状态"的自觉追求:"每个班级每个教室每个校园每间寝室都如同一个语言的'磁场'——在这个'磁场'中每一个分子(师、生)都处在极其活跃的呼吸吐纳状态。他们呼吸吐纳的就是如同清新的空气一般的新鲜活泼的语言。正如曾国藩《家书》中所说的:'如春雨之润花,如清渠之溉稻……如鱼之游水,如人之濯足。程子谓鱼跃于渊,活泼泼地。'——我对这'活泼泼地'教学状态最感兴趣,也最神往。只有进入到这种'活泼泼地'对话教学状态,人才能成为活泼泼的人；只有活泼泼的人才能成为一个有自由的思想和独立的人格的人，才是一个真人。"(《陪老人读书》《语文教学对话论》，见《坚守讲台》)

这就是"真人"商友敬心中永远的"语文教育诗"。

四、坚守讲台

这是商友敬先生最后一部著作的书名。他说："我应该怀着惭愧而又幸福的心情，坚守在这小小的讲台。"(《〈坚守讲台〉自序》)他懂得站在讲台上的意义：他感到幸福，他说："教书是一件极其愉快的乐事，快乐的根源是师生的心灵在知识中相遇，得到共鸣与和谐，并能在碰撞中产生智慧的火花。"他同时感到"惭愧"，因为他"教，然后知困"，他说："一个教师能在教学中越来越困惑，越来越感到自己知识修养不够用"，这是一个"更高的境界"(《〈语文教育退思录〉代序》)。

商友敬先生在所编的最后一本书《过去的教师》(教育科学出版社2007年版)里，这样描述"过去的教师"："他们就站在那里教书，挺直地站着，上对历史文化负责，下对莘莘学子负责。"(《〈过去的教师〉前言》)

商友敬先生这样谈到自己："坚守在这小小的讲台，我还要继续读下去，想下去，写下去……"(《〈坚守讲台〉自序》)。

是的，他还站在讲台上，从容而安详。

2008年4月25日，送别商友敬先生之日，写于北京，遥寄哀思，四日后写毕

语文教师的专业修养问题

——在陈日亮语文教育思想研讨会上的发言

　　我每次来福建，都会讨论到"语文教师"的问题。我曾先后说过三句话：语文教师应该是"思想者"，讲的是语文教师作为一个知识分子应有的自由、独立思想；语文教师应该是"可爱的人"，讲的是对学生精神成长影响最大的语文教师的人格魅力；语文教师应该是"杂家"，讲的是语文教师的知识结构。但都没有涉及语文教师的专业修养的问题。而这正是陈日亮老师所要强调的，他提出了一个"语文学家"的概念，他说："我们的语文教师都应该在教育过程中使自己成为语文学家。"——这是一个非常重要的概念，值得认真琢磨。

　　所谓"语文学家"，我体会应该包括两个层面，或者说有两个方面的要求。首先要对中国的汉语有一种"文化渴求"（这是日亮老师所提出的一个概念）和融入生命的把握。有一个基本事实，却是很少有人去想的：语文老师是干什么的？ 语文老师是教汉语的，说俗白一点，我们是吃汉语饭的。那么，掌握汉语，尽可能达到精通，就应该是我们的基本功，这是我们的看家本领，是我们吃这碗饭的资本。陈日亮老师说了一句话，很耐人寻味："语文教师应该自己感觉是一个学者，而他人则感觉他是一个诗人。"前半句好理解：语文教师不仅要熟悉语言学知识，而且要对汉语有自己的独特理解与感悟；后一句我理解就是语文教师对汉语不仅要懂，更要像诗人那样，沉迷于其间,陶醉于其间,在把玩、吟诵之中,感到极大的乐趣。

这也是陈日亮老师反复强调的,"对语文产生兴趣源于对祖国语言文字的热爱。我敢说没有一门学科有像语文这样需要倾以爱心和热情去学习",学语文,最重要的就是感悟"语文的兴味",教语文,在某种意义上可以说就是传达"学习语文的兴味","所谓语文的人文性,常常就是调和在这样一种兴味之中,对人起着潜移默化的作用"。为什么陈日亮这样的老教师教了一辈子语文,始终"不厌不弃且自喜自足",就是因为他们时刻沉醉在"学习语文的兴味"中,或者说,他们对祖国的汉语有一种永不满足的"文化渴求"。

"文化渴求",这也是一个颇耐琢磨的概念。我体会这里包含着对汉语言文字的一种深刻的理解与把握:汉字的最大特点,就是它本身就内蕴着、积淀着一种文化,因此,对汉字的书写、识辨、把玩,就能够满足我们对"文化的渴求"。或者说,汉字是需要在书写中去把握的,汉字不仅是一种交流的工具,更是一种可供把玩的艺术品。这就是为什么作为语文教师的陈日亮,同时又是一个书法家的原因。陈日亮老师特地引述语言学家陈原的话:"语言、音乐、雕塑、绘画、建筑,其实都是相通的——都是传递信息的媒介。《长恨歌》、《木兰辞》、《命运》敲门那四个音符、《思想者》的姿态、甲骨片上的卜辞,还有铜刻、碑刻和岩画上的形象,常常在我的大脑中浑然一体——这是语义系统和感情信息的混合。"由此引出的是一个"大语文"的概念。讲狭窄一点,就是"语言文字艺术和书法艺术、篆刻艺术的统一",讲宽泛一点,就是"语言、音乐、雕塑、绘画、建筑的统一"。

以上的讨论,对我们可以有两点启示。一是为了语文教师的素养的培育,最起码的,语文老师应该学习书法,写一笔好字。——记得"文革"前,我在中等师范学校教书,讲究基本功训练,就是要练习写好三笔字:毛笔字、钢笔字、粉笔字。现在这个传统大概早已丢失了。其次,作为业余的文化修养,建议年轻的语文老师不妨涉猎一点音乐、美术、建筑、影视、戏剧、舞蹈这样的相关艺术领域,懂一点常识,培养一种兴趣。——我强调这一点,其实是隐含着我自己的人生教训的,我最大的遗憾,就是年轻时没有好好练字,兴趣太狭窄,没有一点文人趣味。我常说我们是没有趣味,没有文化的一代人;我研究鲁迅,恰恰在这一点上,与鲁迅相距甚远,这也妨碍了我对鲁迅的理解与接近,这可以算是我的一个隐痛吧。在这个意义上,我是连一个好的语文老师也算不上的。因此,特别希望年轻的一代语文老师有一种更阔大的"文化渴求",追求一个"大语文"的境界,这样才能真正进入汉语世界,感受、感悟其无穷无尽的兴味,获得享用终身的学汉语,教汉语的乐趣。——在我看来,这正是陈日亮老师能够成为如此出色的语文老师的奥秘所在。

这里也涉及我们语文教学的问题。我在北京和一些朋友聊天,谈到在这个网络的时代,人们习惯于敲键盘,不习惯写字了,这样下去,年轻一代就不会写字了。在我看来,这又从另一方面构成了汉语危机:不习惯、不会写字,丢掉的是汉字里的文化。因此,我们的中小学语文教育,必须加强写字、书法这一教学环节,而且要注意引导学生感悟字里的文化韵味。——这一点也很重要:因为有的学校看起来似乎也很重视书法教育,举行各种书法比赛,但慢慢地却变了味:书法成了纯粹的技巧技术,而失去了内在的文化韵味,这也是违背我们的教育目的的。

话扯远了,我们再来接着谈陈日亮老师的另一个重要观点。他说:"一个好的语文教师(首先应该是合格的教师吧),必须具备对于语言表达的敏锐的规范感,对准确、妥帖、简练的语言的瞬间感觉与判断,而与其相应的,则是迅速作出更动、修改、补充、调适的言语反应。可见,语感并不仅仅是对语言和言语作积极修辞的反应。基础教育对语文教师语文素质的第一要求,应该是具备敏锐而正确的规范意识和感应能力。"我们在前面讲语文老师要能够感悟与把握汉语的"兴味",其实就是陈日亮老师这里所说的"对语言和言语作积极修辞反应"的"语感",即是对语言和言语的精微美妙之处,有一种会心,一种敏锐的瞬间感觉和判断。

但陈日亮老师更要强调的,是语文教师的规范感,这也有两个方面,一是对"准确、妥帖、简练"的语言的瞬间感觉和判断,另一是对不妥帖的语言的"更动",不规范的语言的"修改",不准确的语言的"补充、调适"的"言语反应"。陈日亮老师作这样的强调,是出于他对中小学语文教育的基础性质的认识与把握。在他看来,基础教育必须以学生基本语言能力的训练和习惯养成为中心,而基本的语言表达的"第一要求"就是能够"准确、妥帖、简练"地表达自己的意见。——这一点恰恰是许多语文老师所忽略的,正像陈日亮老师在《呼唤严谨求实的语文学风》一文里所说,所谓语文高考"优卷"里,充斥其中的尽是"罗列材料,铺排事例,大量借助修辞手法和各种花哨的所谓诗化语言,再加上真假难辨的旁征博引,来路不明的哲理警句,作丰富深刻状"的文字垃圾,这和我们不注意基本的朴实、准确的表达要求,而一味追求文字的华丽的作文指导是直接相关的。影响所及,我们的许多学生已经不会老老实实、清清楚楚、明明白白地好好说话了。与这样的华丽之风相伴的问题是,现在学生的写作越来越不规范了:错别字连篇,自造词语、病句比比皆是。这更是语文教育的失职。语文教育是一种科班教育,它与自学最大的区别,就是讲规范。陈日亮老师把问题提到这样的高度,说基础教育对语文教师语文素质的"第一要求",就是要具备规范意识和感应能力。所谓"规范意识",就是无论写字、遣词、造句,还是使用标点,都要讲规范;另一方面,就是对错别字,对乱点标点,对不规范的用词、病句,有一种特殊的敏感,即所谓"瞬间感觉和判断",不假思索就作出近乎本能的反应。我自己大概是因为当过中学语文老师,直到现在,还保持着这样的习惯,无论走到哪里,在什么地方,只要看见错别字、错误的标点、病句，就觉得不顺眼，心里别扭，恨不得马上就像改作文那样提笔把它改过来：这就是语文老师的职业习惯。说难听一点，这是职业病；说好听一点，就是职业责任感。记得我还在读中学时，《人民日报》还发过一篇社论，号召要"为纯洁祖国语言而斗争"，我写了一篇《读报心得》，语文老师大为赞赏，或许就在那一刻，我就与语文老师终生结缘了。"天降大任于斯人也"，语文老师天生就是要做规范语言的工作，要做捍卫语言纯洁、语言文明的卫士。正像陈日亮老师所说，我们对学生语言能力的训练，最后要形成习惯；语文教师对语言的规范意识、感应能力，最后也要形成习惯，这就是我前面所说的要融入生命，成为本能。

陈日亮老师讲语文老师应该成为"语文家"，还有另一层意思：尽管如前所说，汉语修养应是语文老师的基本素养，但语文老师是教汉语的，而不是研究汉语的，这就是"语文家"不同于"语言学家"的地方：他不仅关注语言本身，更关注语言如何生成，怎样掌握与运用语言，也就是说，语文老师关注的是"语用学"。因此，语文老师必须掌握最基础的语文知识，同时又要掌握最基本的语文技能，这就涉及汉语的教学法的问题。在这方面，陈日亮老师有许多宝贵的经验和精彩的论述，我的论文里已有涉及，这里就不多说了。只就我们讨论的有关语文老师的修养问题，对陈日亮老师的两个观点稍作阐释。

陈日亮老师的语文教学法中有两个关键词，一是"诵读"，二是"琢磨"。关于对语言的"琢磨"，前面已有所涉及，这里重点谈"诵读"。陈日亮老师在与王立根老师的通信中有一段精彩而感人的论述："你平时读书可有读出声的习惯？我是有的，尤其是遇到情文并茂的文章，我总要来一番密咏恬吟；快意之间，仿佛那就是自己的亲闻亲历，所思所感似的。我想三味书屋里那位寿老先生吟哦'铁如意指挥倜傥'时那般得意忘形，恐怕特已到了分不清谁是作者谁是读者的境界了吧？""古人所说读书要'使其言若出吾之口，其意若出吾之心'，我看只要训练得法，养成习惯，是不难克奏肤功的。"前面我们说，写一笔好字，应是语文老师的基本功；那么，我们现在又要补充一点，声情并茂的诵读能力，也应该是语文老师的基本功。

在我看来，强调诵读，也是由汉语的特点所决定的。周作人曾经说过，汉语的特点，一是具有装饰性，另一就是具有音乐性。中国的古文，特别是骈文，具有强烈的音乐性，所以才有陈日亮老师特意提到的寿老先生的忘情吟哦。就是鲁迅的语言也有音乐性，我曾写过文章，作过专门的讨论，并且说：鲁迅"作品里的那种韵味，那种浓烈而千旋万转的情感，里面那些可意会不能言传的东西，都需要通过朗读来触动你的心灵"。记得上一次来福建我就强调过这一点，陈日亮老师是支持我的意见的，他还作了一个重要的补充：朗读不是为朗读而朗读，也不能只注意朗读的形式、技巧，而是要用心去贴近文本，达到和作者心灵的交融，也就是他所说的"使其言若出吾之口，其意若出吾之心"。追求主客体的交融，其实也是中国文学、文化的一个特点。

中学语文教学对学生语言能力的培育，还有一个重要环节，就是语文老师课堂教学语言的示范与熏陶。这也是陈日亮老师关照的重点，他对此有很深入的思考。大体有这样几个要点。

首先是"诗情与理性"的结合。一方面，是语言的"恰当""简洁""逻辑性"与"清晰度"，这与前文谈到的他对语言规范性的要求是一致的；另一方面，则要求"声情并茂"，注重的是教师语言的感染力。

其次是语言的"变化"与"节奏感"。这里包括音量的大小，语速的"调适""弹性"，"长短句的穿插，口语板书之相映"，"用语如泼与惜唾如金"的交错，以及"要有一点轻松感、幽默感，要带一点软性"，等等。

再次是"教学语言的生活味道和文化色彩"，因此，要"区别说话语气和教学语气","向书面语吸取,向口头语吸取"。

最后,要注意与学生的交流,"要善于反听、调适,作必要的重复",用"启发、激发、生发"的不同方式和学生对话。

从以上几个方面注意语文教师的课堂教学语言,用陈日亮老师自己的话来说,真可谓"处处留心,步步讲究",这是真正把课堂教学艺术化了。既精心设计,又一切出于自然,就像作文一样,在"做"与"不做"之间达到巧妙的平衡。在我的感觉中,陈日亮老师对语文教师的教学语言的这些要求,都是出于对汉语的特点的把握,也就是说,他其实就是要求语文教师把汉语的优长之处充分运用,尽量发挥,以形成一个优化的语言场,学生浸染其间,是会在潜移默化之中进入汉语世界的。我们所要营造的,是一个汉语家园:这也就是语文教育的意义和本质所在。

阅读教学历史经验的两个基本总结

——读陈日亮《如是我读——语文教学文本解读个案》

陈日亮老师在2007年出版的《我即语文》里，曾语重心长地指出，语文教育最难的，是建设；而建设之路，不是坐而论道，而是走下去，研究老师教语文的个案，在总结教学经验和教训中，"发现机理，穷究本然"，从而形成新的理念，找出解决语文教学中的问题的方法（《退一步与走下去》）。陈老师不但"知"而且"行"，这些年一直在教学第一线，听课、研究课例、细读课文、思考、总结，积数年之功，出版了《如是我读——语文教学文本解读个案》（华东师范大学出版社2011年版）。此书不但提供了教学文本解读的范例，具有很大的可操作性，而且面对当下语文教学实际，总结历史经验教训，提出了语文阅读教学的一个基本概念和一个重要原则，具有很高的理论与实践价值。当年我读《我即语文》时即有"于我心有戚戚焉"之感，这回读《如我是读》，更感到陈老师的想法，和我这些年在中学讲鲁迅作品的经验，以及在写文本解读文章时的思考，有诸多不谋而合之处。因此，下面的讨论，主要依据陈老师的论述，也包含我的某些理解与发挥。

一个概念："教学文本"

陈老师在书的《自序》里，开宗明义——

　　从面向一般读者的文章作品进入语文教材，从文本变为课本，直接面对学生读者，文本还是那个文本，而解读却多了两个向度：学生的和教师的。解读的价值取向，不但是要正确读出文本的原有信息，同时还要能够读出如何正确阅读信息的"信息"，有学者称之为"言语智慧"。若能够注意及此，教师面对一般的文本解读就会有所弃取，就会依据"学情"更实际、更精细地考虑教学目标，确定更有效的教学内容。不少教师反映，读了专家的文本解读，分析鉴赏能力提高了，可是一旦到了备课的环节，需要考虑在教学层面操作时，却又感到为难，原因也许就在这里：他不懂得作第二遍的"解读"，即进入课程的"教学文本解读"。这种解读，必须以正确的"一般文本解读"为基础，然而更需要因时因地因对象的主观因素的加入，使得经过"教学筛滤"的文本解读，有着从"教"与"学"切入的深度和广度，更具体生动地体现文本、学生、教师三方互动而创生的解读语境。这样，每一篇课文和每一节课真正应该"教什么"，就能有效地落到实处。

　　这其实是抓住了当前语文阅读教学中的一个关键问题的：许多教师"备课多半搬用一般文本解读的现成结论，将'教参''教师用书'或专家学者的作品分析照单全收"，课堂上照本宣科，结果是只"在文本表面滑行"，老师和学生都昏昏然，不知所云（《〈如是我读〉自序》）。而另一些教师倒是十分认真，他们在备课时，读了大量参考资料，也有独立思考，上课时就把研读心得全部倾泻给学生，自己讲得眉飞色舞，学生依旧昏昏然。这里的根本问题，是混淆了一般阅读和阅读教学的界限，没有区分"阅读文本"和"教学文本"，说到底，就是心中没有语文课程的概念，是一种非语文课的阅读。现在，陈老师明确提出教学文本的概念，就是提醒语文老师们：要用课程的观念、方式,去进行阅读教学。

所谓"课程",是包含了两个方面的含义的。

首先,这是"教学课程",因此,就包含了教师的"教"与学生的"学"这两种主体性介入,而根本有别于个体的阅读,也不同于读书俱乐部的讨论式阅读。如陈老师所言,这里存在着一个"体现文本、学生、教师三方面互动的解读语境",而文本的后面是作者,因此也可以说,阅读教学就是一个文本的作者、教师、学生三者的互动过程。而陈老师要强调的是,这样的互动是"人"的"心"的互动。这涉及对语文课程性质的理解:陈老师早在《我即语文》里即指出:语文是一门"心灵的学科","课文应该成为学生内心体验的源泉,课堂上要有情感生活,有心智活动,语文教学如果不能让学生凭借语言感悟、怡情、益趣,那就是失败的教学"[《语文教臆(上)》]。为此,他反复申说一点:语文教学文本解读,一定要有"人",而且聚焦于人的"心灵"世界——这就是他所提出的"以心契心"。具体说来,有三个方面。

首先,品读文本,要"从中读出一个'人'来"(《〈故都的秋〉的秋味品读》),即所谓"貌其神韵,探得心源"(《〈再别康桥〉的三个意象》)。这自然是有针对性的。在谈到《荷塘月色》的教学时,陈老师即指出,"读者和教者,多把鉴赏的兴趣集中于文章写荷塘月色的部分",问题在于,"往往只把它作为单一的景物画面来赏析,即分所谓'月下的荷塘'和'荷塘上的月色',且多半从修辞角度品味写景的美妙。目中只有景色,却忽略了景中之人。是夜之月只是朱先生之月,是夜之荷也只是朱先生之荷,换上另一个夜晚,朱先生看到的必是另一番荷塘月色。那么,这个夜晚,他有着一种什么样的心情感觉呢?若不准确地了解这一点,对所谓的情景交融,我们领略起来就终究隔着一层"(《〈荷塘月色〉:怎样"超出"平常的自己》)。这正是在语文教学中一直深有影响的知性教学的弊端所在:"目中只有景色",更准确地说,只有关于景物描写的知识,而没有"景中之人"。这些年盛行的泛人文教育,表面上看,似乎既有"人"又有"文",其实际所有的却往往只是关于人文的话题,依然是"目中无人",更无"文心"。两种倾向看似两个极端,却殊途同归:都是"心(作者之心、教师之心、学生之心)不在场",因此是反语文的。

陈老师在《〈再别康桥〉的三个意象》里,特意引述了巴尔扎克的一段话:"真正懂得诗的人,会把作者诗句中只透露一星半点的东西拿到自己心中去发展。"这里实际上提出了一个重要的要求:教师在解读教学文本时,首先要把文本"放到自己心中去发展"。在某种意义上,这可以说是阅读教学的一个关键点:前面说到语文阅读教学既不同于个人阅读,也不同于读书俱乐部的讨论式阅读,原因就在于课堂的阅读教学是以教师为主导的,即使有阅读讨论也是以教师的引导为前提的。如陈老师所说,"阅读教学的任务,是必须首先教学生读出作者的感受,进而'以心契心',与之交流对话,加入情感意义更丰富更深刻更美妙的审美创造过程"(《〈春〉"拆卸"了还有美吗》)。阅读并不只是被动地接受,还需要读者主体的"审美再创造";而作为特殊读者的课堂上的学生,他的审美再创造,是在教师引导下进行的,这就要求教师首先要把文本"放到自己心中"进行审美创造。阅读教学的备课,其实是要下三道功夫的:首先"文入心中",教师用自己的心感受文本;再"由文入心",从文本的字里行间读出作者的心,进行审美的再创造;最后还要考查学生之心,以确定教学的目标。只有把这三道功夫做足了,才会有课堂上的作者、教师、学生之心的交流、契合。"以心契心"的关键,是教师之心的进入与主导。

当然,最后要落实到学生的心的契入,这是阅读教学的出发点与归结处;在这个意义上可以说阅读教学的主体应该是学生。因此,陈老师又提出要"根据'学情'更实际更精细地考虑教学目标,确定更有效的教学内容"(《〈如是我读〉自序》),这是抓住了阅读教学,实际也是整个语文教学的又一个关键点。陈老师在他的这本新著里,几乎讲到每一篇教学文本的解读都要强调这一点。在其不断的论述中,我觉得有三点很值得注意。

陈老师在《〈沁园春·长沙〉上阕的三个关键词》里,写到了这样一个教学场景:一个学生问老师:"独立寒秋"的"独立"有什么值得揣摩的吗?老师竟很不屑地答道:"独立"不就是独自站着?有什么好问的?陈老师就此评论说:"看来这个学生的语感可能强过老师",他凭着艺术直觉抓住了《长沙》的关键词,老师本可因势利导,引发学生展开想象和联想,由此契入诗人的内心世界,但却因缺乏对学生感悟力的尊重而错失教学良机。陈老师因此郑重提出:"尊重学生的每一个发问和质疑,发现适时引导的契机,既是教学的智慧,更是为教者的道德。可不慎乎?"这背后也有一个认识问题:学生对教学文本的直觉、感悟、疑惑,应该是阅读教学的基础和起点。它们常常"潜藏或孕育在学生的心里,只是很模糊,完全是自发的,在还没有形成足够语感的情形下,稍纵即逝,未能形成自觉",教师的任务正是要将这样的朦胧、自发的感悟,引导成为自觉的体察,从中培育学生的语感,并形成能力与习惯。

当然,学生的直觉、感悟、理解也会有片面性,以至误读与曲解。我们讲尊重学生的感悟、理解,决不意味着放弃教师引导、纠正、补充的责任(《〈小狗包弟〉需要探究什么》)。这里也有一个对"多元解读"的认识误区:有些教师把"多元解读"理解为"一切解读都是合理的"的相对主义,因此对学生完全错误的理解和离题的发挥,不敢予以纠正,从而造成了阅读和阅读教学的混乱:这样的情况在当下阅读教学中是屡见不鲜的。陈老师因此一再提醒老师们:"多元"是"有界"的,文本的内涵是有一个"基本边界"的,固然"一千个读者就有一千个哈姆雷特",但王子的面目,还是有一个"基本的模样"

的,因此必须"防止把思想内涵和外延随意地凿深、扩大、泛化,使得作品面目反而模糊不清,写作意图终于无所适从"(《课文答问十则》)。在我看来,如果放任学生随意解读文本,很可能会养成不认真探究文本字、词、句、篇章,弄懂原意而望文生义,胡乱猜测、发挥的读书坏习惯,影响是更深远而恶劣的。

这同时也启示我们:尽管教学文本解读,有教师和学生的主体参与,需要审美的再创造;但这样的参与和再创造,也是有边界,有限度的:它必须以接近、深化文本的原生态为基础与目的。这也是陈老师所要强调的:教学文本解读,"它既是原生的,也是创生的,然而从本质意义上说,则可能是最具生态价值的真正的'元阅读'"(《〈荷塘月色〉:怎样"超出"平常的自己》)。

在引导学生解读教学文本时,还应该遵循一条原则:要把握好"解读分寸"(《〈风筝〉解读分寸的掌握》)。这就是说,课堂的文本解读,不能以"教师认为"要解读什么,解读到什么程度为准则,而是要"从学生'实际应该学什么'和'真正学到什么'的角度去考量"(《〈烛之武退秦师〉叙事的"层析"艺术》)。而"学生实际应该学什么",不仅取决于我们在下文所要讨论的教育要求,也决定于学生的接受水平与能力,这也构成了解读的一个限度。如陈老师在谈到鲁迅的《风筝》时所说,"对于初中一年级(义务教育七年级)学生来说,这篇情感内涵如此丰富深湛,而表达又如此摇曳跌宕的散文诗,可谓是'醍醐',但却不能拿它'灌顶'",而必须"有所讲"(讲其应该懂,而又经过引导能够懂的),"有所不讲"(不讲其无须懂也懂不了的),这就是把握"解读的分寸"。陈老师因此明确提出:"对中学生来说,要求'讲深讲透'鲁迅作品是不适宜的。只要在大体感受、理解其思想感情的基础上,借助反复的诵读、熟读,让他们从感知鲁迅、接受鲁迅到走近鲁迅、亲近鲁迅,就可以了。"(《〈记念刘和珍君〉:非诵读不能尽弃哀愤》)这也是我这些年在中学讲鲁迅一直强调的观点；而且在我看来，"不必也不能讲深讲透"应是一个普遍的阅读教育原则：不仅适宜于鲁迅作品教学，而且是一切经典作品教学，以至所有的语文教学文本的解读，都应遵守的。这里还涉及一个如何处理"一桶水"和"一杯水"的关系问题。陈老师说得好："不准备好'一桶'，想倒出'一杯'就很勉强；然而，若不研究把'一桶'里的哪些'水'装进'一杯'里，只管乱倒一气，倒翻了杯子，则可能什么也没有留下。所以关键是在对学情有所了解研究，知道学生读这首诗有什么期待，阅读时可能抵达的层次和可能遇到的困惑，从而决定那'一桶水'将如何取舍，怎样采摘。"由此决定的是"删繁就简"的教学原则："广义地说，教师的'一桶水'几乎是无穷尽的，但就一篇课文的准备来说，这'一桶水'应该紧紧围绕教学的重点和难点积累资源，而无须涉及较多。"（《〈蜀道难〉的奇想架构》）

　　决定教学文本解读取舍，教学重点和难点的确定的，还有一个重要因素，即教学的目的与要求。这就涉及作为语文课程的教学文本解读的第二个方面：它是一个有教育目的、标准、要求的教育活动。而这样的教育目的、标准、要求不仅体现在国家公布的《课程标准》上，而且具体落实到教材——教材的选文、编排以至具体课文的练习设计上。这就是说，教学文本和一般文本的区别，就在于它一旦选入教材，就不是孤立的文本，而是处于教材结构中的文本，它不但和同一或不同教材单元里的其他文本构成了相互补充、对比的复杂关系，而且自身也承担着教材编写者所设定的具体的课文教学目的和任务。这对课堂上的阅读教学该讲什么、怎样讲，是构成了制约的。陈老师也因此一再提醒年轻的教师：要"充分吃透教材"，不仅要注意领会"教材所显示的编者意图"，而且要"注意研究和利用课文所提供的练习"，因为"从最起码的要求来说，完成课后的研讨与练习，乃是落实课文'教学内容'之必由"。而现实的语文阅读教学中，只就文本教文本，而不肯下功夫认真地吃透教材编写者的意图，包括选文及其单元组合，特别是课后练习的编排设计，恐怕是一个普遍现象，在陈老师看来，这正是"我们的课堂教学虚耗低效，甚至'不知道教什么'"的重要原因（《〈烛之武退秦师〉叙事的"层析"艺术》）。当然，也还有另一种倾向，就是机械地按照练习的设计进行教学，以学生记住教参中的标准答案为教学的全部目的。这不仅完全背离了语文教学的本意，而且把教材中的练习设计和教参的所谓标准答案神圣化、凝固化，更有可能造成误导：陈老师在其书中就对许多练习的设计和教参的说法，提出了质疑。这就是说，我们既要充分尊重、重视教材编写者的意图、设计，同时也要有作为教材使用者的独立思考、判断和创造性处理。陈老师说，教师要善于找到"'教标'（教学目标）和'学情'的最佳结合点"（《〈烛之武退秦师〉叙事的"层析"艺术》）。这也是要通过教师的创造性劳动来实现的。

现在我们已经可以看得很清楚：语文课的阅读教学，教学文本的解读，参与其间的，不仅有作为文本创造者的作者，还有把文本处理为教材（教学文本）的编者，他们都隐藏在教学文本的背后；在教学的现场，则有共同解读教学文本的教师与学生：正是这四种生命力量的相互作用，才构成了教学文本解读这一生动、复杂、丰富的生命运动，这大概就是我们通常所说的语文阅读教学的本质所在吧。

紧接的问题是：如何进行教学文本解读？于是，就有了我们所要讨论的第二个问题——

一个原则：从"怎么写"到"写什么"，从形式入手达到形式与内容的统一

陈老师这本《如是我读》，有一个一以贯之的主旨，也是他的基本的阅读教学观和语文学科观——

　　语文课不是教"内容"的课，而是教"形式"的课，更准确地说，是教"怎样从形式到达内容"的课。也可以换个说法，语文主要不是教"是什么"的学科，而是教"怎么样"的学科。不是说"是什么"不重要，但再重要也要通过"怎么样"去成功抵达。"怎么样"就是《课程标准》说的"过程和方法"，这"过程和方法"只能在语言文字中探求，也就是叶圣陶先生所说的"侧重形式的讨究"。如果一定要在一篇具体课文的教学中讲究什么是人文性和工具性，那么"是什么"即人文，"怎么样"即工具。在具体的文本中，"是什么"不可能是一般的"什么"，而是"怎么样的什么"；"怎么样"也不可能是一般的"怎么样"，而是"什么的怎么样"。因此，"人文"与"工具"（科学的表达应该是内容与形式）总是相互依存，一而二，二而一。《课程标准》谓之"统一"。因此，从形式入手，学会解读出"怎么样的什么"，就不至于将二者剥离。这样，才能保证将语文课真正上成语文课。

　　陈老师坦言，他写这本《如是我读》，就是要发出一个倡导：希望"语文老师都来重视侧重语言形式讨究的'教学文本解读'"（《〈如是我读〉自序》）。

　　把语文课看作是"怎样从形式到达内容的课"，这反映了陈老师对语文学科性质的认识。早在《我即语文》里，他就提出了"文心"的概念，我曾著文谈到我的理解：这是在强调语文课是"培育'文心'的学科"，它对学生的心灵影响，主要是因"文"而及"心"，通过语言文字的熏陶和训练而育其"心"以及为"文"的能力和习惯，这两者应是同一个过程，既没有无"心"之"文"，也没有无"文"之"心"（《以心契心的交流，弥足珍贵的"个案"——陈日亮〈我即语文〉序》）。现在，陈老师更明确地提出，要更侧重语文形式，从形式（文）入手，以到达形式（文）和内容（心）的统一，这显然是他的"文心"语文观的一个明晰化与发展。

我想从另一个角度来谈谈我的认识。陈老师在书中谈到,他主张将阅读教学和写作教学的教学目标分开(《〈春〉"拆卸"了还有美吗》)。在我看来,写作和阅读是两个不同的过程。写作是先有"心",再有"文",心有所动,先有了表达思想和情感的冲动,然后再考虑如何作文字的表达,是一个"由心到文"的过程。因此,作文教学就不能光谈"怎么写",而是先要引导学生"写什么",提高学生的观察力、想象力、思考力,激发学生的情感,培育学生的写作欲望,再引导学生寻找和他所要表达的内容相适应的写作形式、技巧和方法。而阅读是一个反向运动:"由文见心"。先接触到语言文字,通过对文字表达的琢磨,才触摸到作者的心灵世界。因此,阅读教学就必须从"如何写"入手,引导学生理解"文"的字面之"意",进一步体味"文"外之"意",由此体会作者要"写什么",理解作者的写作意图、思想、情感,进入他的内心世界。这就是说,阅读教学,教学文本的解读,必须从"怎么写"入手看"写什么",由文见心,循文而会意。这和陈老师所说的"从形式到达内容",最终达到"教学内容和形式的统一"应是同一个意思(《〈奥斯维辛没有什么新闻〉:果真是没有吗》)。

陈老师说:"强调咬文嚼字,培养学生到字里行间去自主发现和自求索解的习惯",这是"转变语文学习的方式的当务之急"。他还特地引述朱光潜的话:"无论阅读或写作,我们必须有一字不肯放松的谨严!"并且作了这样的发挥:"重视谨严,教好谨严,学会谨严,是语文课程的生命。咬文嚼字则是训练谨严的不二法门,唯一功夫。语文课程如果真有所谓的'三维目标',亦只需用'咬文嚼字'一矢中的,不使用好这支箭矢,任何目标都只是虚设。"(《〈如是我读〉自序》)用词如此之重,可见陈老师内心的焦虑。在我看来,这是有充足的理由的,而且是有极强的现实针对性的。陈老师在书中特地描述了一些教学场景，是我们熟知而习以为常的：老师讲朱自清的《春》，"读了一段或一句两句，就把'景'抽象出来分析，什么春花图、春风图、春雨图呀，什么比喻、拟人、排比呀，还有短句、倒装句、叠词运用呀，杂糅在诵读之中的这些写作知识，破坏了整体画面的美感"（《〈春〉"拆卸"了还有美吗》）。还有到处可见的课堂里的"学生与文本的无效对话"（《〈动物游戏之谜〉：从语言表达领悟科学思维》），就是所谓的"问题探究"，"教《背影》探讨父子关系，教《杨修之死》探讨妒贤嫉能，教《拿来主义》探讨中外文化交流，教《项链》探讨命运的偶然性"，等等。如陈老师所说，这些探讨"也许都不无意义"，但却与语文课无关，因为它"不是在课内指导学生进行'元读'的拓展，而只能看成是将小说的'话题'拿到课外做引申，开展'研究性学习'"（《〈我的叔叔于勒〉的"意义创构"及其他》）。陈老师从这些人们熟视无睹的教学现象背后，敏锐地抓住了当下语文阅读教学中的两个最普遍，也最严重的问题：一是抽离文本讲知识，这就是前文已经提到的知性教学的持续影响，二是抽离文本讲话题，这是近年风行的泛人文教育。两者看似两个极端，一强调"工具"，一强调"人文"，其实却有内在本质的一致，即叶圣陶先生所批评的"抽出而讲之"，或以文本作为例证，大讲从语法、修辞书里抄来的知识，或以文本作为引子，大谈道听途说的、自以为是的流行话题，共同特点就是抽离了文本。陈老师一语道破问题的实质："讲解课文，是放进文本中去讲，还是抽出文本来讲，乃是区分是人文熏陶还是人文说教，是工具性和人文性相互统一还是彼此剥离，是语文课还是非语文课的唯一分水岭。"（《〈我的叔叔于勒〉的"意义创构"及其他》）之所以说是"非语文课"，就是因为在这样的"抽出而讲之"的阅读课堂上，是既无"文"也无"心"的。陈老师说得好："语文从根本上说，并不是一门知识课、真理课，而是经验课、暮习课。文本所提供的鲜活的语言图景，永远高过和优于一切灰色的概念和生硬的教条。"

(《〈拿来主义〉应该"拿"什么来教》)

　　还有这样一句沉重的话："我听过很多课,总希望能听到由教师精彩地主讲乃至串讲一篇课文,给学生作完整的细致的示范解读,可是已经几近绝望。"陈老师因此决心亲自作"不抽出"文本的试验解读(《〈如是我读〉自序》)。本书所提供的"完整的细致的示范解读"是一次建设性的努力,也是第一线的语文老师所急需的,它已经具体而有说服力地回答了应该怎样"从形式入手,解读出'怎么样的什么'",这里就不再多说。可以再稍加申说的,是陈老师在示范解读时随机发表的一些意见,算是我的读后心得吧。

　　陈老师说,在阅读文本前,有必要"清空一下脑子"(《〈再别康桥〉的三个意象》)。这是一个重要而及时的提醒。因为不要说学生,连我们这些教语文的老师,在长时间的语文教育和熏陶下,已经形成、积淀了太多的思维定式、阅读成见。例如,一读到写景散文,就几乎本能地冒出"移步换景""情随景迁"等现成的分析术语、概念,便拿来照搬照套(《〈荷塘月色〉:怎样"超出"平常的自己》)。我们还"习惯于采用'立论、驳论、论点、论据、论证'的文体知识来'验证'、'验收'一篇说理议论的文章;如果没能一一对号入座,就用'提出问题、分析问题、解决问题'来认识全篇结构",这样一套解读议论文的模式,用于一般议论文有时还可凑合,一旦遇到鲁迅的杂文,"'议论三要素'难免招架不住,只好胡乱应付"了(《〈拿来主义〉应该"拿"什么来教》)。还有"许多标签式的文学批评术语、成语、四字语的大拼贴",如"正面描写""侧面描写"之类,也笼罩着、操控着我们的阅读教学,仿佛教师"只需记住些文章分析的熟语套话,就可以应付自如了"(《〈林黛玉进贾府〉就看"人物出场"》)。我们"只习惯用读散文的思维去读诗",其结果是永远"站在诗的门外,连一脚都没有跨入"(《〈短歌行〉诗绪的飘忽与连缀》)。凡此种种,都说明"我们似乎已经习惯于(也就是不自觉地)把一个先验的东西植入阅读过程,而使真实的阅读产生扭曲,变得虚假"(《〈羚羊木雕〉能读出什么样的感情倾向》)。所谓"真实的阅读",一是要真正从文本出发,而不是从先验的观念出发,二是要教师从自己的感悟出发,而不是盲目地用别人的权威解读代替自己的独立解读。陈老师告诫我们在阅读课文时先要"清空脑子",就是要摆脱一切习惯思维、先验模式、阅读成见,直面文本,珍惜自己的直觉与感悟,以此作为解读文本的基础与起点。我主张在一开始备课时不要看任何参考资料,在对文本有了自己的初步感悟和理解之后,才可以适当地看看他人的解读,并和自己最初的解读相对照,以作补充、校正、深化,形成个人的独立解读。

"以文解文"是陈老师提出的又一个重要原则,就是说,"尽可能在'本文'里把'本文'读懂","不必到本文外面去'搬救兵'"(《〈如是我读〉自序》)。我注意到陈老师书中提到的一个教学细节:老师们一起备课,讨论教一篇课文应该"教什么"。一位年轻教师提出,要首先介绍作家的生平(《〈林黛玉进贾府〉就看"人物出场"》)。这大概也是我们教学的常规、习惯:讲课文总要介绍作家、时代背景等。一般说来,这也无可厚非。但陈老师却提出了一个问题:这些文本外的内容都是必须说的吗?他的回答是:在更多的情况下,恐怕是"不必说"的,因为"一篇作品为什么写,写的意图是什么,往往都隐藏在字里行间,正像巴尔扎克所说,作家只布置方程式,他不需要给答案,不知道写作背景又有何妨?"举出的例子是朱自清的《荷塘月色》。文章一开始就谈到了自己内心"颇不平静",于是就有了关于朱自清为何"颇不平静"的诸多讨论,有"时代说""家庭说","时代说"里也有不同的理解——我自己就写过一篇《关于朱自清的"不平静"》的讨论文章(见《解读语文》,福建人民出版社2010年版)。作为学术研究,这样的讨论自然是有意义的,老师们在备课时也无妨了解一下讨论中的各种意见。问题是,在课堂的阅读教学里,是不是一定要讲给学生听? 我是同意陈老师的意见的:"不必讲",即使要讲,也只需点一点,如果大讲特讲,并作为教学的重点,就有喧宾夺主之嫌(《〈荷塘月色〉:怎样"超出"平常的自己》)。"不必讲"的理由,除了朱自清的"不平静"有作家复杂的思想背景,不容易为当代中学生理解之外,还因为一切杰出的作家的作品所表达的思想情感,不仅属于特定时代的作家本人,还具有超越于时代与个人的普遍意义。我在讲鲁迅时,就强调他的作品是"这一个和这一类的统一,现实性和超越性的统一"。不了解(或有意忽略)其具体写作对象与背景,有时反而有利于从普遍性、超越性方面去理解作品,从而把处于不同时空下的作者和读者的心灵勾连起来。就朱自清的这篇《荷塘月色》而言,其所表达的感情,如陈老师从文本的字里行间读出的,"超出"平常的自己的心理欲求,其实也是今天的中学生可能有的。有意不说,至少淡化文本之外的时代、写作背景和作家的生平、思想,而把注意力集中于文本内的解读,在文本内把文本读懂,是更符合语文课的性质与要求的。当然这也不是绝对的,如果时代背景、写作背景直接关系到对作品文字所表达的思想、情感的理解,那就非讲不可。我注意到陈老师在解读苏轼《定风波》的"曲笔直写"的艺术时就特意点到了诗人"身处宦海官场,人陷政治风波"的背景(《〈定风波〉曲笔写直的范例》)。

　　如何进入教学文本解读? 陈老师提出,先要有"整体感悟",再"从细部的语言表达入手"(《〈动物游戏之谜〉:从语言表达领悟科学思维》)。这又是一个重要原则。整体把握与局部深入两者是相辅相成又相互制约的:有了对文本整体的感悟和把握,才有可能抓准需要深入分析的关键性的细部;而局部的深入揣摩,又会反过来对整体的感悟有所补充,校正和深化,使之真正落实。整体感悟失去局部揣摩的支撑,容易陷入空疏和空泛;局部揣摩如不建立在整体感悟和把握的基础上,就会变得琐碎,甚至"抓住芝麻,丢了西瓜",造成误读与遮蔽。陈老师把"咬文嚼字"视为阅读教学的根本,又引述朱光潜的话,提醒老师,咬文嚼字"有时是个坏习惯",就是这个道理(《〈采薇〉抒发了怎样的情感》)。

"咬文嚼字"自然是一个概括的说法,到具体的文本解读,每一篇教学文本应该咬嚼什么文字,从哪里入手咬嚼,是因文而异的,需要具体篇目具体处理。之所以强调先要有整体感悟,就是要对"这一篇"文本的"文"和"心",它们之间的关系,作家是以什么样的"文"的形式("怎么写"),来表达他的"心"的内容("写什么"),有了这样的总体把握,才可能找到这一篇教学文本"文"与"心"的具体契合点。不同的篇目有不同的契合点,解读也就有不同的切入点。陈老师的解读的最大特点,就是完全从文本的具体特点出发,于是就有了灵活多变、摇曳多姿的解读。随便举其大端,其"咬文嚼字"的重点、突破口,即有"关键词"(如《〈沁园春·长沙〉上阕的三个关键词》),"句群""思路""句与句的关系""段与段的衔接"(如《〈烛之武退秦师〉叙事的"层析"艺术》),只有仰赖"诵读"才能把握的"文意""文气""语脉""语流"构成的"意义和情感的交响"(如《〈记念刘和珍君〉:非诵读不能尽其哀愤》),"词与词之间的呼应中呈现的内部节奏"(如《〈短歌行〉诗绪的飘忽与连缀》),文本中的"内在矛盾"(如《〈囚绿记〉探究二题》),文本标题的特殊用意(如《〈奥斯维辛没有什么新闻〉:果真没有吗》),以至标点符号的特殊用法(如《〈再别康桥〉的三个意象》《〈囚绿记〉探究二题》)。我们由此得到的启发是:教学文本的解读,实在是一种创造性的劳动,它在"具体文本具体分析"这一条法则下,给解读者的理解力、想象力、创造力留下了极大的发挥空间;同时我们也可以感受到陈老师作为一个创造性的解读者从中得到的发现的喜悦。这都是能够显示语文教学、阅读教学的特殊魅力的。陈老师一辈子致力于教学文本的解读,乐此不疲,原因即在于此。

　　这里需要单独提出的，是教学文本的解读，更是一个严肃、认真、艰苦的劳动。陈老师在他的《自序》里，特意提到他最初任教时，受到的老一代语文教师的感染："他们坐下来备课的那种神游字间、目透纸背的认真姿态，至今还时常在我的眼前浮现。"陈老师因此联想起朱光潜先生的一句话：要做到"锱铢必较"，"一字不放松"，"你不能懒，不能粗心，不能受一时兴会所生的幻觉迷惑而轻易自满"。陈老师由此发出感慨："'懒''粗心''自满'，的确是培养良好读书习惯的大敌。语文教师欲培养丰富敏锐的语言感觉，自己就先须从克服这三大'敌'开始。"我们则由此看到，当下语文阅读教学所存在的问题，不仅有观念、方法的问题，更存在着教学态度、境界的问题，同样是一个"心"的问题。而我们从陈老师的"文"里见其"心"，或许"文心"的启示，即为文做人的启示，是更为重要和根本的。

　　最后，我还想把陈老师在本书里总结的这两条阅读教学的基本概念与原则，放到1949年以后中国语文教育的曲折发展的历史中，来考察其意义。这是人们所熟知的：一个时期我们把语文课上成了政治课、思想教育课，叶圣陶先生"抽出而讲之"的批评，就是对此而言的；为了纠正这样的偏差，又走上了"语文知识中心"的极端；为反对知性教学，提倡文学教育、人文教育，这些年又出现了"泛文学化，泛人文化"的倾向。如前所说，这些不同时期的不同倾向，看似两个极端，但却同样是既无"文"也无"心"的教育，都是非语文的教育。不但造成语文教育始终走不出高耗低效的困境，而且对青少年的读书与写作产生了消极的影响：大体说来，把语文课上成政治课、人文话题讨论课，培养出来的学生，只会说大话、空话、套话、流行话，既不会独立思考，也不会按常规、常识表达自己的意见；把语文课上成知识课，培养出来的学生，则只知炫耀知识，写堆砌修辞手法的华而不实的文章，有知识、有技巧却独缺真正的人文精神。正是面对这样的严重后果，陈老师和一切有良知的教师才大声疾呼：改变语文教学方式,是当务之急。所谓改变语文教学方式就是要"把语文课上成语文课"。应该说,这些年一直都有这样的呼声,但批评多而建设少,讨论也多有空泛之嫌,无以落实。当然,同时也有许多第一线的老师在默默进行教学实验,陈老师所做的工作,就是将他自己和老师们的实践经验进行了理论的总结。在这个意义上,可以说,陈老师在《如是我读:语文教学文本解读个案》里,所提出的两个概念和原则,不但是他个人的创见,也是这些年阅读教学改革的经验的结晶。如果我们能够因此达到这两点共识:必须把课文当作"教学文本"来教,以及教学要从"怎么写"到"写什么",从形式入手,达到形式与内容的统一,那么,我们期待的"把语文课上成语文课"就能够在阅读教学中得到落实。我们的阅读教学改革,也就在"教学文本解读"这里找到一个突破口,经过长期的实践、努力,如果我们的语文老师都养成了"咬文嚼字"的习惯,并"培养学生到字里行间去自主发现和自求索解的习惯"(《〈如是我读〉自序》),由此出发,对学生进行扎扎实实的"阅读、写作、思考"的三大语文训练,语文教学改革或许能够取得实效,每一个参与其间的老师也做了一件功德无量的好事,可以无愧于自己和后代了。

2012年2月12—18日

一个富有创造性的、有效的作文教学实验

——读管建刚《我的作文革命》

要充分重视和鼓励第一线老师的教育实验

　　江苏的管建刚老师寄来了他的新著《不做教书匠》（福建教育出版社2006年版），还有这部《我的作文革命》的文稿。我读了以后，有一种惊喜之感。他是这样一位自觉追求"方向感""约束感""责任感""上进感""奋斗感""专业感"的教师，又这样自觉地、创造性地、富有成效地进行作文教学实验，而这样的教师、这样的实验却是出现在普通的农村小学：我要说，这是具有重要意义的。

　　我由此想起了当下围绕语文教育改革的得失所进行的争论。我始终认为，语文教育改革，包括《课程标准》，确实存在许多问题，需要研究、讨论、调整。但有一个基本事实却是不能否认的，即管建刚这样的老师和他们的实验（管老师称作"作文革命"，不过我更愿意称之为"作文教学实验"），只有在语文教育改革所提供的大环境、总体气氛下，在《课程标准》的新思维、新观念的推动与启示下，才有可能出现。这也是我一再强调的，在某种程度上，语文教育改革是一次教育领域的思想解放运动，是对教育生产力的一次解放，许多像管建刚这样的有理想、有志气、有创造和实验精神的教师因此而获得了施展才能，把他们的教育理念、追求转化为教学实践的机会。而在农村小学这样的教育底层也出现了有成效的教育实验，更表明了教育思

想和实践的解放所已经达到的程度,其意义是不可低估的。

当然,在突破旧的束缚,而新的规则还在建立的过程中,可能出现某些混乱,实验本身也会出现这样、那样的问题,这都是必须正视,需要认真对待的,但这是前进中的问题,而且只有在总结经验教训,继续深化改革,不断调整、实验中,才能逐步解决。越是在这样的时刻,管建刚这样的先行者的实验就越显示出其意义:应该看到,他们目前在整个教师队伍中,还是少数,有的甚至还承受着程度不同的压力,但他们所坚持的正是教育改革的方向,而且语文教育改革能否持续、健康的发展,也仰赖于是否有越来越多的第一线的老师自觉进行语文教育改革的实验,并且获得体制上的支持、鼓励和保证。这也是我的一个信念:语文教育改革,以至整个教育改革的命运,取决于第一线的老师在改革中的主体地位的真正确立,取决于他们的积极性与创造性的真正发挥,也取决于他们自身素养的真正提高。也正因为如此,管建刚这样的第一线的老师的实验,总是让我兴奋不已,我从中看到了希望,我愿意为他们充当吹鼓手:这是我应该,而且能够做的事。

"写作——发表——对话"

我和管老师没有见过面,但通过好几年的信。记得是在2003年我们编写《新语文写作》时,我写了一篇题为《关于中小学写作教育的断想》的文章,发表不久就接到了管老师的来信,说非常赞同我们的观点,他正在进行的教育实验,和我们的理念有许多暗合之处。这正是我所期待的反应。其实在文章的结尾,我就说过这样的话:"毋庸讳言,我们以上的讨论,都是'理想状态下的写作教育'","这种理想状态与现实的中小学教育的距离是明显的,但它也并非没有基础。我们实际上在许多教师的实践经验基础上作了一定的提升,

并且期待着将来对第一线的实践经验有更多的吸取"。现在管老师
在这本《我的作文革命》里，对他的实验作了全面的总结，我也从中
"吸取"到了不少东西，这是我首先要感激管老师和参与实验的他的
学生的。

一、在"发表"中实现"对话"

在我们的"作文教学观"里，有一个核心的概念——"对话"。
在我们看来，"说和写是一种表达，是与他者(社会、他人、自然)的交
流、对话"，"语言通过交流而存在，在交流中学会使用语言，从而使
自己成为社会的人"；而"中小学写作教育不同于一般意义上的写作
活动，它同时又是一个教育活动，具有一些不可忽视的特点：既是教
师指导下的写作，又是学生群体中的写作，因此，必须重视发挥教师
的指导作用与学生群体的作用，使写作成为师生互动的生命过程"
(《关于中小学写作教育的断想》)。这就是说，学校作文教学它应该
实现三重对话：学生和老师的对话，同学之间的对话，以及潜在的学
生和社会的对话。

这也是管老师的实验的基本出发点。他在该书中反复强调："作
文是一种十分重要的生命状态和生活行为"，但这样的生命意义又是
在交流、对话中实现的，"作文就是生命与生命之间的真实表达与真
情交流"。应该说，这是一种全新的"作文观"：作文不再是和学生生
命成长无关的纯粹的写作技能的训练，而是学生"生命的独白"，和
老师、同学的"心灵的对话"。——这里，"生命"是一个关键词，也就
是说，这样的作文观是以视"语文活动是人的生命运动"，强调"作文
和学生生命成长的密切关系"，认定"真正的作文是一种生命化的行
为"为其理论基石的：这是一种"生命化的教育"观。

问题是，在作文教学实践中如何实现这样的对话？如果找不到
具有可操作性的实践环节，我们所期待的作文中的生命对话就只能

是一个理想。

因为在现有的"教师出题，学生作文，教师批阅"的作文教学模式中是无法实现这样的对话的：作文是应老师之命而作，背后的驱动力是"分数"和以后的应试，自然谈不上"生命的真诚表达"以及和老师的"真情交流"，而处于同一教学集体中的同学更是完全被排斥在外，无从参与对话。应该说，实际上老师们也一直在试图突破这样的封闭的格局，如在讲评课上宣读学生的佳作，甚至张贴出来，供同学学习、交流，组织同学办班刊，等等，这都是行之已久，并且是行之有效的。以至许多人在回忆中都会谈到，当年受老师的当众表扬的激励，对自己终身写作产生的影响。

管老师实际上就是在前人实践的基础上，将这样的突破作文教学的封闭格局的努力，发展为一种更加自觉的，更具有理论性的，也更具有可持续的操作性的作文教学实验。

管老师明确提出，要以"发表"作为作文教学的一个关键环节，他称之为"作文的对话属性的释放"，他要创建的是"写作——发表——对话"的新的作文教学模式，并建立了一整套以《班级作文周报》为中心的周密的操作流程：由作为写作素材积累、"作文前的孵化过程"的"每日简评""一周点评"，到正式作文的"每周一稿"，再到发表后的评议、对话（包括"等级评奖"与相应的激励机制——"积分活动""稿费活动"和不断创新的"金点子"，还有相应的作文指导、训练课——"作文活动课""听读作文课""新读写结合课"，以及最后总结性的"我的书"设计大赛和"收藏童年"活动）。

二、"写作本质上是一种公众言说"

管老师的"以发表为中心"的作文教学实验，是基于从他自身的写作经历总结出来的这样的写作观："写作本质上是一种公众言说"，"一个写作者最大的荣耀，莫过于拥有在公众面前言说的能力和资格；绝大多数写作者的主要目的，也就是要拥有在公众面前言说的能力和资格"。学生的写作当然有它的特殊性，我们在下文中会有讨论，但这样的特殊性不应导致对写作的"公众言说性"的否认，这正是管老师所要强调的："写作教学就该从'作文是一种公众言说'的高度去认识和实践，而不是让学生在封闭的训练中，获得一些所谓的作文能力，再走上'公众言说'的路，这是一条本末倒置的路。"之所以非坚持这一点，是因为在管老师的理念里，"作文的生命活力在于获得说话权"。——我以为确认这一点，是非常重要的：说到底，写作和发表是一种人权，我们的写作教育的目的和实质，就是教学生正确地有效地运用和维护这样的权利。

这样的写作观、作文教学观，自然非常重视"读者"的作用和意义："没有读者的写作，是没有生命的写作"，"没有读者的作文教学也是没有生命的教学"。这是包含两个方面的含意的：一是强调在写作时心中要有"读者"，这才会有对话的欲望；二是强调，只有在读者的反应——共鸣或辩驳中才能实现写作的价值，获得写作的成功感和幸福感，并进而领悟写作的尊严。如管老师引述的我的那篇文章所说，当学生"意识到自己的声音是有价值的，他的写作就一定会有重大的突破"，发表及引发的读者反应，其实就是一种认可，因此，"每公开发表一次"，每被读者（老师和同学）评论一次，就会改变学生"对写作的态度和价值的认识"。这是确实如此的。

三、模拟成人写作：小学作文教学的趣味性与游戏性

而我更感兴趣也更重视的，是管老师的"以发表为中心"的作文教学实验，是立足于对教育对象——中小学生，特别是小学生的心理发育、生命成长特点的深切体认和把握的基础上的，是有教育学的依据的。

这正是管老师所要强调的，作为作文教学实验的主要依托的

《班级作文周报》是具有双重性的：一方面，它必须具有成年人的报刊所有的一切形态，比如说，有作者（班级的每一个学生）、主编（老师）、编辑（从同学中选拔或志愿的老师的小助手）、校对（在老师指导下作者自己校，或同学相互校）、读者（以同班同学为主体的看《班级作文周报》的人），也有作者、编辑、读者之间的交流的"评报"和文章反馈制度，以及激励写作的"稿费"制度；由于充分利用了电脑、办公印刷机等新技术，《班级作文周报》不但在形式上无异于正式报刊，而且有固定的出版日期和周期。同时，它也具有成年人报刊的基本功能：为全班同学提供"公共言说"的平台，形成班级的公共舆论。但另一方面，它又不同于成年人的正式报刊，如管老师所说，"其主旨，是要发展每一个学生，而不像市场化的报刊，只要在竞争中跑出几个尖子作者来"，也就是说，《班级作文周报》的基本着眼点还是"教育"，是对学生健康的言说方式、言说文明习惯的培育和言说能力的训练和提高，是服务于作文教学的目的的，这也就是我们前面说到的学生写作的特殊性。因此，在《班级作文周报》上的言说，既是"公共言说"，又有一定的限度：是属于班级内部、校园内部的"公共言说"。《班级作文周报》的这一双重性，是显示了它的"模拟性"的特质的。而"模拟性"，正是少年儿童这一生命发展阶段的最基本的心理特征：他们渴望成长，有模仿成年人的强烈要求；同时，他们又自然而然地将这样的模仿游戏化、趣味化。从这一角度看，《班级作文周报》实际上是一种"模仿游戏"，按管老师的说法，这是"模拟成人世界的真实写作方式"。

难能可贵的是，管老师是完全自觉地在他的作文教学实验中发挥这样的"模拟性"，并始终坚持"游戏化"与"趣味化"的原则。比如他所建立的"稿费"制度，是很容易被误解为将商业原则搬运到教学中，因而遭到"功利化"的指责。他也确实利用了"稿费"的激励功能，但却是经过改造的：以"模拟稿费单"代替钱币，并引导学生积累到一定数量后将其换回自己所需要的图书,活动的整个过程其实也就是一个用自己的精神劳动(写作)换取精神产品(图书)的游戏。管老师的作文实验设计中,还有许多仪式化、形式化的东西,比如,他的"作文活动日"里的"节目"("让我呼喊你的名字","佳作真精彩,看看又是谁"),发放"刊用纪念卡"的仪式,还有"等级评奖""积分活动"等,这都很容易被指责为"形式主义"的。其实,批评者恰恰忽略了形式问题在教育,特别是儿童教育中的特殊重要性。管老师说得好,"小学生对写作的兴趣与热情,大都不是来自写作本身,而是来自教学的呈现方式",这是真正懂得孩子、懂得教育之言。"天生对写作感兴趣的学生,有,少有之'有'",因此,如何"让学生真切感受到作文的有趣,作文活动的丰富诱人,以及卷入其中的作文生活的精彩",以此来吸引学生,使学生持续地保持对作文的热情,就成为管老师的作文教学实验的成败关键,也是他最为用力之处。他的许多"花样翻新"的"金点子",他特别强调要在坚持总体原则前提下,在具体操作上不断"出新",就是为了保持儿童对作文的新鲜感。而儿童正是最容易"喜新厌旧"的,因此,坚持小学作文教学的游戏性与趣味性,是调动学生作文主动性、积极性的关键之一。这是"小学作文教育学"的重要课题,管老师的《班级作文周报》的"模仿游戏"实验的经验,因此也特别值得重视。

在管老师的实验里,除了强调游戏性和趣味性,还提出了作文教育,以至小学教育的许多重要问题和原则,如"要使学生有适度的饥饿感","要让学生感觉到,要在周报上发表作文,必须用点儿劲跳一跳,这种状态对挖掘学生写作潜能大有益处";在作文评价中在强调激励机制的同时,要适当运用惩罚机制;从儿童心理出发,如何采取适当的方式(例如鼓励学生使用笔名)适度地引导学生感悟写作的神秘感、神圣感,产生好奇心,使作文成为"生命成长时一种略带精神猎奇的刺激和享受"：这都是极具探索性的课题。总之，读这本经验总结性的书，处处可以感觉到作为和学生朝夕相处的第一线的语文老师，班主任老师，对教育对象的生命跳动的脉搏敏锐而精细的把握，管建刚老师的教育实验实际上正是建立在这样的基础之上的。因此，就不仅有我们以上所讨论的写作学、教育学的科学依据，而且有生命的感悟作为支撑，这确实难得。

四、"收藏童年"：小学作文的"精神家园"功能

让我尤感兴趣的，是管老师最后通过"我的书"的编辑以"收藏童年"的设计。管老师说，这是他的一个"美好的梦想"：学生的作文和《班级作文周报》，"是一个'人'的世界，'言'的世界，'心'的世界，'情'的世界，是一个丰富的'精神家园'"，将它用"书"的形式珍藏在学校里，"有一天，风筝一样飞出去的学子们，因母校为他们收藏着一份珍贵的童年，而前来看望母校，看望那些守卫童年的老师"，"就在打开这份永远的童年的时候，对语言，对写作，对写作为人构建的精神家园，长大的孩子会有一种复苏的冲动和感动"，或许作文教育、语文教育，以至整个小学、中学的教育的真义——精神家园的意义和价值，才得到真正呈现。教育就是这样一个"梦"。管建刚老师说得好："教育不能没有梦想。因为有梦，教育才得以精彩。作文教学，也因为有梦，所以有情，有期待，有未来。"

当然，"梦"的明天的期待是需要落实在今天的实效的，借用文学的语言来说，教育是要求浪漫主义和现实主义相结合的。管老师深知这个道理，因此，他给自己的实验提出的要求，是必须具有"操作性""实效性"和"迁移性"（即可推广性）。我在本文的题目中点明这是一个"有效"的实验，也正是要强调这一点。

在我看来，管建刚老师的"以发表为中心"的作文教学实验，为解决作文教学中的三个传统难题，提供了一个新的思路和途径。

五、学生作文的内在动力：在发表中体验写作的价值和尊严

首先是学生作文的内在动力的问题。这也就是我在《关于中小学写作教育的断想》里所说的作文教学首先要解决的是"学生不愿意，甚至害怕写作，他们没有写作的欲望，把写作看作是外加的负担"的问题。对此，管老师提出了一个非常有意思，却很少有人去想的问题："为什么有那么多的学生喜欢摆弄手机、电脑？为什么有那么多的学生喜欢在网上聊天？"这恰恰说明了学生是有着强烈的内在的表达与交流欲望的，如管老师所说，"今天的学生的苦恼、困惑和迷惘，并不比20年前的学生少，他们不想压在心头，他们要找个发泄的出口"。问题是，为什么我们的作文不能像短信、网上聊天那样，成为学生"发泄"（自我表达和交流）的出口呢？这是因为，我们（也包括学生）都把作文看作是应老师之命，由老师评分的，进行写作训练的"作业"，是和学生现实生活无关的事。现在，管老师以办《班级作文周报》为中心来开展作文教学，就实际上扩展了作文的功能：它首先是一个以"发表"为目的的表达和交流的平台，同时，也在这一过程中进行写作的训练。在某种程度上，也可以看作是在教师指导下，有教育目的的"短信"写作和网上写作。它既能发挥短信和网上写作所特有的"自由写作"的优势，又因为老师的引导作用和作文教学的教育作用，而避免其无序性可能产生的弊病。这样一种具有发表功能的作文，就能够成为"学生自我表现和个性发展的形式和方式"，也是他们和他人交流，对班级社会发言，从而"生活在集体中"的形式和方式，这样就自然成为他们的生活的不可或缺的部分，和他们生命的成长息息相关，就不是可有可无的了。这就是管老师所说的，"在作文中生活，在生活中作文。作文的过程就是生活的过程，作文进入生活，生活激扬作文"。同时，正如一位专家所说，"发表，是言语学习的'成功'教育"，它让学生感受作为"公众言说"的写作的尊

严,实现言说的价值,获得成功感、幸福感,产生自尊和自豪,激情和快乐。有了这样的"高峰体验",作文自然不会成为负担,而且会源源不断地激发写作的欲望,学生由"要我写"变成"我要写",真正获得作文的内在动力。

六、学生、老师、家长对话的平台

其次,我在《关于中小学写作教育的断想》和好几篇文章里都谈到,学校教育(也包括作文教育)的一个主要特点和优势,就是它不仅有教师的指导,而且是在一个班级集体中的学习和写作。但如何发挥班级集体的作用,却始终没有引起足够的重视,而传统的作文教学模式,却恰恰是将班集体排斥在外的,基本上是"老师和学生"一对一的训练。而现在有了《班级作文周报》这个交流平台,班级的每一个同学都成了参与者,而且如管老师所说,这样的参与欲望是很强烈的,"他们想看看上面又讲了班上哪些自己知道或不知道的事儿,想看看自己的伙伴写了怎样的一篇作文,想看看哪篇作文提到了自己,想看看有没有地方同自己想的不谋而合,想看看有没有地方和自己的看法不一致,有必要拿起笔来声明一下,争辩一番……"教师的责任就是采取适当的教育手段,如管老师所精心设计的"故事争鸣""话题辩论""想象接力""互改作文"等带有趣味性、竞争性的活动,有目的地加以组织和引导,营造"人人参与,彼此尊重,互相切磋,热烈讨论,富于创新"的写作气氛,形成一个"作文集体",并努力将"班级整体写作状态"调整到最佳。——在管老师看来,班级整体写作状态和水平的"涨、落"是正常的,"螺旋上升之前是要回落一下",这就需要教师耐心的等待和及时的调整,采取新举措以"焕发新动力"。这样的"班级整体写作状态"对每一个在集体中写作的学生的影响是无形而巨大的,需要时时关注而精心营造。而这样的写作集体又是开放式的,它可以吸引关心《班级作文周报》的其他班级的同学、学校的教职员工,以至社会人士(例如,将《班级作文周报》上的佳作向正式报刊投稿,就会吸引更广泛的关注),更重要的是,为家长的参与提供了一个平台。这样,也就一定程度上实现了我们所期待的学生、教师、家长,以至社会之间的多重对话。

七、在公共舆论空间中培育健康的言说方式

其三,培育学生健康的言说方式,其实是语文教学、作文教学的一个基本任务,却长期被忽略。管老师在书中引述的周一贯先生的分析是击中要害的。他说,小学生一般都有两套话语体系,一套是公共话语体系,是对有敬畏感和距离感的人(如教师和严厉的父母)说的话,它有着四平八稳的老成,说的都是出于无奈的言不由衷的话、不率真的话;另一套是私人话语体系,是在亲切的、平等的人(如小伙伴和信赖的人)面前海吹神聊时说的话,说的是实话、原汁原味的"童话",是心里怎么想就怎么说的话。问题是,绝大部分学生都不敢用属于自己的私人话语体系来作文。每次作文,他们都得暂时扔掉自己熟悉的私人话语空间,给自己重新定位,搜肠刮肚地搬那套自己不熟悉的公共话语体系来作文,学生自己也是苦不堪言的。管老师的作文教学实验,在某种程度上,正是要从根本上改变这样的状态,采取一切教学手段,促使学生用他们自己的不设防的、亲切的、平等的、率真的私人话语方式对公众发言,并经过"改良、发展和创新",提升为新的属于他们自己的公共话语,或实现"私人话语体系和公共话语体系的交叉、渗透、融合。"《班级作文周报》所创造的,在某种程度上是一个班级的公共舆论空间,这样的舆论空间,既可以起相互激励的作用,同时又有相互监督的作用。老师的责任是通过"鼓励讲真话,说自己的话"的评价标准和激励机制,引导和营造健康的舆论氛围,形成正确的写作导向。在这样的气氛和导向下,一切空话、套话、人云亦云,都没有市场,说假话,更容易被戳穿,受到谴责,每个

学生都只有用富有创造性的个性化的言说，真诚、坦率的言说，来吸引他人，获得自己所期待的肯定性评价。

发现：独特的内在世界和儿童本真生活

这也是我们的一个共识："愿意写与有内容可写，这是写好文章的前提，是基础，我们要抓好作文教学，就应该溯本求源，先解决好这两个问题，并在解决这两个问题的过程中，解决怎样写的问题"（钱理群：《关于中小学作文教学的断想》），"写作教学先要解决作文内容"，即"巧妇难为无米之炊"的"米"的问题，"发现题材，是最重要的写作才能"（管建刚：《我的作文革命》）。

于是，有"发现"概念的提出，即是强调要"把引导学生发现周围世界以及自我内心世界，作为作文教学的重要内容"，并且具体化为"发现大自然，发现自我，发现社会与发现大师"（《关于中小学作文教学的断想》）。

但管老师也有自己的独立思考和实践。

他是从对当下相当流行的教学模式的质疑中开始自己的探索的："在诸多作文研讨课、展示课上，演一个小品、故事，开展一次活动，做一个科学实验，学生用当场生成的内容写作文，表面看来，解决了'米'的问题，实际并非如此，学生'收集素材''选择材料'的能力并没有实质性的进展。这是教师将准备好的'米'端放到学生手中，而不是学生亲自去发现和载取的。"

问题是如何引导学生"自己去发现"？

一、内视：体验、想象和"心灵熔铸"

实验从一个"不起眼儿的小招儿"开始：要求学生"每天用三五句话记一件事儿"，叫作"每日简评"。其背后的理念是，"'好记性不如烂笔头',那三五句话是一团模糊记忆中的一个线头。有了这个线头,人就有了一条走向记忆的绿色通道,能够随时提取储存在脑中的生命印记",同时也就积累了写作素材,发现了写作题材。

但学生却提出"一天下来,没有什么可记的"。于是,管老师教给学生两个"绝招"。

一曰"推想法":"闭上眼睛,从早晨开始往后回忆,或者从此刻向前推移到早晨,一节课一节课地想,一个课间一个课间地想:今天我哭了吗?今天我笑了吗?今天我后悔了吗?今天我做错作业了吗?今天我争论过吗?今天我学到新东西了吗?今天我见到陌生人了吗?今天我遇到老朋友了吗?今天我的同桌有什么故事?今天我看见谁被表扬了吗?今天我看见谁被欺负了吗?今天班上有谁过生日吗?今天有人生病吗?今天我想到什么离奇的事吗?今天我做梦了吗?今天妈妈、爸爸、老师笑了吗?今天妈妈身上有什么让我记住的事?今天街上有引起我注意的事吗?今天我看了什么书吗?今天我的心怦然一动了吗?……凡是能捕捉到的那一个问号,就是值得记录下来的事情。"

二曰"静默法":"闭上眼睛,安静地坐着,只注意呼吸,不管其他。人,一安静,思想就活跃起来,你越是想静下心来,一天的事情就越是蜂拥而至。这些'跳'出来的事,往往就是心灵深处牵挂着的事,有想法的事,值得记录的事。"

管老师把这样的方法,称为"内视"。——这是一个写作学、作文教育学的重要概念。

管老师这样阐释"内视"的意义:"它依傍的不只是眼睛,更是心灵;它关注的不只是外在(的事物),更有丰富的内心。事情有没有意思,值不值得回味与记录,说到底,起决定作用的,不是事件本身,而是心灵感受。"

这真是说出了写作的本质。写作,尤其是文学性的写作,它所关注的核心，始终是人，是人的心灵。我曾经说过，鲁迅写《记念刘和珍君》，"并不是要记录、再现历史事实，而是要抒写'三一八惨案'对他心灵的冲击，他的心理反应"（《作为艺术家的鲁迅》）。管老师在文中也引述了作家冯骥才的话："每个人都有两个自己，一个是外在的、社会性的、变形的；一个是内在的、本质的、真实的自己，就是心灵。它是生命的核。一旦面对它，你会感到这是一片易感的、深厚的、深情的、灵性而幽阔的世界。写作首先要发现，然后是面对这个'内在的、本质的、真实的自己'。"

这就同时说到了教育（包括作文教育）的本质：教育从根底上就是对人（学生）的心灵的开发，对人（学生）的灵魂的培育。就作文教学而言，经历了同样的事情，为什么有的学生滔滔不绝，有许多话要说、要写，而有的学生却觉得无话可说、可写，关键在于能不能、会不会将外在的客观事件转化为内心的主观感受，感受是否丰富，没有这样的转化，就写不出文章，感受单一，就写不出好文章。也就是说，我们在作文教学中，不能只是引导学生学会"观察"，还要引导学生学会"体验"。而这恰恰是我们许多教师在作文教学中所忽略的环节，而且是关键的环节。

如管老师所说，"一个学生，只要养成内视的习惯，就会觉得写作天地无穷宽广，就会发现生活真的为写作提供了取之不尽、用之不竭的源泉，就会去关注自己丰富的内心世界，把心灵的世界捕捉下来，呈现出来，就会觉得写作是与自己的精神世界相呼应的，作文是可以抵达心灵的"。——说得真好，"作文是抵达心灵的"，这不正是作文教学所应该追求的境界吗？

这样，学生也就会对自己的日常生活始终保持一种新鲜感，用心灵去感受与感悟，就会不断有新的发现。管老师说："学生会发现，生活表面上是在重复昨天，总在上课、作业、活动、吃饭、交往，用心去看，却那么地新鲜而富于变化，能记下的、要记的越来越多，而不是越

来越少","学生发现、积累材料的能力越来越强,关注生活的意识也
越来越强,最终养成一种思考和发现的习惯"。——"内视"成为习
惯,其意义显然已经超出了作文本身:这也是作文教学所应该追求
的境界。

"体验"之外,还有"想象":"写一件事情,要把事情放电影似的
显形于大脑,在心里把事情演绎出来,演绎不过来的地方,用自身的
生活经验加以想象性的修复。"——这又是深知写作之言。写作,某
种程度就是回忆,而回忆是不可能完全重复原来状态的,它必有在
"生活经验"基础上的"想象性的修复",而如管老师所言:"修复的情
节往往比过往的真实更完美,更打动人,这就是写作'源于生活又高
于生活'。"从作文教学的角度看,"想象力的培育"本就是一个不可
或缺的基本的教育目的,但我们这些年却因为分不清"虚假作文"和
"想象"的界限,而忽略了想象力的培育,这是不应该的。

管老师引述的朱光潜先生的话,也很值得注意:"任何作品所写
的经验,决不能与未写以前的实际经验完全一致。如同食物下了咽
喉未经消化就排泄出来一样。食物如果要成为生命素,必经消化;
人生经验如果要形成艺术作品,必经心灵熔铸。"朱先生虽然讲的是
"艺术作品"的创作,但其实也是写作的基本原理:强调要有一个对
写作素材的冷却、消化、酝酿的过程,这也是"内视"的一个重要内
涵。鲁迅说,"我以为感情正烈的时候,不宜作诗,否则锋芒太露,能
将'诗美'杀掉",讲的也是这个道理。这是一个重要提醒:我们的
作文教学,不仅要引导学生发现题材,还要引导学生对写作素材进行
"冷处理",在心里多"过"几遍,反复琢磨、酝酿,不要一看就写,一动
情就发,而必要经过"心灵熔铸"。在管老师的设计中,先要求学生
写"每日简评",及时记下写作素材,并不要求学生立即成文,强调积
累的过程:这看似操作性的安排,其实是内含着对我们所讨论的写
作规律的尊重的。

二、注重"作文"和"学生生活"的连接

关于学生的写作材料，管老师有一个很有意思的分析："优等生大都学有余力，有富裕时间参加各类文体活动、各类竞赛，他们不缺乏故事。中等生最悠闲，没竞争的事找他们，没管理的事等他们，也没惹老师生气，'培优'轮不上，'辅差'挨不上，中等生生活自由度最大，有那么多自由时间和空间，必然有许多童年故事"，不愁没有可写的。问题是，"后进生"有没有写作材料？管老师别有一番见解，他说，所谓"后进生"无非是"上课开小差，管不住自己"，但他们却"'坏'得有许多叫人哭笑不得的趣事"，而且"后进生大都经常往教师办公室跑，与老师打交道时间最长，课堂之外，老师的奇闻逸事，他们知道得最多、最清楚，这些对学生来说都是'重要机密'"，他们在同伴的"神吹胡侃"中可说的话多着呢。实际上，"学生的校园生活表面上看来风平浪静"，其实是另有一个属于他们的"小世界"的，其丰富与复杂，是超乎想象的，管老师引用"儿童作家"蒋方舟的话说："同学们说的话，做的事，都是大人们想不到的。"问题是，我们这些成年人，家长和老师，不但不了解，而且用大人的标准去判断、评价，认为那是幼稚的，甚至是不健康的，影响所及，连孩子也认为他们的那个小世界里的故事，是不能写进作文里的。管老师感慨说："好端端把一个个写作宝库给淹没掉了。"

因此，在作文指导中，要解决"没有材料可写"的问题，关键是要改变教师的观念：要承认并且尊重"儿童的本真生活"，"这个年龄的孩子应有的生活"，引导学生将收集写作素材的触角伸向他们自己的世界，"反映真实的生活，畅谈真实的认识，抒发真实的情感"。管老师强调，"这里所说的'真'，是儿童世界里的'真'"，而"儿童世界里的'真'，和成年人世界中的'真'不尽一样，有时会是大不一样"，因此，"教师在评价'真'时需要有儿童的心态和眼光"。这其实也就

是当年鲁迅和周作人所说的"理解"："要知道孩子的世界，与成人截然不同"（鲁迅:《我们现在怎样做父亲》)，在"生理、心理上"都有自己的特点，是"完全的个人，有他自己的内外两面的生活"，"儿童教育是应当依了他内外两面生活的需要，适如其分的供给他，使他生活满足丰富"（周作人:《儿童的文学》)。作文教育也同样如此，要"适如其分"地引导学生从自己的"内外两面的生活"出发，写出真实的生活、真实的自己。

这里还有一个所谓"真实的缺陷"的问题。我们强调儿童世界的独立价值，并不等于将儿童世界理想化，忽视其成长中的问题，"儿童崇拜"的极端是不足取的。当我们鼓励学生写出他们"真实的生活、真实的认识和真实的情感"时，学生作文中也就必然要暴露出某些问题，于是，就有了"真实的缺陷"，以及如何看待和对待的问题。管老师对此提出了两个观点，我认为都很重要。

首先是"真实的缺陷远胜完美的伪圣"。管老师说得很好，"尽管认识上会有偏颇，思想上会有差错，但写出来总比捂起来好"，"把这个年龄该有的疑惑，该有的问题真实地表露出来，这才是有生命的作文，才是值得珍藏的生命经历。说真话，是最基础的作文之'美'，最重要的人生之'美'"。作为教师，最重要的职责就是培育和保护学生童年时代的"真"，这其实就是培育和保护人生起点上的"真"，这对于学生的终身健康发展，是至关重要的。而无缺陷的真是不存在的，无缺陷是一种虚假的幻象，要求"无缺陷"就是鼓励"伪圣"，那样的教育是"伪教育"：这是作文教育之大忌。

但这同样并不意味着对缺陷的忽视。因此，管老师还有一句话："实现了'真实'以后"，还有一个"如何超越'真实'，走向更为美好之'美'"的问题。这里的道理也是显而易见的："真实"并不等于"真、善、美"，尽管它可能是走向"真、善、美"的第一步。正因为学生在成长中有缺陷，有问题，我们才需要教育。忽视对学生真实存在的思想、认识、感情上的缺陷、偏颇、问题的正确引导，也是教师的失职。我们在作文教育中，在强调学生写自己的真实生活，教师要尊重"儿童的本真生活"的真实的时候，不能走向"儿童中心主义"的极端，必须同时加强教师的引导，也就是前文所引周作人说的，要"适如其分"地提升学生内外两方面的生活，使其得到更充分、健全的发展。

与此相关的还有一个问题，就是在强调"作文"和"学生生活"的连接的时候，还要注意引导学生不断扩大和丰富自己的生活世界。就我们在本节中所讨论的"发现"问题而言，在引导学生"发现自己（自己的内心和本真生活）"的同时，还要引导学生"发现自然"，"发现社会"，"发现历史"，"发现世界"，营造更加广阔、博大、丰富的"精神星空"。

在作文教学实验背后的几个教育理念

说起来，管老师的实验是很简单的：不过是要求学生写"每日简评"，在此基础上办《班级作文周报》，并建立一整套评选、对话、激励机制。这很容易被认为新意不多，或很容易学。这正是我所担心的：他的实验背后的教育理念（包括语文教育的理念）因此被忽略了。而我所看重的，除了其可操作性（在语文教育改革进行到现阶段，可操作性的重要性是不言而喻的）之外，恰恰是操作背后的理念（这又是语文教育改革进行到现阶段，最容易被忽略的）。

因此，我还要谈谈自己从管老师的实验中得到的几点启示。

一、"我即语文"："做爱语文、读语文、写语文的人"

管老师在他的书里一开头就特地说到自己因业余写作的成功，"感受到作文给我带来了尊严，作文提升了我的生命质量"，由己而推及学生，这就成为他后来进行作文实验最初的"缘起"。于是，就

有了这样的体会："对语文教师来讲,他自身的阅读经历,往往决定了
他的阅读教学研究的走向;他自身的写作经历,往往决定了他写作
教学研究的走向。现在我懂得,一个语文老师如果害怕写作,一个
语文老师如果没有写作的冲动和践行,注定将走不到作文教学的深
处,进入不了作文教学的生命境地","作文教学需要一个写作的过来
人,只有过来人才能做真真切切的指点,这个指点,不只是技巧上的,
更是写作心路、写作生命上的"。——这话说得很朴实,却是切中时
弊:当下作文教学,以至语文教学的问题之一,就是教语文的不喜欢
语文,教阅读的自己不阅读,教写作的自己不写文章,用管老师的说
法,就是"对语文,对作文缺少切肤之真的感受",以己之昏昏,何以
昭示学子? 在我看来,这个问题是带有根本性的。管老师呼唤"语
文教师做一个爱语文的人,读语文的人,写语文的人",是抓住要害
的。我因此想起了我所尊敬的福建语文特级教师陈日亮先生的一句
名言——"我即语文",这是真正的经验之谈;现在我又在一位年轻
的语文教师这里听到了类似的体会,这都是直逼语文教育的根本的。

二、发展每一个学生

我们在前文已经谈到,《班级作文周报》是模拟性的,是服务于
教育的目的的,因此,管老师始终抓住一点:作文改革实验,创办《班
级作文周报》,"其主旨,是要发展每一个学生,而不像市场化的报刊,
只要在竞争中跑出几个尖子作者来"。——在我看来,这也是一种难
得的清醒。

更难能可贵的是,这背后是有明确的教育理念作为支撑的,这就
是管老师所提出的"三相信"。

一要"相信每个学生都具有语言潜能","语言不是外在于学生
生命,而是内在于学生生命的,是以基因密码的方式,留存于每一个
'人'的个体生命之中的","人的潜在的语言是活跃的、新鲜的、个性

的、创造的。当一个人被焕发出语言的潜能,领悟到自己有这样一个潜在的语言宝库时,生命就会为之蜕变"。

二要"相信每个学生都能写好作文",问题是需要"唤醒"和"引导",而且要找到适合于开启"这一个"写作潜能的钥匙(方法),这是需要教师和学生共同努力的;而且还需要"时机""时间",要善于"等待"。——当然,管老师也清醒地看到,教育绝非万能,"由于各种显性的教育因素和隐性的教育因素,学校教育因素和非学校教育因素,理论成为现实总要打上折扣",这也是我们必须正视的现实。管老师还有一个观点,我很感兴趣:"教育总在帮助学生发展的过程中,无可奈何地又在阻碍学生本性中另一面的发展。"这大概也是教育的悖论,却是我们必须正视的。

三要"相信起点不是问题,差距不是问题"。管老师说:"我从自身的写作发展中发现,一个人一旦发现写作的乐趣,一旦投入到写作中去,写作的进步是会很快的;作文并不像人们传说的,最看不出进步。只要教师善于调动学生的写作激情,学生写上一个学期,就会有一个学期的变化,写上两个学期,就会有两个学期的变化。"当然,"差异是教育中不可回避的真实存在",问题是如何对待这样的差异。我赞成管老师的观点:"教育的目的不是消灭差异,而是在各有发展的基础上拉大个体间的差异,有差异,才有'人'的五彩缤纷。"我们说"发展每一个学生"就意味着每一个学生都在自己的基础上得到发展。因此,管老师说:"我从不回避班上有优等生、中等生和后进生,人的差异无法消灭","总希望每个学生每个方面都一样的好,一样的出色,这真是一个美丽的错误,也是一个不可原谅的错误"。教师的责任有二:一是为不同程度、水平的每一个学生都创造发挥自己的写作潜力,提高自己的写作水平的机会和条件;二是特别关爱后进学生,除了要给他们更多的指导外,在《班级作文周报》选稿时更要"兼顾中后等学生",老师眼里不能只有"尖子学生",要警惕形成"话语霸权",要使《班级作文周报》成为"每个学生心中向往而又都能抵达的精神圣地"。管老师有一个观点和做法很有意思:要特别注意选用中等生的作文,因为他们是个"接口",选用他们的作文,对优秀的学生是个刺激,对后进的学生则是个鼓励。目的是在基础、水平有差异的学生中形成健康的竞争:先是在同一层次间竞争,以后又在整个班级集体中竞争,在竞争过程中都得到发展,同时形成适度平衡。

三、正确处理知识、训练和写作的关系

这是作文教学不可回避的问题,其实对管老师的作文教育改革实验来说,读写知识教育和作文技能的训练,也是顺理成章的事。事实上,当学生"表达的欲望"被调动起来,当"表达的素材"被激活,接着就是"表达能力"的提高。学生越是急切地希望在《班级作文周报》这一公共舆论空间里发表自己的意见,抒发自己的感情,行使自己的话语权利,如何表达得正确、准确,表达得好,有吸引力、说服力,就越是会成为他们的自然,也是自觉的要求。这是真正的"水到渠成":提高写作技能,成为"学生写作的内在需要","它是随着学生的实际写作的进展而自然开展的,而不像传统的作文训练中,机械地以教师意志为中心",是"我要学习、训练",而不是"老师要强行灌输给我"。而这样的出自学生自我表达的内在需要的学习和训练,就必然是以"提高学生的语言表达能力"为中心,为指归,而不可能"为学知识而学知识","为训练而训练";知识与训练是为表达思想、情感服务,是获得表达的自主性与自由的手段,而不可能将知识与训练成为目的本身。这就从根本上走出了"知识中心"的读写教育误区,但又没有走向否定读写知识与技能训练的极端。

而所谓"提高学生语言表达能力",其实是有两个方面的要求的,一是"语言的使用",以正确、准确地表达自己,一是"语言的创

新",以有创造性地表达自己。在这样的要求下,老师的责任就是引导学生关注"语言"问题,让学生"感受语言本身的乐趣,感受语言创新的乐趣",培育学生对语言的敏感,提高学生驾驭语言的能力。

于是,在管老师的作文教育改革实验里,就有了"新读写结合""听读作文课"和"作文训练"这样一些不可或缺的教学环节,并且有了这样的强调:"在学生弄懂课文基本意思以后,要用心引领学生去搞明白,文本的意思是如何随着语言的铺展表现出来的,这些出色的语言是怎样表现出来的? 它的表现力是以何种语言方式呈现的?"也就是要引导学生"进入追讨语言表现的阅读状态"。当"学生对语言的无数种表达的可能性充满探索的欲望",他就会主动、自觉地将范文运用语言的技巧吸入自己的写作,由模仿(这是一个必不可少的阶段)到融化,最后达到创新:这就是我们所说的"作文训练",它也是一个"水到渠成"的过程。

于是,在作文指导上,也提出了"放、收结合"的原则。写作从根底上需要"放",因为如前所说,"真正的作文是一种生命化的行为",它必须处在"自由自主的写作状态下"才能真正自如地表达自己。从学生学习写作的过程来说,如俗语所说,"凡学文,初要大胆","初学作文,不需要给学生作文规矩,母语学习和外语学习不同,小孩子对母语表达的规律有着朴素而直接的感受与认识,条条框框一多,反而是学生不会用笔说话了","小孩子学作文,就要让他大胆地信手涂鸦,想写啥就写啥,能写长就写长,不能写长就写短","教师要做的是,让学生敢说、愿说、有兴趣说","只有当学生'大胆地往前走'时","感觉作文有着如此美好的自由时,就会去追求作文",不仅愿意说、写,还想把话说好、写好。这时候他就不满足于"怎么说就怎么写",而要求由"拿笔随意说话"发展为"有追求地写",即由"说"到"写"的转化,这就需要克服"说"的粗放、散乱、不准确、简单,"需要适当、适度地修剪与指导":这就是"收"。这时候,就要引导学生注意写作的另一面：写作仍是自有"法则"的，这就是所谓"文无定法"又"有法"。而对于学习写作的中小学生，"自由、自主、自如写作"是一个目标，为了达到这样的目标，就需要教给学生以基本的"法则"，使其"有'法'可依，有'章'可循"，依法循章，就是"收"。可以说，为了"放"而"收"，"收"的目的是"放"，作文教学就实现在这"收收放放，放放收收"的张力之中。问题的复杂性或实践的难度在于，所谓"作文之法"，是"无法之法"，因此，尽管它可以被归纳、提升为写作"知识"，这样的知识本身却具有很大的相对性，而且它是必须经过学习者的"感悟""运用"和"创造性转化"，才能最终化为"在写作中无意识地流露出来的技能技巧"。这就是管老师所引述的夏丏尊先生所说的，"真正凭着练习成功的，必是暗合于法则而不自知的，法则没用而有用，就在这一点，作文法的真价值，也就在这一点"。

四、正确处理"自由写作"和"应试写作"的关系

这又是一个不容回避的问题。

诚如管老师所说，"命题作文和自由作文是不一样的：自由作文是由素材到作文，命题作文是从作文到素材；自由作文是从情感、观点到作文，命题作文是从要求到情感、观点，两者正好倒转"。

管老师还有一个很有意思的说法：应试作文隶属于"生存性写作"，而自由作文才是人的"存在性写作"。他提出，"生存性写作不是终极目标，它只是人生存的手段"，只有自由写作这样的"存在性写作"才能真正体现人的自由和自主，因此，管老师认定，"写作教育的终极目标是自由写作"。

这应该是没有问题的，也是我同意和能够接受的。但我们都遇到了共同的尴尬：在当下的教育体制下，我们的学生谁也逃不脱"应试"这一关，这是"生存性"的需要。而如鲁迅所言，人"一要生存，

二要温饱，三要发展"，生存、温饱是第一、第二位的，能否过"应试"
这一关，它首先关系着我们的学生在社会上能否立足，任何对学生有
责任感的教师都无法无视这一现实。因此，不管对应试作文有怎样
的批评，都得对学生进行这方面的训练。因此，在管老师的实验里，
也包含了"练写命题作文""点题征文"的内容和环节。尽管管老师
一再强调，"我一直主张，别把一辈子的作文应试技能，在一两个学期
都灌输给学生，别翻来覆去地抓住这些应试技能'炒冷饭'。我的意
愿是学生通过三年的'点题征文'训练，获得相当的应试技能，这些
应试技能是逐渐地在实践中渗透的，而不是专门地进行教学"，但我
们仍然可以感到管老师的无奈。

那么，我们是不是可以换一个角度来看待"自由写作"和"应试
写作"的关系呢？

首先，它们是不是截然对立的？其实，所谓"应试作文"，它是有
两个方面的要求的，既要符合题目的要求，要能够领会并遵从出题者
的意图——这大概就是一种约束和"不自由"吧，同时又要求有"创
造性"，应试者要在题目范围内有自己的别出心裁的独立发挥，这
样才能从众多的应试者中脱颖而出——这大概就是"不自由"中的
"自由"。这正是应试写作的特点和难点：它要求在"螺蛳壳里作道
场"，"戴着镣铐跳舞"，在不自由中求自由。

其实，这样的"在不自由中求自由"倒是更接近实际生活中的写
作常态的。"自由写作"是我们的理想、追求，能够自由写作，是一种
真正的幸福——我曾经开玩笑说，自己在退休以后，最快乐的事，就
是自己可以"胡思乱想，胡说八道"了，而"胡思乱想，胡说八道"就
是"自由写作"。这句话的另一层意思就是退休前做不到，因为还有
许多限制。比如说，我们说话、写文章，都必须要考虑时间、地点、场
合、对象，这关系到讲话、著文的效果，这样的考虑，就是一种限制。
"命题作文"更是不可免的。人生活在社会中，就有许多社会要求，

满足某种要求写作,都是"命题作文"。说到底,人是不可能把自己心里的话,全部自由无拘地写出来的。连鲁迅都说,他所想的和所写的,为自己写的和为别人写的,都不一样。我们讲要说"真话",并不意味着要把自己心里的话都说出来,因为我们的写作是受着主观、客观的种种限制的。因此,自由写作只能是相对的;我们所要追求的,实际上是一种"不自由状态下的自由写作"。

我们的作文教育也同样如此。从学生一生的长远发展着眼,我们应该同时教会学生"生存性写作"和"存在性写作",要引导学生学会"在不自由状态下自由写作"。其实,管老师的"放、收结合"的训练,就包含了这样的引导,所谓"收",不仅是指对一定的写作法则的遵循,也包含了按一定要求写作的能力。当然,最根本的,是要提高学生的写作素养,增加学生的写作积累,素养越高,积累越丰厚,就越能在各种限制中获得写作的自由。鲁迅说,"想从一个题目限制了作家,其实是不能够的",这里指的就是那些素养高、有积累的写作者。我们讲中小学语文教育要为学生的终身发展"打底",就包含了这样的意思,如《红灯记》里的李玉和所说,"有妈这碗酒垫底,我什么都能应付",我们把学生的作文底子确实垫厚实、宽广了,那么,什么样的作文"题目"都能应付自如——不仅是应试的题目,也包括在他一生发展中随时都会遇到的各种"题目"。

在我看来,管老师和许多第一线语文老师的作文教育改革实验,最基本、最重要的意义,就在这里。

2006年12月27—31日,2007年2月4—8日

信息技术与语文学科的优化整合

——谈邓虹老师的教学实验

　　北师大附中邓虹老师的《激情作文点击——来自高三实验基地的报告》一书（商务印书馆2004年版），早在2004年就放在我的书桌上，这是她在2002—2003年间所进行的"网络环境与个性化高三作文辅导"实验的总结。我读了以后，很受启发，当时就决定要写点什么，但杂事太多，也就搁下了，于是就成了我的一件心事，每每想起，总觉得欠了什么。以后邓老师又从网上发来了她"用网络平台支持鲁迅作品教学案例"之一的《〈药〉之创新阅读研读》一文，我也正忙着杂事，而未予回应。最近，我和她见了一面，她又交给我一个利用网络平台教《记念刘和珍君》的"新案例"。我也从中知道了，她这些年一直在坚持做"信息技术与语文学科的优化整合"的实验，而且获得了很大的成功，积累了丰富的经验。我真的被感动了：在当下的社会与教育环境下，一个普通的中学教师几年如一日地坚持做教育改革的一件实事，这需要怎样的精神！我也为自己未能及时给予声援而感到愧疚：无论如何，我应该写一篇文章了。

　　但却不知从何说起。我想起了刚刚重读的深圳中学的马小平老师早在1999年就写作的《面向知识经济，培养一代新人——关于普通中学迎接21世纪的教改设想》一文，他明确指出："教育必须运用现代教育技术"，"当前我们对电脑技术和网络技术在教育领域的作用的认识还远远没有达到它应有的程度。电脑和网络虽然是技术问题,但它将会给我们带来一种全新的思维模式与教育模式","以计算机为核心所形成的多媒体系统及网络系统将引起一场教育的革命","教育这个高智慧的行业,却最少用科学技术成果来改变自己的生产方式。广泛运用现代教育技术,这将是改变现行教育模式的一个突破口"。马小平老师还同时提出了他所理解的新的教育革命的目标:"通过改变观念,改变办学模式,利用新的教育技术,开发学生的资源,开发教师的资源,从而解放人,发展人,使人成为自己,使人成为主人,使教师和学生的价值得以充分地实现"。——坦白地说,我过去读马老师这样的设想时,虽然很兴奋,但仍然有目标高远,难以落实之感;现在,看了邓老师的实践经验总结,就豁然开朗了。

这是因为邓老师将利用新的教育技术进行教育改革这一新的历史性课题落实到了具体的学科上,提出了"信息技术与语文学科的优化整合"的实验课题,并找到了运用网络进行阅读教学和写作教育的操作方法与模式,而且收到了实效。这就有了相当大的说服力,让我们看到了更为广阔的前景。我们过去许多关于教育、关于语文教育的理念、设想,一直苦于找不到实施的手段,就只能是一个理想,甚至成为空想,而现在网络技术的出现,就给了我们一个将理想、理念变成现实的途径,展现了新的可能性,这大概是邓老师的实验最具启发性之处。

阅读教学实验:虚拟课堂与实体课堂的自由切换

一、问题的提出

据邓老师说,她的这一实验是因我和其他几位老师在2002年听她一节课而引发的。我至今还记得很清楚,她上的是鲁迅的《药》,采取的是当时很流行的情景教学法和谈话法,按通常的标准,这堂课上得还是不错的；但我总觉得有点问题，在评课时，就很直率地提了出来，说这是"请君入瓮"式的谈话法，整个教学过程都是教师预设的，所列问题带有执教者强烈的经验主义色彩，学生的讨论和发言不管充分还是单薄，无不中规中矩甚至机械，除了印证"愚昧"与"悲哀"的既定结论，整节课没有出现任何个性化思考的灵光，也没有出现创造性思维交锋的瞬间。——这一批评当然是从我的教育理想出发的，有些近乎苛求，而且问题的症结在哪里，我也不甚清楚。以后，就一直在琢磨，直到读到了华东师范大学教授，教育学专家陈桂生先生的一篇文章时，才忽有所悟。陈先生是这么说的："每门学科只有把凝结在这门学科中的成年人的经验转化为未成年人自己的经验，成为'学生经验的课程'，才算达到预期目标。而且成年人的经验（它已经不同于一般成年人经验）与未成年人的经验（其中又有儿童、少年、青年经验之别）之间，存在着学科逻辑与心理逻辑之间的鸿沟。"据陈先生说，教材编写本就应力求沟通学科逻辑与心理逻辑之间的联系，但近半个多世纪来我们早已放弃了这种尝试，这就意味着把沟通的责任推给了教师，"而一般的教师又未必知道有这么一回事。即使知道了这回事，你叫他如何着手？"（《漫话"专家型教师"》，见《师道实话》，华东师范大学出版社2004年版）

这样，大多数的课堂教学实际上都是按学科中成年人的经验即所谓学科逻辑去进行教学的，而根本没有考虑与学生（未成年人）的经验沟通，缺乏"沟通课程与学生心理联系之道"，这就是长期以来所形成的"老师按照自己对课文的理解或教学参考书的解释机械灌输，学生被动接受"的模式。教改以来，从表面上似乎强调学生的"主体"地位，但因为在理论上没有弄清楚，缺乏陈老师所说的"对课程成熟的理性思考"，只注重形式的改变，由满堂灌变成满堂"对话"，而按学科中成年人经验进行教学的实质不变，于是就出现了我所说的"请君入瓮"式的对话教学。

有意思的是，当我还在理论上思考时，邓老师却在我们的批评的刺激与启示下，着手进行新的阅读教学的实验。她先是加强了预习的教学环节，按学生预习中提出的问题，作为课堂教学的重要资源，但又发现"课堂几乎总会被少数反应迅速的'精英分子'所垄断，'沉默的大多数'依然沉默"，几经周折，最后找到了网络平台，才取得了突破性进展。

二、第一环节：网上自主研讨

下面我们就以邓老师的《药》的教学为例，对她的实验作一个简要的介绍与评说。

教学活动在虚拟课堂开始。邓老师首先在网上开辟"《药》自主研讨区"，并发布学习公告："欢迎大家从小说的主题、小说的人物、小说的情节、小说的结构、小说的语言……各个方面进行分析、感悟、探讨、质疑。"这也可以说是一个"预习"，但又和传统教学中的"预习"大不相同。传统教学中的预习，有两个特点：一是局限于学生个人在家里准备，学生与老师之间、同学之间的交流，都要等到在课堂上进行，二是学生的预习又是局限于课文的阅读。而网络技术的运用，在这两方面，都会带来新的突破。

首先是对网络提供的丰富的阅读资源的自主运用，邓老师把它称为"拓展阅读"。教师通过具有启发性的网上提示，引发学生的好奇心，产生强烈的阅读兴趣；然后，学生自会带着问题或疑惑，到网上去搜寻有关资料，同时阅读多种参考书籍或文章，寻求答案。这样，学生就把学习的主动权牢牢地掌握在自己手里，其意义是不可低估的。

我看过一本题为《越读者》的书（作者郝明义，台湾大块文化出版股份有限公司出版），讲到网络阅读，就把这样的由强烈的好奇心所推动，有着明确阅读指向的网络资料查寻，称为"主题阅读"，并且作了这样的预言："有了阅读的第一桶金，加上网络上的资源与工具，一个高中毕业生都可以像哈佛大学的博士研究生一样进修。"这里所说的"阅读的第一桶金"，我理解就是指学校的阅读教育所培育的阅读观念、兴趣、方法、能力与习惯，包括利用网络获取信息、处理信息的能力；而所谓"像哈佛大学研究生一样进修"，就是能够坚持进行独立而长期的研究，也就是我们通常所说的"终身学习"：有了终身学习的理念、兴趣、能力、习惯，"阅读就不再有博士与高中生之分"，这才是我们的阅读教学的最终目的所在。而这里的关键又是网络技术所提供的"终身学习"的手段。

这又使我想起了马小平老师对"终身学习与终身教育的观念"的分析：在知识经济的时代，"知识递增的速度越来越快，学习知识越来越是一个无止境的过程"，由此而产生了"终身学习"的概念，同时又呼唤"新型的教育"——"教会学生学习比学习本身更重要。对学生来讲，重要的不是已经学到了多少知识，而是是否学会了自觉、主动地学习，是否有了终身学习的习惯和观念，是否有了随时获取信息、处理信息的能力。这些是21世纪对人的素质的基本要求。明日的文盲不是不能阅读的人，而是没有学会学习的人。"（《面向知识经济，培养一代新人——关于普通中学迎接21世纪的教改设想》）——或许我们应该从这样的高度来认识引导学生利用网络阅读资源，拓展阅读的意义。

掌握资料与信息，自然只是第一步，还需要自己的独立消化：我们不能把学生培养成信息的奴隶。事实上，学生在阅读了网上有关课文的资料以后，再回过头来阅读课文时，就会有自己的感悟、认识、体会、心得，以至突发的灵感，还会产生新的疑惑。于是就有了第二个环节：在网上的自由发表，交流互动。一位学生这样写道：《药》给我的第一大感触就是其极大的视觉冲击力"，"在整篇昏暗的色调里，迸越出唯一的亮点——红，红黑，红白，只属于革命者。就像电影

《辛德勒的名单》里恐慌的黑白世界中那点红色的小小身影一样,砰的一下抓住你的双眼,绝对让人震撼"。由《药》而联想起《辛德勒的名单》,这绝对是学生的独立发现,它让鲁迅的经典文本一下子就和学生自己的审美经验接近了。而另一位学生则提出"作者对于人物名字的设置,很下了一些心思",并具体分析了"夏瑜"与"秋瑾"的关系。他的这一发现引起了其他同学的兴趣,立即有大量的跟帖,展开了热烈的网上讨论,许多同学对"华""夏""栓""小家伙""小东西"……这些名字、称呼,都作了有启发性的解读。网上讨论的另一方面,就是对作品理解的不同而引发的争论,形成了邓老师所说的"高层级的智慧碰撞"。也有同学提出自己"不太明白"的地方,向老师和同学请教。七嘴八舌,你来我往,气氛十分活跃。

不难看出,这样的网上自主研讨,实际上就是前文提到的陈桂生先生所说的未成年人(学生)自己的阅读经验的形成过程。这一经验并非完全自发地形成,它是以在教师的引导下,对网上的资料广泛阅读为基础的,但又显然有学生极强的自主性:不仅资料的搜寻本身就需要发挥学生的能动性,而且由此激发出来的阅读体验与发现更是学生创造性思考的结果,再经过网上的互动,就更形成了一个以个体创造性为基础的集体性的阅读经验——当然,这样的经验还是零散的、粗糙的,需要经过教师的引导而进一步完善与升华,这将是下一个教学环节的任务。但它已经足以唤起学生自主阅读的兴趣、自信心、创造欲望与冲动,已经形成了一个良性的阅读期待:学生可以说是带着许多想法、许多问题,带着表达和交流、论战的渴望来上课的,这是和传统的被动地听课(实际是接受老师的灌输)完全不同的。

另一方面,这样的网上学生的研讨,又是老师观察与研究学生,了解学生接受课文的心理逻辑的过程。在充分理解学生的经验(他们的阅读兴趣、角度、创造、阅读障碍、困难、疏漏、认识误区,等等)以后,教师自然就会对自己的预设教案进行修改与调整,正如邓老师所说:"我必须问自己:学生有了这样的感受,老师还能一如既往,机械地分段归纳段落大意,重复累赘地逐字逐句讲析吗? 有了这样的思想认识,老师还能自以为深刻地'传授'作品主旨吗? 有了这样的独立认识,老师还能自信地亮出所谓的'标准答案'吗? 有了这样的切磋琢磨,老师还能一成不变地'照搬'预设教案吗?"这样的修改,实际上就是陈桂生教授所说的"(教师掌握的)学科逻辑与(学生接受的)心理逻辑"之间磨合、调整,以建立合理的"联系之道"的过程。这和传统的教学中,教师上课时对学生的接受状态心中无数,只能机械地按预设教案灌输,也是大不一样的。

于是,就有了这样的自然过渡,教师在仔细阅读学生发言与点评以后,又不失时机地整理出学生们研读的成果精华和疑难问题,再次发布学习公告:"孩儿们,认真阅读老师梳理出来的与课文密切相关的精华帖子,你一定会被大家的敏捷睿智所震撼,一定会被大家的真知灼见所吸引,一定会从心底里升出强烈的自豪感!"——下面的课堂教学已经呼之欲出了。

三、第二环节:实体课堂教学

我们前面已经提到,尽管学生的网上研讨中已经出现了许多对课文的创造性解读,但还是零星的、不成熟的,因此需要完善与升华;更不可忽视的是,学校教育中的语文教学不同于自学,它是有教育目的的,每一篇课文的教学都是有课程目标,包括语文课程的训练要求的,也就是说,我们反对不顾学生接受的心理逻辑强制灌输,但却不能否认学科逻辑的存在与意义,我们的任务是要"沟通课程与学生心理联系之道"(陈桂生:《漫话"专家型教师"》)。这正是实体课堂教学所要完成的,其中的关键是要发挥教师的主导作用,而不能像当下某些"放羊式的教学"那样,学生怎么说就怎么讲,完全放弃了教师的引导责任。当然,这并不意味着又回到"教师灌输,学生被动接受"的老路。恰恰相反,教师的引导是必须以充分理解和尊重学生接受的心理逻辑、学习经验为基础与前提的。这也正是邓老师的实验,在"网上研讨"中已经调动起了学生的阅读积极性,初步形成了学生对课文的某些理解、学习经验以后,所要解决的新问题:如何恰当地确立可行的课程目标,如何恰当地选择与组织学生学习经验中的部分内容,并找到两者之间的契合点。这也就是她的教学的第二环节——实体课堂教学所要完成的任务。

　　邓老师的经验,是抓住两个步骤。第一个步骤是"以学生们涵盖《药》各部分内容的精华帖为引导,从对课文的整体感知到各部分内容进行深层分析,容量大而不繁复庞杂,节奏快而不浮皮潦草"。我理解这一教学步骤里,有两个关键:一是既要从学生在网上研讨中形成的阅读经验出发,以其作为"引导",又要对体现了这样的学习经验的"精华帖"进行精心的选择与组织,选择的标准就是寻找"课程目标"与学生"心理逻辑"的契合点。这是最能体现教师的教学功力的:对课文、课程目标、学生心理三方面都要吃透,才能作出恰当的选择,抓住讲授这一篇课文(比如《药》)的"纲",纲举而目张,就能做到邓老师所说的"容量大而不繁复庞杂,节奏快而不浮皮潦草"。二是对学生的引导,主要着力点,要放在引导学生去阅读课文上。这又包括两个方面——"对课文的整体感知"和"对各部分内容的深层分析",并且都要落实到语言的分析,即文本细读上:引导学生从领悟"文"面之"义"(字义、语义、用法、表现特点)入手,感悟"文"后之"意"(意味、情意、意念、用心、意图),达到对作家作品"文心"的理解与把握。这就是"直面文本,直面语言,直面(作者与学生的)心灵与生命":这是由语文学科的性质决定的,也是我们的课堂教学所应紧紧把握住的。

　　邓老师的课堂教学的第二个步骤,是"根据学生自主质疑成果调整教学内容,开展难点讨论"。这里,强调教学的针对性,从学生阅读实际遇到的问题出发,是很有启发性的。不过我更感兴趣的,是邓老师组织的课堂讨论的两个特点,一是注意敏锐地发现和抓住学生在阅读中所出现的问题与偏差,组织讨论。例如,有学生对《药》的结尾坟场的"路"的描写,作了许多引申,引出了"对资产阶级革命的批判","对中国革命前途的美好憧憬"等"重大意义"。这样的"过度阐释"显然是受到了学术界的某些研究倾向的影响,学生大概是在网上搜寻资料时,读到了这些文章,被其论述的"宏大"与"深刻"所吸引,一时失去了鉴别力,这对初学的中学生是很难免的;或许正因为如此,中学语文教师就不能放弃自己的引导责任,当然,前提是教师自己要有鉴别力。邓老师还以一个语文教师的敏感发现了这样的过度阐释的背后,还有一个"忽略文本"的问题,这也是不成熟的中学生在自主研读中很容易发生的倾向。邓老师也就由此入手,引导学生"以文本语言为据",对上述坟场"路"的"重大意义"的分析展开讨论。邓老师称之为"思维较量",结果不仅纠正了文本理解上的偏误,而且增强了学生"一切从文本出发"的鉴赏意识。

其二,邓老师还"特别注意发现学生对尖锐问题的讨论,有意识地创造一个百家争鸣的思想'碰撞场',让学生在充分展示个性与创造性的同时,通过与同学,与老师的智力交锋,自觉实现自我提升"。特别是像鲁迅这样的经典作家,中学生出于他们这个年龄所特有的逆反心理,常常要提出各种疑问,这大概就是邓老师所说的"尖锐问题",这是正常的,在教学中不必回避,反而应该鼓励学生提出异议,并因势利导,组织学生展开讨论,通过"智力交锋",自己来解决所提出的问题。比如,有学生提出"一直很不理解鲁迅先生为什么那么热衷于隐喻、暗讽,费很多的心思去写,更让人费很大的心思去读,要是大多数人,都和我一样,懒得理解那么深,那他的文章有什么用?"邓老师敏锐地抓住了问题所在:这不仅涉及对鲁迅文笔的理解,也反映了"鲁迅作品的深刻性、蕴藉性、厚重性对部分同学的阅读心理与阅读习惯造成了强烈的冲击",于是引导学生就"青年学子能否拒绝经典,拒绝厚重"这一话题展开讨论,要求学生结合自己在阅读《药》的过程中的体验,各抒己见。结果不仅加深了对鲁迅的《药》这样的经典作品的理解和体认,而且提高了学生的阅读境界。

四、第三环节:网上作文,课外拓展

阅读教学做到这样的程度,应该说已经十分成功了,邓老师因此而"沉浸在无比的愉悦中"。但她并不满足,又给自己的实验提出了新的课题:"还能不能让学生与经典走得更近? 如何能让经典常读常新从而'不隔'?"于是,又切换到虚拟课堂,进行网上作文。

这又是一次新的创造性实验。邓老师引入叙述学的新知识——"围绕一个故事讲出许多其他故事",别出心裁地出了一个"与鲁迅先生合写《药》"的作文题——有经验的老师都知道,作文题是最能显示老师的创造力的,而好的作文题又是最能激发学生的创造力的。邓老师又向学生推荐2006年诺贝尔文学奖得主帕慕克的代表作《我的名字叫红》,引导学生关注其超凡脱俗的艺术创造力和想象力,鼓励学生尝试独特的写作构思及新颖的叙事手法。既提出"奇思",又授予"奇招",在老师这样的引导下,学生的创造力就如火山般爆发了。

单看这些学生自拟的题目——《我是夜》《我不情愿》《冷月无声》《灯之眼》《红》《那片黑色》《白家三兄弟:灰白、青白、白色》《康大叔的昨天今天明天》……就可以想象出这都是怎样的创造了。邓老师简直是喜不自禁:"点开任何一篇,角度匪夷所思,选材令人眼花缭乱,立意超凡脱俗,实在令我对自己的学生充满敬意!"——我要说,能够欣赏学生的老师是幸福的。而我们在惊叹之余,更要反省:我们对中学生的创造潜力,中学老师的创造潜力,实际上是严重估

计不足的。马小平老师说得很对:"人的大脑发展的无限可能性,是对我们现在教育模式的极大的讽刺。想一想,我们的教育究竟在多大程度上开拓了学生的脑潜力?""教师自身也是一个有待开发的资源,教师的智慧,教师的创意,在目前的情况下,还远远没有开发出来","教育改革的问题,说到底,就是一个资源开发的问题",是一个解放老师与学生的创造力,开发他们的学习、创造资源的问题(《面向知识经济,培养一代新人——关于普通中学迎接21世纪的教改设想》)。

邓老师的实验证明了,网络对释放老师与学生的创造潜力,是可以发挥很大作用的。在我看来,以"与鲁迅先生合写《药》"为题的网上作文的成功处有三:一是充分利用网络的虚拟世界能够打破时空界限的功能,自然消解了和鲁迅的距离,达到心灵的相遇,实现了邓老师所期待的"让学生与经典走得更近"的目标;其二,通过对鲁迅文本的细读,获得对鲁迅语言的独特感悟,以此为基础,又通过无拘的想象,转化为自己的语言,形成在鲁迅启示下的自我独特表达,这就较好地达到了阅读与写作,学习、汲取与创新的结合;其三,充分发挥网络平台的互动作用,每一个学生的独特创造都会在同在网上的同学中得到瞬间反应,获得成功感,同时又引发出新的想象,形成良性竞争,在相互激励中达到学生群体性的创造力的极大释放。

纵观邓老师的阅读教学的全过程,首先以网上的阅读研讨奠定学生自主性阅读的基础,再通过课堂老师引领的讲读讨论进行升华,使学生达到课程所要求的对课文准确、深入的感悟和理解;最后又通过网上作文,加以深化与扩展,将之转化为阅读与写作的能力。整个教学过程浑然一体,在老师的引导下,学生自由地出入于虚拟课堂和实体课堂之间,在远比单一的课堂教学更为开阔的教学空间里,更为有效地开发了教师的教育智慧与学生的学习智慧。

写作教育实验：构建激发创造
活力的"写作场"

一、实验缘起

实验的动因依然产生于对写作教育的反省。如邓老师所说，现在通行的学生作文，是一个"完全封闭的静态单向写作过程"，学生应教师的命题而作，也只写给教师看，由教师作出评价就算完事。这就产生了一系列的问题，如学生写作资源枯竭，写作动力不足，教师很难深入学生写作全过程，很难发挥学习集体的作用，很难解决写作个性化的问题，等等。于是，就产生了"把完全封闭的静态单向写作过程转变成流变性的动态交互过程"的设想，这里的关键，是网络技术的运用，即"以网络技术刺激学生的写作欲望，解决写作过程中的个性化问题，着眼于每个教学对象，为每个学生创造自我发展的机会，提供自我发展的空间。就这样，'网络环境与个性化高三作文辅导'实验计划诞生了"（《〈激情作文点击〉前言——人人得提升，个个有发展》）。

这次实验课题标明了其重点是解决作文教育的个性化问题，我们在下文中也会有详细的讨论。但在我看来，其所解决的，或者说其给我们的启发，又不止于此，而是有着更为丰富的内容，所提供的是多方面的可能性，这也是我们在下文所要展开讨论的。

按我的理解，邓老师的实验的重心，是在"网络环境"的构建，也就是利用网络，构建一个全新的"写作环境"：它不是"封闭"的，而是"开放"的；不是"静态"的，而是"动态"的。邓老师后来提出了一个"场"的概念，我们在邓老师的作文网上也分明感受到一种"气场"，激情涌动，充满吸引力。我们也可以把它叫作"写作场"。一位家长说得很好："这个场就是师生互动，学生互动，心灵碰撞，激发灵感,展示才华,你追我赶的一个教学氛围。它是这次实验的灵魂所在。传统的一对一的单线教学是形不成这个'场'的。"

在我看来,这样的"网络环境""写作场",主要有开放性和互动性两大特点。

二、开放性

我们先来看邓老师的作文网所设计的栏目。主要有两大块,显示了不同特色,具有不同功能。

第一大块,主体部分有二。一是"写作资源库",包括三个专栏:"学以致用"(指导学生充分利用已经掌握的大量的教材资源,活学活用),"今日焦点"(每周更换热门话题、社会焦点,使学生写作始终与时代紧密相连),"世间万象"(引导学生关注周围看似单调,其实丰富多彩的日常生活,从中发现写作材料,避免闭门造车)。二是"自我提升",包括"道德伦理""艺术心灵""哲理哲思"等专栏。

这样的设置背后自然是有教育理念的,即邓老师所说的三个"离不开":"作文离不开做人,作文离不开生活,作文离不开阅读",因此所要追求的是"让阅读与写作同步,让内容和技巧共存,让'文'的提升始终伴随'人'的发展"。

这样的设置也是从学生的实际出发的,如邓老师所说,"当今中学生生活范围相当狭窄,生活积累相当有限。高三学生更是一头扎进题海里,很难抽出大量时间关注社会,感悟生活,很难投入大量精力观照人生,提炼生活,表现在作文中则缺乏开阔的视野,缺少丰富的素材,缺少相关的知识储备"。现在通过阅读来扩大学生的生活视野,虽然不能代替生活实践的直接观察与体验,有一定的局限,但这在某种程度上也正是青少年学生在校学习期间的成长特点:他们主要是通过书本来认识生活,提升自我精神的。因此,在我看来,"阅读"应该是中小学教育的重心。有经验的语文教师也是以阅读来带动写作的。现在邓老师自觉地运用网络，把"网上阅读"作为作文教学的一个重要环节，这是一种更有针对性，更及时、便捷，也更自由、主动的阅读。

我更为看重的是通过网上阅读把学生视野引向更广阔的生活空间与思想、精神空间，显示了一种"开放性"。它为长期以来一直困扰作文教学的"学生写作资源匮乏所造成的创作枯竭"的问题，提供了一种新的解决途径。

邓老师的网络作文教学的"开放性"的另一个，也许是更为重要的一个方面，就是它不受时间、地点、人数的限制，极大地扩展了教育的空间。学生可以根据自己的需要自主安排，随时进入写作，又可以随时退出，遇到写作与学习中的问题，还可以随时提出，并及时得到解答与指导。如一位家长所说，"很难想象，深夜十一二点师生还在切磋作文，这在传统课堂教学中是难以做到的"，一位学生也认为网络作文最大的创新点就是可以"随时随地打开电脑，在文字中遨游"。

三、互动性

邓老师作文网站上的第二大块主要包括四个栏目："评改快讯"（老师及时指导与点拨，学生快速反馈与回应），"聊天室"（师生即时互动），"给邓老师写信"（专用于及时解答写作过程中的私密性、个性化问题，如不便公开交流的写作情感、写作心理、能力差异等问题），"T型展台"（师生之间、学生之间的相互交流观摩，因此，既有展示学生优秀作文的"脱颖而出"，也有展现老师写作丰采的"师文师心"）。

这一大块是整个实验"支柱性板块"。邓老师总结说，它"最能体现实验与传统教学模式的根本区别，是本实验的主要价值所在，也深得学生及其家长的喜爱和赞赏"。而它的主要特点，就是"互动性"：老师与学生的互动，学生与学生的互动，而且是"在场"的互动。如邓老师所说，这样的互动，"及时，热络，鲜活"，"在学生的思想意识还没有撤离作文的'场'，灵感犹存，激情可触之际，及时送上赞赏、鼓励、点拨、指正，会收到令人意想不到的效果"。——在我看来，它还"意想不到"地为解决一系列学校教育、语文教育、作文教学中的问题，提供了新的思路和途径。主要有以下七个方面。

第一，关于充分发挥教师与学生群体的作用，营造生动活泼、自由平等的写作环境。

中小学写作教育不同于一般意义上的写作（语文）活动，"它同时是一个教育活动"，其最大特点就是它"既是教师指导下的写作，又是学生群体中的写作"。因此，"必须重视发挥教师的指导作用与学生群体的作用，使写作成为师生互动、学生之间互动的生命过程"（《关于中小学写作教育的断想》）。在我看来，"在进行群体的语言、思想交流这方面，青少年是有很高的积极性与极强的创造力的。只要教师引导得法，就会形成一个生动活泼的、民主自由的语言（学习）环境，整个教学群体（师生之间、学生之间）将在相互激励、促进中，得到知识的不断增长与精神的不断升华。也只有在这样的环境、气氛中，学生与教师的个性才会得到全面而充分的发展"（《以"立人"为中心》）。

但这样的教育理想，却始终难以落实，我为此也深感苦恼与困惑。除了观念、体制上的问题外，缺少相应的具有可操作性手段，也是不容忽视的原因。在这方面，许多有追求的第一线的老师作了很多的实验和努力。但在课堂阅读教学中，始终难以避免邓老师所说的"几乎总被少数反应迅速的'精英'所垄断"，多数学生"依旧沉默"的尴尬，而作文教学更是摆脱不了老师与学生"一对一"交流的模式，学生群体始终无从参与。现在，网络技术的运用，就打破了这样的教学格局。每一个学生的每一篇作文在网上发表，几乎在同一时间内,就会从老师与同学那里得到快速的反应。这是相互倾诉与倾听,又是相互欣赏与共享,更是相互评比与激励。每时每刻都有挑战来自同伴,都在亮相互动展示竞争,取长补短合作学习。在这样的网络平台上,每一个人,都是独立自主、自由平等的,如一位学生在调查问卷里所写的:"每个人都可以'在线'提交自己的作文,让老师和同学评价;每个人都可以拿自己的文章与别人进行对照,优劣各在哪里,一目了然;每个人都可以尽兴遨游在名家名作的世界中,采集果实。"这样的网上交流,不同于平时课堂内外的面对面的交流,由于它特有的隐蔽性和游戏性,就更加放松,没有太多束缚,不必有太多的顾虑,也用不着掩饰自己的情感(有些处于青春期的孩子是特别羞于向老师、同学表达自己的情感的),如一位家长所说,这里的表达是可以"不设防"的,因而是最自由,最真诚的。每一个学生以及老师都可以无拘无忌地把自己心灵中最美好的方面,把自己的聪明智慧才能,展现在这个学习群体的每一个成员面前,进而达到一种相互映照,相互欣赏。有许多学生在回答问卷调查时,都谈到没有想到自己的同学(包括一些平时不起眼的同学)竟然如此"有才",更没有想到自己也会有这么多独特的想象与创造,为此而兴奋不已。其实更兴奋的还是教师:邓老师多次为自己的"孩儿们"(这是邓老师最喜欢的对学生的爱称)所显现的出乎意料的才华、潜能而击掌大笑!这样,师生都获得了一种成就感、快乐感、充实感:这是真正的老师和学生(而且是班级的每一个学生)生命的"集体成长",这正是我们一直向往而难以达到的教育境界,而邓老师的实验却向这样的境界迈出了一大步,我以为其关键,就在于借助网络的力量,营造了平等、独立、自由参与的写作环境与氛围。

这里还要补充一点:这样的网络的参与也包括家长。一位家长如此谈到他感受最深的网上作文的特点:"家长也能看到自己孩子的文章,这是我最感兴奋的!孩子进入高中以来,由于青春期的封闭状态,很少向家长出示作业,网络教育为家长弥补了这一遗憾。"于是,就出现了家长与学生,全家人一起坐在电脑前分享网上交流的快乐的场面,这样的学校教育与家庭教育的交融,也是令人感动的。

第二,关于学生作文的性质、功能和意义。

从前面关于网上写作的描述中,不难发现,学生作文的性质已经悄悄发生了变化,更准确地说,是有了新的扩展。一方面,依然强调写作能力的训练的功能,邓老师的这一实验更有明确的高三学生高考前的"作文辅导"的性质与任务。为此她还专门设置了一个"及时点拨"的栏目,"力求在高三作文训练时间紧、任务重的特殊阶段,广泛搜集有效的审题方法供学生参考借鉴,加强审题训练,尽可能地减少审题失误;从课内外学生习作中提取创新意识强烈、个性风格突出的作文范例,引导、鼓励学生文有特色"。——我说过,我们的作文教学不必回避应试的问题,要处理好"自由写作"与"应试写作"的关系(参看本书《一个富有创造性的、有效的作文教学实验》一文);而写作能力训练更是学校教育中的写作和社会写作的基本不同点,这样的训练功能是必须坚持的。但由于写作本身是一个精神活动,所谓"文从心出",因此,即使是学校里的作文训练也不应该,不可能变成与学生生命成长无关的纯粹写作技巧的训练。而网上的作文就更是一种和老师、同学,甚至家长的心灵对话与交流,也可以说,这是一种在对话、交流中的写作训练。这样的写作性质,就必然使学生的作文同时具有了"发表"的功能,成了一种"公众言说":应该说,这是一个具有重大意义的作文功能、价值、意义的扩展。

其实,中学生是有着极其强烈的表达要求与交流欲望的。我在一篇关于作文教学的文章里,就讨论过这样的问题:"为什么有那么多的学生喜欢摆弄手机、电脑? 为什么有那么多的学生喜欢在网上聊天?"我引述了一位小学老师的观察与分析:"今天学生的苦恼、困惑和迷惘,并不比20年前的学生少,他们不想压在心头,他们要找个发泄的出口"，短信、网上聊天，就是这样的他们终于找到的出口。问题是，在许多学生心目中，是把作文和这样的短信、网上聊天严格区分开来的：前者是给老师看的，是应老师之命写的，而后者是写给自己的"哥们儿"看的，是为了自己的交流需要而写的。这样，学生的写作，其实是有两套话语体系的，一套是用来应付作文和考试的，就按照老师和考官所要求的所谓"公共话语体系"，说一些大家（首先是成年人）在公共场合都这么说的话，即所谓大话、空话、废话、套话、假话，近年来又加上了华而不实的漂亮话，等等；只有在私下，和"哥们儿"或自己亲近、信赖的人聊天（包括网上聊天）时，他们才采用"个人话语体系"，说真话、实话，自己心里怎么想就怎么说的话。这样的"公共话语"和"个人话语"的分裂，"作文写作"与"私下写作"（短信、网上聊天等）的分裂，是当下学生写作中的一个根本性的问题，其影响不仅是造成文风的败坏，更是培养了分裂的人格。邓老师的网上作文实验的意义，正在于她利用网络技术，把学生作文变成一种师生之间、学生之间建立在彼此信任基础上的真诚、坦率的不设防的对话与交流（对此，前文已有详细分析），这就在一定程度上打破了"作文写作"与作为"私下写作"的网上聊天之间的界限，从而引导学生用说真话、实话、心里话的私人话语方式对公众发言，并经过"改良、发展和创新"，提升为新的属于他们自己的公共话语，或实现"私人话语体系和公共话语体系的交叉、渗透、融合"（参看《一个富有创造性的、有效的作文教学实验》）。

　　当然，网上作文也有和网上聊天不同的特点。如果说网上聊天，带有更大的自发性与随意性，因此，其网上语言也更多保存着未经加工的原生形态，而网上作文如前所说，有着写作训练的任务和功能，因此，它更强调对原生态语言的加工、提升，注重语言规范化及提高语言的表现力，这就是我们在前文中提出学生的私人话语方式（这是接近原生态的）要经过"改良、发展和创新"才能成为新的"公共话语"的原因。更重要的是,网上作文所建立起来的公共平台,是一个班级的公共舆论空间,它是由老师引导的,自有一种写作、舆论导向,而同学在参与中既相互激励、分享,又相互监督,这样的网上发言其隐蔽性是有限的,这就避免了网上写作的无序性所造成的弊端。也就是说,网上作文所打造的是一个良性、优化的写作空间、舆论空间,它自有一种"扬善抑恶"的净化功能,不仅不会成为藏污纳垢之所,而且如前文所描述的,其所展示的恰恰是老师与学生人性中最美好的方面。这样就既充分利用和发挥了网络的优势,又避免了可能产生的消极影响。

这里还要特别指出的是,邓老师的网上作文实验,既为学生创造了公众发言的良好环境,同时还照顾到学生隐私性言说的需要。应该看到,网上的班级作文交流,既会起到相互激励的作用,对某些写作能力相对差的学生也会形成某种压力,这就需要有一个隐秘的空间,以及时解答写作过程中的私密性问题,不便于公开交流的写作情感、心理,能力差异的问题,如前文所介绍,这就是邓老师所专门设置的"给邓老师写信"栏目的特殊功能。这样,就较好地处理了学生写作的公共性与隐蔽性问题,显示了老师对学生的理解、尊重与爱护,这是非常动人的。

第三,关于学生写作的动力和快乐性原则,写作成为生活方式。

当学生的作文具有了"发表"的功能,学生在网上写作中,自由地表达自己的思想、情感,展现个性,和老师、同学进行交流、对话,对班级集体发言,并且在这样的公共展现的过程中,实现了言说的价值,获得成功感,体会到言说的尊严,这时候,写作就成了他内心的需要,自我生命成长的需要,不再成为负担,就由"老师要我写"变成"我要写了":长期困扰着作文教学的学生写作动力不足的问题,就这样迎刃而解。许多学生在总结这次实验的收获时,都强调了这一点:"我发现自己的作文水平与日俱增,再也不厌倦写作了,由被动写作变成主动写作"，"这次实验使我体会到写作的快乐，也许这种快乐便是今后支撑我度过漫漫长夜，陪伴我攀山越岭，走向成功的快乐"，"通过这次实验，我常在想：写作应该是一种生活方式。我绝成不了苏轼，也绝不是李白，诗文不会成为我生活的主线。但时不时写些什么，读点什么，这却应是生活本身。记录下思想的灵光，抒发些激越的情感，让轻若鸿毛的生命增些重量，在浮世中为心灵留下一处沉静的地方，这样才不至于在诱惑、假象中迷失。"

　　学生的总结，有两点特别值得注意。一是学生谈到了"写作的快乐"。我由此想起马小平老师的一个理想："把电脑游戏的思路引入到教学中来，这是一个很好的创意：让学生在学习中可以如同在游戏中一样，高兴、轻松地学到了知识，发展了能力。"（《面向知识经济，培养一代新人——关于普通中学迎接21世纪的教改设想》）在观察邓老师的网上作文、阅读实验时，我们就发现学生实际上是把阅读与写作都当作是"同场竞技游戏"，各自"过招"，显示智慧，一个对课文的巧妙解读，或一篇别出心裁的文章，都会立即在网上获得一片喝彩，于是又激发出新的"招式"，在这样的各显神通、精彩纷呈的"擂台比武""成功表演"中，学生的智慧、创造力得到了空前的发挥，学生也正是在这样的创造性中感受到了"写作的快乐"。这是学生在传统的作文写作中很难感受到的。可以说这是将网络所特有的相互作用性、挑战性、激励性与游戏性引入作文教学中的一个结果，它所体现的写作中的快乐性原则、成功性原则、创造性原则，或者叫在"创造"与"成功"基础上的"快乐"，是很能显示中学生作文的特点和特质的。

　　而且正如学生所感到的，这样的创造、成功与快乐，还会延伸到他今后的生活中；由此提出的"写作应该是一种生活方式"的观念——或许还应有"让阅读成为生活方式"的观念，更是对中学语文教育（包括作文、阅读教学）认识上的一个重大飞跃。中学语文教育的基础性,正是表现在它是为学生终身阅读与写作打基础的:让学生形成将阅读与写作作为生活方式的基本信念,学会基本方法,具备基本能力,并养成习惯,这才是语文教育所应该追求的目标,这才是它的意义和价值所在。这也是邓老师的实验真正成功之处:写作成了学生生活的有机组成部分,我们的教育也就在学生的心上扎根了。

第四,关于作文教学中教师的指导。

这也是中学作文教学中的一个老、大、难的问题,如邓老师所说:"相对学生的写作过程而言,课堂作文教学的重点,大多集中在对写作结果的评析上,教师很难深入学生写作的全程,而事实上学生的写作困难恰恰是遍布在过程当中。如何才能扭转作文教学的滞后性?怎样才能让教学和学生写作同步?"记得我在20世纪60年代教语文时,就遇到这样的问题,并作过改革的实验:我深入到学生中去,先是和他们聊天,在聊天中产生写作题目,形成写作思路;学生写成文章,又和他商量如何修改,改完了再来讨论,如此往返多次;最后成文以后,还要一起总结这次写作的经验。这样一轮下来,学生的作文进步确实很大。我大概用了三年的时间,对全班大部分学生都进行了这样的全程辅导,结果这个班的学生的作文水平在我所教的学生中是最高的,而且也影响了他们一生,前几年我回到贵州,有些学生从几百里外赶来看我,让我非常感动。因此,我看邓老师的实验就感到特别亲切,而她现在利用了网络的新技术,比起我当年的手工操作,就更加及时、有效,而且有了许多新的发展。

应该说,邓老师的网上指导,是有鲜明特色的。一位家长把邓老师称作是网络里的"织网人",并对她的指导特点与风格,有这样的生动的描述——

　　进入网站,扑面而来的是滚滚奔涌的激情。在这里,没有板起面孔的说教,没有苍白之味的批语,没有居高临下的训导。每次学生的作文后面，都是一段段用火一般的激情写就的文字：
"我触动了怎样的一座活火山，让他炽热的才情如滚烫的熔岩冲天而喷发！"谁看了这样的评语能不怦然心动？又有谁能不从心底油然而生一股擎天拔地的力量！当孩子们把一篇篇用心写好的习作发给老师以后，若是获得了赞许，他们会收到"我心爱的徒儿，飞过来拥抱一下吧"，"你的光芒晃得我睁不开眼"这样的批语，孩子们兴奋得欢呼雀跃，接踵而来的是篇篇佳作。深夜，孩子们还在奋笔疾书，渴望着老师能为他们批上最后一篇文章，又担心老师能否等到这么晚，这时屏幕上会出现老师的话："乖，我等着！"当孩子们的文章出现审题不准、重复错误的时候，老师的批语会出现"揪心的老邓""昏厥的老邓""咬牙切齿的老邓"……何等的形象！孩子们见此能不警醒吗？相比之下，那些对学生的高声训斥在这里显得多么无力！

心灵的撞击与契合，换来了孩子们的倾情相诉。在一些作文的字里行间，依稀可以看出有的孩子可能遇到了个人感情问题，文章写得无比伤感。有的并不是老师布置的作业，只是有感而发的即兴文也发给了老师。这时文后会有老师发人深省、催人奋进的话语，像一双温柔的手抚平孩子心灵上的皱褶。

使我赞叹不已的还有老师高屋建瓴的视角，以及诗一般的评语。老师写给学生的评语是全景式的、多方位的，其中包含的知识点极多，从立意、架构、思路、视角、内涵，到语言、句式、韵律、气势、色彩，以及"快速构思法——十分钟拿下"等实践技巧。有时只寥寥数语便一针见血地点出文中之误，有时只用几句话，便重新给学生梳理出一个新的框架来，使学生茅塞顿开。评语绝无敷衍之作，都像是一首精心打磨的诗。

可以看出，在作文网站上，邓老师既是一位有学识有经验，可以向她求教求助的年长者，又是一个亲切可信，能够向她倾诉，与之讨论问题的朋友，师生关系完全是平等的。因此，她的指导，总是以商量、建议的语气来表达："仅供参考""是不是""能不能""希望你""期待你""我等你""很高兴""很可惜""很遗憾""值得斟酌"……这背后是对学生的发自内心的信任与尊重。最难能可贵的，是邓老师懂得欣赏学生："感谢你为我们描绘这斑斓的爱的图画，感谢你让我们跟随你置身于这爱的天宇中"，"敬佩你，关注民族命运的热血男儿！"我在邓老师的这些批语后面，写了几个字："'感谢'、'敬佩'背后的教育学。"打心眼里欣赏、感谢、敬佩学生的老师才会得到学生的感激、敬佩与欣赏，而教学的最高境界就是师生之间相互欣赏，老师和学生生命中最美好的方面，都因此得到激发与升华。

可以看出，邓老师对学生是严格的，指导也是全面的："词语搭配恰当吗？""注意修辞！""第一篇文章构思精巧，第三篇结构严谨，第二篇我不欣赏，内容与描写都脱离现实，模仿痕迹太重！失去本心，徒具形式的文章最不可取，切记！""千万不要无目的地掉书袋子！""书写自己的心声，这正是写作的本质啊——我最欣赏这样的写作内容，只不过意思表达得不够清楚，我没有看懂，有什么好道歉的呢？不过，你也得注意啊！"……读着这些评语，我在想，语文学界、写作界的许多论争，"工具性与人文性"啊，"内容与形式"啊，"生活与写作技巧"啊，等等，一放到教学实践中来看，就几乎不成问题了：在老师的作文指导、学生的作文实践中，难道能够把语言能力的提高和人文精神的培育、内容与形式、生活与技巧截然分开，绝对对立吗？它们事实上是浑然一体，难分难解，缺一不可的。

当然，最引人注目的，是邓老师的指导完全是个性化的。这是在学生中广为流传的一句话："邓老师诗意地栖息在作文纸之上。"这就是说，对邓老师来说，网上作文指导，也是她的一种"生活方式"，是她生活的有机组成部分，是她的生命存在形态，是她的人生意义和价值所在。因此,她也和她的学生,她的班级集体一起,在网上尽兴地、自由地倾诉自己的喜怒哀乐,展现才华和生命活力。这不仅使她自己从中收获成功、创造的快乐,更是形成了一种人格的魅力,这是真正吸引学生,能够产生凝聚力的。我们在前面说,邓老师的作文网站,有一股"气场",其核心与发源地正是邓老师的"人"的力量。

最后还要说说邓老师的网上指导语言:不仅充满激情,而且多少有一些游戏性的夸张,如直呼"孩儿们",自称"老邓"之类,都能引得学生会心一笑。这恰恰是跟网络的隐蔽性和游戏性相适应的。在日常生活中,师生关系无论怎样亲密,都很难用那样一种亲昵的、半开玩笑的、夸张的语气说话,但在网络的虚拟空间里,就觉得很自然,而且会在有意无意之中消除人与人之间,包括师生之间的界线,缩短心理距离,达到心灵的契合。

第五,关于学生写作的差异性和个性化。

教师的全程参与性指导的最大作用,还是便于照顾学生写作的差异性,便于培育学生的写作个性,这也是邓老师网上作文实验的最初动因与目标:"传统的课堂作文教学模式只能关注少数人的写作发展,难以解决大部分学生的写作差异问题",因此,需要借助网络技术,"解决写作过程中的个性化问题,着眼于每个教学对象,为每个学生创造自我发展的机会,提供自我发展的空间"。邓老师的作文指导也确实出色地做到了这一点。随便举一个例子:一个被称为"满脑子数学公式"的学生,偏偏遇到了"诗意地栖居"这样的作文题,这可难为了这个孩子,但他不愿重复别人说过的话,就从自己的兴趣出发,声明"我崇尚自然科学,但不是机械唯物论者",然后,写了这样一段自己的理解:"诗意并不是疯狂,而是优雅,是和谐的存在,不是从世界逃脱。自然造就了我们,也造就了浪漫、诗意。"但写到这里,不知道如何展开,就写不下去了,交上来的是半篇文章。邓老师却抓住他文章的这个闪光点,大加赞赏,说"文章展示了你对诗意的理性认识","显示出你是一位理性的文化人呢",同时提出希望:"要是能形成一篇完整的文章一定很精彩!"于是,就有了"二改",果然丰富了许多,成一篇文章了,邓老师立即回应:"热烈地拥抱你!好样儿的!谁说你没有才气?!谁说你满脑子数学公式?!半天的功夫,一篇佳作就此诞生!自豪吧!"然后及时提出建议:"相信你通过修改悟出了一点儿作文之道。好好比较比较,学会总结经验,寻找规律,举一反三。"接着提出新的期待:"怎么样,愿意'三易其稿'吗?这将是对你意志力的最佳考验!挺得住吗?"这就自然有了第三稿,这位学生真的将自己擅长的理性分析寓于原先并不熟习的情景描写中,写成了一篇情理交融的佳作,引来了邓老师的由衷赞叹:"为着你的孜孜以求,我真诚无比地向你致敬!你已经完成了从丑小鸭到白天鹅的蜕变!"这是真的,后来这位学生就成了邓老师网上作文实验的骨干,而且文章越写越成熟,人也成长了。

这个作文故事是很有启发性的。它说明,"所有的学生都有自己的潜质,都有自己的个性",包括写作的潜能,写作的个性,因此,"所有的学生都能成为善良的人,成为聪明的人",所有的学生都能写出好文章,关键在于教育的开发:这需要信任、信心与尊重,要善于发现学生处于潜在形态的善良人性的萌芽,智慧的萌芽,写作的萌芽,然后加以激励、引导、诱发、培育,以促成其完成最终的"蜕变"。如马小平老师所说,"我们要把学生的个别差异作为一种教育资源来开发,要以独特的方式来开发这种资源",而学生写作资源的开发,其核心就是人的潜力的释放,是一个"解放人,发展人"的过程,而写作的个性化,其实质更是使"学生的价值得以充分地实现"(《面向知识经济,培养一代新人——关于普通中学迎接21世纪的教改设想》)。

第六,关于作文教育中教师的主导作用与学生的主体地位。

这也是一个在教育改革中争论不休的问题,但在邓老师的实验中却似乎不成问题。没有人会怀疑,学生是网上作文的主人,他们的主体性得到了充分的发挥，一位学生说得很好："网上作文辅导的主动权不仅仅在老师，更在学生手里。老师点明了千万条路，学生可以自己选择最适合的一条。"同时也不会有人怀疑老师的巨大的，甚至是决定性的作用。一位学生在调查问卷中特地加上一段："实验中，邓老师的敬业精神令我异常感动。可以说此实验的成功，百分之八十是因为邓老师持之以恒的努力。作为一个在实验中受益的学生，我对邓老师的付出，表示衷心感谢。"这大概是所有学生共同的心声。一位家长更是深情地写道："我看到老师的巨大付出，我叹服老师能如此长久地保持着那样一腔火热的激情而不衰，犹如一张拉得满满的弓，这需要多大的定力！我常想，'激情'这东西不是什么时候想要都能来的，保持短时间的激情并不困难，难的是持久。人，没有身体不适的时候吗？人，没有心情不畅的时候吗？人，没有困倦慵懒的时候吗？没有，这里全没有！人一挂到网上，就百病全无，一如僧人入定般的专注，这真是奇迹！我找不出什么理由，若用'敬业''刻苦'来表达，那是很苍白的。"所谓"一上网就百病全无"，其实是"一见到学生就百病全无"，所有视教师工作为生命的老师都是如此的，奇迹就产生在这样的为教育献身的精神上，而且这样的"献身"是自然的，发自内心的，是意识到生命的意义和价值，充满了快乐的自觉选择。这是邓老师的实验成功的秘密所在，也是她的实验的真正价值和最具启发性之处：中国的教育，中国的教育改革所需要的正是这样的精神，这样的"定力"。

　　当然，在教育精神之外，还需要有新的教育智慧与能力。应该看到，网络技术的出现，网上阅读、作文这样的新的教学形式的出现，都对教师提出了新的挑战。如马小平老师所说，"教师需要学会选择和开发课件，不然，在多种媒体的综合运用中，他们就只能是被动的跟随者；教师必须学会当一个群体的组织者，学生自学的咨询者和学生智力交流的协调者，否则，他们将无法面对学生新的需要"(《面向知识经济,培养一代新人——关于普通中学迎接21世纪的教改设想》)。邓老师的实验的成功,也仰赖于她熟悉网络技术和开发课件的能力,以及她适应新的教学要求,调整自我角色的智慧:这几乎是具有示范性的。

第七,关于回归写作的本原,中学作文的精神家园价值。

最有权威性的自然是学生的评价——

此次实验的成果不是单单'成功'二字可以概括的。所有的一切我们都记得,并且永记心中。多少个日日夜夜,我们一同走过;多少个霞光满天的黄昏,我坐在电脑前,听着朋友们的心声;多少个没有月亮的夜晚,我在"基地"中寻找月亮,那是狂风中可以停泊,可以避风,可以依靠的港湾啊……

如春之细雨滋润了我们饥渴的心田;
如夏之火热点燃了我们内心的激情;
如秋之清风平静了我们心灵的喧闹;
如冬之瑞雪收藏了我们来年的企盼。

时间会冲淡所有的痛,骄傲的我不会回头。但终会不时地想起,那端坐在桌前翻阅文章的日日夜夜,想到许多个周末,坐在电脑前望着闪烁的屏幕,浮想联翩,然后微笑着敲击些自己喜欢的文字,直到深夜,期待着老师温柔的鼓励的话语,一夜好梦。生活一直在继续,不知道明天会是什么颜色,我背上自己的行囊,离开熟悉的地方,将到一个怎样的世界。幸好有一些回忆令我温暖令我微笑,我一直深深感激在高三最后的日子里,还有这样一片乐土,用自己的温度一直温暖着我脆弱的心灵,在我被理综(理科综合考试)折磨得不行时,总有个理由让我放纵一下自己，做一些自己喜欢的事。也许现在还很难做到，但终有一天，我会洒脱地忘记高考试卷上的结果，然后认真地把这美丽的过程唱给自己听——在我终于长大的那一天。

不知何时，"（作文）基地"成了我们的家。现在家中的孩子要远行了。但家还是家。某一天，孩子飞累了，倦了，心里觉得苦了，想回家了，蓦然回首，看到我们的'基地'，虽然身在异乡为异客，在泪眼蒙眬中，也会感受到家的温暖。

"基地"者，心之本也。心忧愁抑郁，亦可暂住，以求慰藉。

尽管网上作文已经结束，但在网上度过的时光已经成为我生命中一份弥足珍贵的财富，岁月即将翻过这一页，一切都将成为记忆，只能留在心里。或许，社会的大潮将会磨平我身上的棱角，或许，在尝遍人生的苦辣酸甜之后，我会变得世故，但至少我还拥有美好的回忆，至少在生命中我曾拥有过一段时光，可以自由地流淌自己的情感，不必有太多的顾虑，至少我曾拥有过一片心灵的绿洲。

读着这些从心灵深处流淌出的话语，是不能不为之动容的。

邓老师说得好："让写作摆脱应试的唯一目的，真正回归写作本原——心灵的栖息方式。这样的作文才能从根本上实现'作文'与'立人'的最终结合。"

2008 年 12 月 30 日、31 日，2009 年 1 月 13—21 日

推荐一篇好文章

——读周春梅《"我就是一首诗"——现代诗教学手记》

　　我读到一篇好文章,作者是南京师范大学附属中学语文组的周春梅老师,发表在《名作重读》(2013年第6期)上,题目是《"我就是一首诗"——现代诗教学手记》。这是我期待已久的,因为我写过《假如校园里没有诗》,对当下中小学教育中诗歌教育的缺失,感到忧虑。但我也只能说说而已。现在第一线老师发言了,而且一开口就拿出了如此成熟的有说服力的教学案例,让我既惊喜又感动,并立刻产生一种冲动,要向更多的中学老师,向关心诗歌教育与诗歌命运的朋友,推荐这篇文章,以分享其中"浓得化不开"的诗性——不仅是诗歌本身的诗性,更是教育的诗性,我们自己生命中的诗性。

　　周老师的这篇文章,最吸引我的,有三点。

　　首先,这是"现代诗"教学札记。这恰恰是当下语文教育中的最薄弱的,也是争议最大的环节。诗歌教育本来就处于边缘位置,而人们对中学诗歌教育的理解与实践又局限在中国古典诗歌的范围,不但选入教材的现代诗只有寥寥几篇,而且在一些教师心目中,现代诗有没有价值,要不要教,能不能教,都成了问题。因为高考不准采用诗歌文体,诗歌写作几乎被完全排除在写作教育之外。对这一切,我们都习以为常了;现在读了周老师的文章,才突然醒悟:忽略了现代诗的教学,是一个多么大的错误。我们因此失去了用最接近、最能触动作为现代中国青少年的中学生的心灵的形式,去"唤醒学生潜在的'诗性气质'与'哲学困惑'"的机会！这本来是诗歌史的常识：人们之所以要在古典诗歌之外，创造现代新诗，就因为我们是"现代人"（现代中国人和现代世界中人），有异于古人的现代思维，现代情感方式，需要有一种与之相适应的现代诗歌形式来表达我们自己。当然，古诗中的经典之作，由于其直抵人的心灵深处，因此具有超越时空的永远的魅力。而且如我在一篇文章里所说，"中国旧体诗的定型化的形式与特定的情感方式之间，已经建立起了相对稳定的密切联系"，现代人在特定的情境下，一旦进入和旧体诗相对应的"情感圈"，就会身不由己地与旧体诗发生共鸣，甚至产生写作旧体诗的冲动，这也是旧体诗欣赏与写作今天仍有活力的重要原因。但是，旧体诗的表现功能又是有限的，"在表达现代人的更为复杂、紧张、变化节奏更快的某些思绪、情感方面，旧体诗的表现力比之现代新诗，是相形见绌的"（《〈二十世纪诗词注评〉序》，见《二十世纪诗词注评》，漓江出版社2011年版）。对于生活在现代大都市或城镇里的青少年，他们敏感于现代生活的急剧变化，其内心的悸动，或许是更适合于用自由诗体来表达的；而我们成年人，包括我们的许多老师对此却茫然不知。周老师的成功试验是一个及时的提醒：她轻声吟诵"当我说'寂静'这个词，我打破了它"，"少年的眼睛像星星一样闪亮"的那一刻，老师与学生都找到了打开心灵的通道，也共同享受了现代诗的特殊魅力。

周老师的试验，还打消了我和许多老师的疑虑：现代诗的阅读和写作，是能够教的吗？周老师说，她最初也是多有犹豫的，这确实是一个极富挑战性的教育课题，需要更大的想象力和创造力。周老师依靠她对现代诗的深切的爱和感悟，对学生内在的诗性的信赖和理解，"发挥想象，寻求突破"，积累了丰富的经验。在她的努力下，现代诗的阅读与写作，成了具有可操作性的教学艺术，最关键的一步，终于迈出。

这里不妨介绍她的几个试验。

第一,朗读。

其中有一个"倒读法":"学生会发现,倒读往往别有意味。因为与其他体裁相比,诗歌往往省略,跳跃,倒置,错位,达成一种奇异的效果。倒读还可以构成新的诗歌主题。如顾城《我的幻想》:'我在幻想着/幻想在破灭着/幻想总把破灭宽恕/破灭却从不把幻想放过';倒过来读,把'却'字移一下,'破灭从不把幻想放过/幻想却总把破灭宽恕/幻想在破灭着/我在幻想着',又是一首完整的新的小诗。原诗提醒我们'幻想的破灭',倒置后,却还是'坚持幻想',颇有屡战屡败、屡败屡战的执着。"

第二,续写。

"我的诗歌写作教学,往往和阅读连在一起:和诗人一起写诗。如墨西哥诗人帕斯的作品:'在大海的黑夜里,穿梭的游鱼便是闪电。在森林的黑夜里,翻飞的鸟儿便是闪电。在人体的黑夜里,粼粼的白骨便是闪电……'我隐去了最后的两行和标题,让学生续写,并提醒他们,诗歌最重要的是'新鲜',应力避平庸。"学生就有了这样的发挥与创造——

"在生命的黑夜里,含笑的高歌便是闪电";"在精神的黑夜里,坚定的意志便是闪电"——这还是停留在一般的青春励志。

"在心灵的黑夜里,微微的悸动便是闪电"——这就直击心灵了。

"在灵魂的黑夜里,绝望的呐喊便是闪电"——这是为在绝望中构筑希望的鲁迅作注。

"在时空的黑夜里,你我的存在便是闪电"——这不一定只关乎爱情,更可以看作是对生命的审视。

"在你的黑夜里,我便是闪电"——有一种自信,知晓自己对于对方的意义。

"在爱情的黑夜里，交汇的目光便是闪电"——这就是直接写爱情了。以上出于不同学生的三句诗，都关注爱情，可以前后相连，这种巧合也让学生感觉很有意味。

"在旅途的黑夜里，响起的汽笛便是闪电"——这就有点特别：使用了通感。

"在瞳孔的黑夜里，惊醒的眼白便是闪电"——奇特的想象，造成奇绝之感。

同学们最欣赏的是这一句："在晃眼的闪电里，连翻飞的燕尾蝶都成了黑夜"——这一句将"闪电"与"黑夜"倒置，整句的意境，也体现出新鲜的诗思。

这个环节结束后，周老师告诉学生，原句为"世界，你一片昏暗，而生活本身便是闪电"，标题是"朦胧中所见的生活"。有意思的是，有学生认为，所谓的"大家手笔"很平庸，大失所望。

第三，摹写。

摹写并非机械地模仿，可以跳出原诗，有更多的自我创造和诗性的想象。比如顾城的长诗《我是一个任性的孩子》，是大家熟悉的名篇。周老师要求学生以《我是一个……的孩子》为题，写一首小诗。

学生的作品童趣盎然，光看标题就很有意思：我是一个等雨的孩子；我是一个天空的孩子；我是一个收藏影子的孩子；我是一个熊孩子；我是一个想当老婆婆的孩子……

周老师说，其中两首特别打动她，一首有着童话般的俏皮与甜美，另一首则很温暖——

《我是一个温暖的孩子》

我觉得温暖

我不知道为什么

我不问为什么

　　　　只是想到温暖的黄昏的光线

　　　　我也总爱感受那黄昏的温暖

　　　　感受咖啡杯里的热气

　　　　我想在初春的黄昏

　　　　让知了多叫一夜

　　周老师说:"读这首诗,恰好是一个黄昏,这个孩子心里的温暖,也浸润到了我的心里。"

　　就像周老师说的那样,学生写了什么,写得好不好都不重要,"关键是唤醒其诗心,让他(她)有持久地读诗写诗的热情。诗的种子一旦播下,他们会发现,'万物静默如谜',诗意俯拾皆是"。

　　说得真好:中学诗歌教育的意义、价值,必要与可能,能不能教,怎么教,答案都在里面了。尽管我早就意识到中学生的创造潜力远远超过成年人的想象,但这回读了周老师引述的学生的几首习作,还是惊叹不已,像是发现了一个新天地。

　　也许我们更应该注意的,是周老师的这些教学试验具体操作背后的教学理念。周老师提出了三个关键词。一曰"唤醒":诗歌阅读、写作教学的基本目的,就是要"唤醒学生的诗心、对生命的热情"。二曰"新鲜":无论诗歌阅读,还是诗歌写作,都要紧紧抓住"新鲜的诗思",因为"诗最重要的本质,也许就是带我们以更新鲜的视角重新观察、感受与思考世界;从内容到表达,都应该与众不同"。三曰"敏感",诗歌阅读、写作训练,最关键的环节,是要培育学生对诗的"语言、意象、情绪、思维的敏感,进而延伸到对其他文体的写作热情,对生活的敏感"。这都点到了要害,并且还有展开、发挥的巨大空间,有待于周老师和其他老师的继续试验和创造,重要的是路已经打开。

　　最后,我要说的,也是我最感兴趣的,是文章结尾特意引述的作家筱敏的一个观点："一代人和一代人看着区别很大,简直处处都起冲突。但拉长几十年再看,其实也就是流风的一点不同,越往深处,同的东西越多。毕竟人的精神和情感是千万年积淀下来的,不说是沉积岩,也是珊瑚礁,变幻的不过是水草和水面的泡沫而已。"周老师说:"我认同这个比喻。对世界和自我的哲学性的惊异,深刻而高贵的诗性,潜藏在不同时代的每个孩子的心灵深处。"这里所讨论的,已经不限于诗歌教育,而有着更为深广的教育学的意义。它认定,教育的根是植种在我们的学生(受教育者)的心灵、人性的深处的;而这样的人的本性,又经过千百年教育的积淀,已经形成了稳定的人的精神和情感,可以称为"少年精神"或"青春精神",作为一种美好的人性的基因而代代相传下来,潜藏在不同时代的每一个孩子的生命里。作为周老师任教的南师附中的老学生,我曾经指出,附中的教育传统,就是对潜藏在学生生命里的少年(青春)精神基因进行开发、培育,使之升华,形成自觉的少年(青春)精神,其主要内涵是"对明天(未来)的美丽想象,对理想的执着追求,对彼岸世界的终极关怀,由此焕发出的内在与外在的激情,生命的活力,永不停息的探索精神,永远不满足于现状的不断创造的欲求"(《愿老师与母校青春常在》,见《语文教育门外谈》)。不难看出,周老师这里所说的"对世界和自我的哲学性的惊异,深刻而高贵的诗性",就包含在这少年(青春)精神里。不可否认,应试教育在很大程度上压抑了这样的少年(青春)精神,这不仅是当下教育危机的本质所在,也是我们这里讨论的诗歌教育危机的基本原因。但我们能不能因此而陷入无可作为的虚无主义呢? 至少"周老师"们是不甘、不愿如此的。于是,就有了她在这篇文章里,所提出的要重建对"潜藏在每个孩子心灵深处"的美好的人性和少年(青春)精神基因的信心,重建对教育的信念:基因永在,教师就有了用武之地,教育就永远有可能和希望。她的诗歌教育的经验也证明了这点:一经她的点拨,孩子长期沉睡的诗性就被唤醒了；一旦唤醒，又焕发出了多么灿烂的诗歌创造活力啊！而如周老师所说，"在诗歌里浸润过的孩子，到老了，气质也不会猥琐"，这是会惠及学生终生的啊！这是不能不让人感慨系之的：孩子在生命的起点上，能不能遇到周老师这样的善于通过诗歌教育等手段，唤醒美好的生命基因的教师，是会影响他(她)一生的发展的。于是，周老师在文章最后发出的呼吁，在我的感觉里，就具有了振聋发聩的力量："作为教师，我们如果不能将其唤醒、擦亮，至少不要蒙蔽甚至扼杀了那最珍贵的灵性"。

2013 年 7 月 27 日、28 日

让鲁迅回到儿童中间

——刘发建《亲近鲁迅》序

拓荒性的实验

我在关注、思考中小学教育时，始终有一个信念："真正具有生命活力的教育思想，存在于民间，存在于教学实践中真实而严肃的思考中"。因此，我一再表示"愿意倾听教育实践的声音，从中引发出我自己的思考"（《我理想中的中小学教育和中小学教师》，见《我的教师梦》）。

眼前就有一例：素不相识的绍兴柯桥小学的刘发建老师给我寄来了一本书稿——《亲近鲁迅》，这是对他的小学鲁迅作品教学经验的总结和理论思考。我读了以后，立即回信说："拜读大作，大为兴奋，大受启发。"这是真的，我被震撼了，被激发了，整整一个星期，都沉浸在"童年鲁迅"的想象情景和"小学鲁迅教学"的浮想与思考中。

我被震撼是因为刘老师的一句话，"小学鲁迅教学沦为鲁迅研究专家们遗忘的角落，基本上处于无序的自然教学状态"，因此，当他想进行"亲近鲁迅"的教学实验时，"不论是课堂教学，还是资料搜集，往往陷身于孤立无援的荒漠化境地"。

听到这一声寂寞中的呼喊，我无言以对。我就是这"鲁迅研究专家"中的一员。多年来，我一直在关注和从事研究生、大学和中学的鲁迅教学，却遗漏了小学，只是在讨论《新语文读本·小学卷》经典作品编选时,略有涉及(参见《关于〈新语文读本·小学卷〉的通信》,见《语文教育门外谈》)。这遗漏当然不是偶然,不仅是因为我对小学语文教育不熟悉,自己也无法直接参与,更是由于小学鲁迅教学有它的特殊困难之处,语文教育界,以至鲁迅研究界,都有许多疑虑和不同意见,我虽并未遗忘,但也是知难而退,就有意无意地遗漏了。

但第一线的老师却不能回避。如刘发建老师所说,"一个伟大的鲁迅不能赢得孩子的青睐,不管有多少理由,对于一个语文老师来说,都有一种难以释怀的不安"。正是这样的教师的使命感和责任感,以及对鲁迅和孩子的挚爱,使得刘老师知难而上,进行了几乎是拓荒式的实验,表现了难得的胆识和智慧。尤其让我感动的是,刘老师的实验取得初步成效,在教育期刊上发表以后,竟引起如此强烈的反响,全国各地的许多老师都主动参与讨论,发表了不少真知灼见,大大深化了刘老师的实验,在这个意义上,刘老师的这本书也是一个集体智慧的产物。而这样的热烈回应本身也说明了,探讨小学鲁迅教学,已经成为一个小学语文界共同关注的课题,进行深入讨论与实践的条件已经成熟。本书的出版,正可视为一个标志式的开端。

在我看来,刘老师所作的拓荒性的实验和思考,以及老师们的讨论,都是对前面提到的语文教育界、学术界对小学鲁迅教学的疑虑的一个回应,在认识和实践两个方面,都有了一个突破。或许我们可以借本书的出版,对已经达到的认识和已有经验,作一个小结,作为以后新的讨论与实践的基础。——下面所谈的,基本上都是刘发建老师和参与讨论的老师们的意见,我仅作一点归纳;当然,也可能有我自己的一些感想和发挥。

回到鲁迅,回到儿童,回到语文

首先要回答的问题是:小学"需不需要"讲鲁迅？鲁迅作品"能

不能"为孩子所接受?

我注意到,有些老师在讨论中提到了我的一个观点:应该"让作为民族精神源泉的思想与文学在孩子身上扎根",因此,必须使中小学生"走近鲁迅,认识鲁迅,这关系到能不能在孩子心里打好民族精神文化的底子"。这样的民族精神传承与建设的宏观视角是重要的,但还不能完全解决问题。我们对"要不要"和"能不能"的回答,必须有更具体的,更贴近小学语文教育的讨论。于是,就有了如下三个问题的提出和讨论:如何认识鲁迅? 如何认识作为我们的教育对象的小学生,以及他们和鲁迅的关系? 如何认识小学语文教育中的鲁迅教学? 这样提出问题,如老师们所说,是因为我们要建立一个"鲁迅本位""儿童本位"与"语文本位"的观念和立场,通俗点说,就是"回到鲁迅","回到儿童","回到语文"。

先说"鲁迅本位","回到鲁迅"。这就是刘发建老师所反复强调的,"鲁迅教学的一个首要前提,就是要'融隔'(融解隔膜)。这个'融隔'不在学生,而在于我们教师和教材编写者,首先要破除'神化鲁迅'的思维","破除习惯性的思维"。于是就有了一个"重新认识鲁迅"的问题,这是"回到鲁迅"的关键。

我注意到,刘老师在他的《小学语文视野下的鲁迅教学》等文里,多次引述了王富仁先生的一个论断:"鲁迅作品恰恰是最好懂的,因为鲁迅的作品里,充满了人性的语言,是与人的最内在的感受结合在一起的,这样的内在感受与儿童的感受事物的方式,与一般人感受事物的方式最接近","在现代文学中,像鲁迅这样以人性、童心去感受世界的作家不是太多,而是太少,这正是对人的基本要求,要从直感出发,而不是从观念出发"。不难看出,刘老师的实验,实际上是以这样的鲁迅观作为依据的。而王富仁先生的论断,应该是鲁迅研究中的重要成果,可惜不为鲁迅研究界所重视,就是我,也是在读到刘老师的引述后,才发现了它的意义的。

在我看来，这样的鲁迅观的新意，或者说新发现有两个方面。首先是提出并强调了鲁迅的"童心"。这本来也是熟悉鲁迅的他的亲人、朋友和研究者的一个共识。鲁迅夫人许广平在《鲁迅先生和海婴》一文里就以母亲般的深情谈到有时候在她的眼里，鲁迅几乎和海婴一样："可见他的性情和小孩子多么像，人们说的'赤子心肠'，正可以给他做天真的写照。"而在鲁迅研究专家唐弢先生的回忆和体认里，鲁迅晚年也像他幼时的绰号所描述的那样，是个"胡羊尾巴"，矮小灵活，活脱脱的"老小孩"（《鲁迅的故事》，中国少年儿童出版社1990年版）。为准备本文的写作，我注意到鲁迅的童话翻译，看到鲁迅在其所译的俄国诗人爱罗先珂的童话集中说，"他只有着一个幼稚的，然而优美的纯洁的心，人间的疆界也不能限制他的梦幻"，"我掩卷之后，深感谢人类中有这样的不失赤子之心的人与著作"（《〈狭的笼〉译者附记》），"我所展开他来的是童心的，美的，然而有真实性的梦"，"我愿意作者不要出离了这童心的美的梦，而且还要招呼人们进向这梦中，看定了真实的虹，我们不至于是梦游者"（《〈爱罗先柯童话集〉序》）。这其实也是"夫子自道"：鲁迅其人其文就是"人类中这样的不失赤子之心的人与著作"，他在险恶的人世中始终保留着一颗完整的"优美的纯洁的心"，并且不愿"出离了这童心的美的梦"。这是鲁迅的本性、本质，但他依然因为他所生活的时代、人世的险恶，也不得不将自己的童心、赤子之心遮蔽、隐藏起来，而较多地在世人面前显露出他的复杂、深刻，内心荒凉的一面。读者、研究者如果只是浅尝辄止，不能进入他的灵魂的更深处，就看不到他复杂中的单纯，深刻中的平常，荒凉中的温暖，而且单纯、平常与温暖，又是他生命的底色。正是这两者的纠缠，形成了一种丰富性，构成了一个真实的鲁迅，忽略任何一面，都会远离鲁迅。

或许正是鲁迅的童心经常有意无意地被遮蔽、隐藏，鲁迅复杂、深刻、荒凉面的突出呈现，就造成了鲁迅大量的作品确实难以为知识、人生准备不足的儿童、少年所接受,这也是鲁迅自己也说他的作品是需要有一定的阅历的人才能读的原因所在。但正像前面提到的鲁迅在儿子与妻子面前常流露出他的天真的赤子之心一样,他在有限的,但也有相当数量的作品(主要是他回忆童年生活,描写故乡风物的散文、小说和他所翻译的儿童文学作品)中,也还是相当充分,也相当动人地展现了他的灵魂的单纯、优美、善良、天真、活泼,让读者感受着他的赤子之心,他的童心的魅力。这样的文本所展示的"童心灿烂,童年情深的鲁迅"(周贯一老师语),如刘发建老师所自觉意识到的那样,不但使我们能够"从源头上寻找到鲁迅精神的发育点",而且是使鲁迅能够"走向儿童"的最好通道。可惜的是,我们常常用某些先验的、意识形态化的解读模式来引导孩子读这些童趣盎然的作品,把可爱、可亲的鲁迅,变成了枯燥乏味,深不可测,甚至令人生畏的鲁迅,造成了鲁迅与孩子心灵的隔绝,而且鲁迅真正深刻的,能够给孩子以生命启示的思想、情感,也同样被遮蔽了。

王富仁先生的前述鲁迅论断里,还有一个重要的方面,也是常常被我们所忽视的:鲁迅不仅有童心,而且他感受事物的方式,以至他的某些文字表达方式,也是和儿童相似、相通的。特别是我们所关注的他的那些回忆童年生活、故乡风物的作品,更是用儿童的眼睛和心理去发现世界、描述世界,甚至可以说是一种自觉的儿童世界的复原。也就是说,不仅是他的童心的自然流露,而且是自觉的写作追求。这样说是有依据的:我们在新出版的《鲁迅译文全集》第八卷的《译文补编》里,发现鲁迅在他的创作准备期(即20世纪初的所谓"十年沉默期"),就曾从日本翻译了《儿童之好奇心》《儿童观念界之研究》《艺术玩赏之教育》等文章,可见他对儿童观念、心理、审美趣味等,是有过专门的研究和深入的思考的;一直到他的晚年,他也还这样深情地谈到儿童不同于成年人的感受和建构世界的特殊方式对他的"蛊惑":"凡一个人,即使到了中年以至暮年,倘一和孩子接近,便会踏进久经忘却的孩子世界的边疆去,想到月亮怎么会跟着人走,星星怎么嵌在天空中。但孩子在他的世界里,是好像鱼之在水,游泳自如,忘其所以的,成人却如人的凫水一样,虽然也觉到水的柔滑和清凉,不过总不免吃力,为难,非上陆不可了。"(《且介亭杂文·看图识字》)这样,他在追忆和追述童年生活时,也必定要尽量真切地展现儿童的心理,审美眼光、趣味和表达方式,这是他重回自己童年世界的一个有机组成部分。其实,只要我们不故作深沉、深刻,而是以自己的本心、本性,用刘老师的说法,就是"赤裸裸"地去阅读这些文本,这样的儿童眼光、儿童叙述可以说是俯拾即是的。我注意到,刘老师在和孩子们一起阅读《从百草园到三味书屋》里的"美女蛇的故事"时,就读出了神秘、恐惧、紧张的语气,引起了孩子像"看'变形金刚'之类的影视故事一样的刺激、惊险"的感受;在"雪地捕鸟"的阅读中,老师、孩子和文中的小鲁迅一起,感受着捕鸟过程中"拉了绳"的期待与紧张,"跑去一看"的兴奋,"却什么也没有"的失望,"费了半天力,捉住的不过三四只"的沮丧,"读得孩子们心底里直痒痒":就在这样的感同身受中,孩子走进了鲁迅的世界,鲁迅也成了孩子中的一员,他们心灵相遇、相通了。刘老师说得好:"像鲁迅这样真实、活泼、大胆表现童年情感和童年生活的作品,尤其是真实和大胆,小学语文教材中是很少有能够与之媲美的。鲁迅作品中的这种真实和大胆,他反映的是孩子心底里最真实的感受和最强烈的渴望,但他又没有像一般的儿童文学作品那样去迎合儿童,他给孩子的感受是一种同伴唤醒。"

"博大深邃的鲁迅精神和鲁迅文化能否与我们的儿童语文融为一体?"——回答是肯定的,原因一在鲁迅本性、本质上的童心、赤子之心,二在鲁迅童年记述的儿童眼光、心理、趣味和真实、真诚、大胆、活泼的表达方式。

刘老师对鲁迅的体认,有一个很有意思的概括,说他是个"独一无二的老顽童"。我们已经说过,"老顽童"的鲁迅,让我们感到可爱,可亲,因而易于走近同是儿童的小学生;但我们又不能满足于这样的可爱、可亲的鲁迅,还必须注意到鲁迅的特殊性,他的"独一无二"性。这也是我一再强调的:"鲁迅很平常,和我们一样。但我们也不能忽视其另一面:鲁迅又很不平常,和我们不一样",否则,我们同样不能说明:为什么需要鲁迅? 在某种意义上,甚至可以说,我们之所以需要鲁迅,就因为他很"特别",他是"稀有动物",他能够给我们以精神的滋养(《鲁迅是谁?》)。刘老师对此也有很明确的认识。他说得很对,"神化鲁迅或者俗化鲁迅,都是对鲁迅的不尊重",而且都会远离鲁迅。因此,他在讲《我的伯父鲁迅先生》时,首先以"伯父"作为切入口,引领孩子感受"和蔼可亲的伯父"——他的这一教学设计,得到许多老师的赞扬,以为是对传统鲁迅作品教学模式的一个突破;但他没有停止于此,又设计了一个"伯父不仅仅是伯父——非比寻常的伯父"的教学环节——这不仅涉及对鲁迅的体认,而且也关系着对鲁迅教学的认识:我们固然不能把不属于鲁迅的意义,用说教的方式,强加给鲁迅和学生,但我们并不能否认教学(也包括鲁迅教学)的教育功能。这就是周贯一老师在评教时所说:教学要"蹲下来","亲近学生","让教学内容尽可能贴近学生";同时,更要"不失时机地引领、升华",而这样的升华也"依然是童趣可掬"。因此,我们讲鲁迅作品中的童心、儿童趣味,不能只是让学生觉得"好玩",而且也要引导学生感悟童心、趣味背后的对生命(人的生命和大自然的生命)的关爱,对底层劳动者的亲近,对自由生活的向往这样一些鲁迅精神。有时候,也不能回避鲁迅思想中的某些深刻的沉重的东西——刘老师在讲《我的伯父鲁迅先生》时,就抓住课文中写到的鲁迅的"叹息",引导学生讨论"鲁迅叹息的是什么?"触及了鲁迅对国民性的批判。这样的引导,需要掌握好分寸,并采用学生能够理解的方式,如刘老师所说,"要从平常的儿童故事中,引领孩子去感受鲁迅的'非比寻常',这是最难处理的",但教学的意义和乐趣,大概也就在这克服难点的努力中吧。

其实,我们已经讨论到了第二个方面的问题:鲁迅教学中儿童本位,"回到儿童"的问题。这是许多老师在讨论中反复强调的,"小学语文应该是儿童语文,小学语文的课堂文化,应该是儿童文化的一部分";正如刘老师所说,"只有儿童能够接受的鲁迅,才是有生命的鲁迅",我们不能"忘掉儿童教鲁迅"。我们所期待的鲁迅教学,应该是"生命在场"的智力、精神活动。我们的课堂,如前文所说,鲁迅的真实生命不能缺席;同样,儿童的生命也不能缺席。现在的问题恰恰是"我们的语文课堂上(尤其是公开课),老师们越来越追求文本解读的深度,越来越讲究语文课堂信息的密度,越来越追求所谓的精彩程度","却忽视了真正的学习主体——儿童的生存状态",正像杭州拱宸桥小学张祖庆老师所尖锐指出的那样,"过分追求深度的课堂,实际上是对儿童生命的漠视,是对儿童生态的破坏"。而鲁迅教学是最容易上成这样的故作深刻的课的,老师们在讨论中一再提到的《我的伯父鲁迅先生》教学中的所谓"伟大的一跪",就是一个典型的例子。或许正因为如此,我们在鲁迅教学中,就需要特别强调"儿童本位",强调"回到儿童"。

问题是怎样做到儿童本位、生命在场?根据刘老师的经验,主要应该抓住两个环节。

刘老师曾引述了我的一个观点:关键是要在鲁迅与孩子之间"寻找生命的共同点",这是我在中学讲鲁迅的经验总结;刘老师认为,这样的理念更适合小学阶段的鲁迅教学。他在教学中也确实始终贯穿着一个自觉的努力:在"学生"与鲁迅作品中的"我",在很大程度上也就是"童年鲁迅"之间,搭建"一座桥梁",让孩子顺着这座桥梁,理解"我"(童年鲁迅)的苦恼、向往,进而引发情感的共鸣,生命的共振,最终达到"阅读的最高境界"——"读出自己"。这是刘老师《少年闰土》一文教学中的一个场景：首先，师生一起高声朗读："啊！闰土的心里有着无穷的稀奇的事，都是我往常的朋友所不知道的。他们不知道一些事，闰土在海边时，他们都和我一样，只看见了院子高墙上的四角的天空。"之后，刘老师作了这样的引导："刘老师问一个问题，你得实话实说：你觉得你现在的生活是更像闰土呢，还是更像'我'？"这一问，有如一石击起千层浪，激起了孩子的强烈反响。有的学生说："我像闰土，爸爸经常带我去乡下奶奶家郊游，很好玩的。"更多的学生却说："我们只站在阳台上看看高高的楼房，只坐在沙发上看看小小的电视机。"这里孩子突然意识到的自己童年生活的缺憾，其实是揭示了今天的孩子所面临的"失去童年"的危机的。当然，孩子并不懂得这一点，他们所感受到的，是"在沉重学业负担挤压下"的生活的逼仄，因此他们完全能够和称慕、怀念闰土生活天地的宽阔与丰富的"我"（鲁迅）产生感情的共鸣。如刘老师所说，这时候，"'我'的渴望，就是同学们的渴望，'我'的心声，就是课堂里孩子的心声"；在孩子的感觉里，"鲁迅所要正是我所要，鲁迅所爱正是我所好，鲁迅所厌正是我所恶，鲁迅是和我一样的人"：就这样，"鲁迅的文字穿越一个世纪的时空，和当下孩子的心灵相通了"。这样的"不期而遇"是非常动人的。于是，孩子们就很自然地把鲁迅看作是一个小伙伴，并且和他一起"比童年"了。比的结果是："我的生活没有鲁迅那样自由好玩"，"但是，我玩的溜冰、电脑游戏，鲁迅也没有玩过"，"鲁迅有鲁迅的玩法，我们有我们的玩法"。而且有了这样的《读后感》："看到鲁迅讲述自己在百草园里的有趣的故事，我真是笑得肚子都痛死了。他在翻那些砖头的时候，一定遇见了斑蝥，斑蝥一定放出了臭屁，他一定捏着鼻子哇哇地乱跑。还有雪地捕鸟，唉，我们现在只有想想的份了。要是我能够早生一百年，估计鲁迅绝不是我的对手。看他那笨手笨脚的样子，一定得拜我做他的师傅呢。这是说说玩的。可我的确想尝试雪地捕鸟的滋味呀！

我敢保证，要是我和鲁迅一起在百草园上学，一定会成为最贴心的铁哥们，只可惜，我没这样的缘分呢。"当我们的学生由衷地把小鲁迅看作"铁哥们"，鲁迅就真的回到孩子们中间了。而鲁迅教学教到这个份上，就真有点意思了。

其次，还应该掌握的一个原则，抓住的一个环节，是要从儿童出发，按照儿童的学习心理来进行小学阶段的鲁迅教学。我在从事中学鲁迅教学的实验时，曾提出中学生对鲁迅的接受，需要经过一个过程性的学习：从"感受鲁迅"到"思考鲁迅"，再"研究鲁迅"，最后自己来"言说鲁迅"。根据刘老师的经验，在小学阶段，"感受鲁迅"或许是更重要更基本的，这是出于儿童以感性思维为主的学习心理，因此，更要强调"从直感出发，走向鲁迅"。

在讨论中，一位小学语文论坛的网友"最美丽的教师"提出了一个很有意思的分析。他说："教师阅读文本的方式和学生阅读文本的方式是存在很大差异的。教师一般都是从某个'已知的概念'出发来阅读文本，是一种'求证阅读'，而孩子的阅读很大程度上是从'未知的概念'出发的，是一种'发现阅读'。"他说的是事实：我们这些成年人，不仅是这里所说的教鲁迅的老师，也还包括我这样的鲁迅研究者，我们都是被几十年所受的鲁迅教育培养出来的，因此，我们今天来研究鲁迅，向学生讲述鲁迅，其实都暗含着某种"前理解"，这样的"前理解"，或许包含着某些真知灼见，但也会有许多的遮蔽和曲解。如果我们缺乏自觉，对其中的真知没有自己的消化理解，其中的谬误更无清醒认识，而一切从"已知概念"出发，这样的阅读就会确实变成"求证阅读"，而这样的求证阅读是会远离鲁迅的，用这样的理解去教学生，就必然是既糟蹋了鲁迅，也误导了学生。在这方面，我们是有过许多教训的，可以说是许多不尽如人意的鲁迅教学的症结所在。从这个角度看，我们的孩子对鲁迅一无所知，反而是一个接近鲁迅的有利条件，可以毫无先见与偏见地，以一种好奇心，以一种初次见面的新鲜感,去探寻、发现这个他所未知的鲁迅世界。在我看来,小学的鲁迅教学,就应该是这样一种"发现阅读",甚至可以说,这是真正从儿童出发的理想的教学境界。我们教师要做的,主要有两个方面的工作。首先,是我们自己要尽可能地抛弃已知的概念,还原一个"白心",直面鲁迅的"白文"(原文本),以心契心,对鲁迅作品有自己的体会、理解、发现。其次,我们也要尊重、保护、诱发学生对鲁迅的好奇心,初次见面的新鲜感,第一印象,并以此为出发点,和孩子一起,"由外而内,由浅及深,由表及里",逐层深入地发现鲁迅。我们的课堂教学应该是这样的一个过程:在老师的引导下,逐渐展开鲁迅文本的不同侧面,孩子不断发现"原先不曾看到的别样风景",因而始终保持好奇心,老师和学生一起不断获得和享受发现的喜悦,并激发起继续探寻鲁迅的欲望和兴趣(参看张学青:《今天我们如何讲鲁迅》)。

最后,我们要讨论的第三个理念,是语文本位,"回到语文"。这也是刘老师的鲁迅教学所坚守的基本立场:"要从语文学科本身的学术层面看鲁迅",要"以语文的方式学习鲁迅,走进鲁迅"。长期以来,鲁迅语文教学的最大问题,大概就是脱离鲁迅文本而大讲鲁迅"伟大精神",或抓住鲁迅作品的片言只语而任意发挥,大讲其"微言大义"。但我们对把鲁迅作品作为某个写作技巧、方法的例证,把鲁迅知识化的倾向,也要保持警惕。这两种倾向,看似两个极端,却都背离了语文本位;在背离鲁迅这点上,也存在内在的一致。刘老师说得好:"鲁迅首先是作为一个伟大的文学家进入课堂,他能否获得学生的好感,一个首要因素就是靠他的文字说话,要让孩子体验到阅读鲁迅文字的特别快感,用文字赢得孩子的好感。"脱离鲁迅文字的魅力,大谈鲁迅精神的伟大,只会使孩子远离鲁迅。这是许多失败的鲁迅教学所一再证明了的。而鲁迅的文学的最大特点与魅力也在于他的作品里渗透了他的灵魂,他是用"心"去写作的,他写作的目的也是要"撄人心",即搅动人的灵魂。把他的作品变成没有灵魂的纯写作技巧,变成无心之文,那更是对鲁迅的亵渎,也同样会使孩子远离鲁迅。刘老师说得好,我们的鲁迅教学要使孩子亲近鲁迅,就是要"爱其文,亲其人",而且要"通过爱其文而亲其人"。

但要做到这一点,能够"循文而会心",并不容易。关键是要找到每一篇文本"文"与"心"的契合点。在我看来,刘老师在进行鲁迅教学时,无论备课,还是讲课,最花力气的,就是从每一篇具体文本出发,寻找和突出"这一个"契合点。他的成功,也在契合点抓得准,抓得巧。比如,他在引导孩子读《我的伯父鲁迅先生》时,就首先抓住了这一篇文本体裁与写作上相应的两个基本特点。首先,这是一篇回忆性的散文,但又不是一般的回忆,而是鲁迅的亲人侄女的回忆。细心的刘老师于是就有了一个称谓上的独特发现:文章前后出现了34次"伯父",而"鲁迅"只出现了3次,其中一次还是标题所标明的。——说是独特发现,是因为我们被一些所谓定论所束缚,心目中只有"三个伟大"的"鲁迅",自然就看不到作者心目中的"伯父";现在刘老师独具慧眼地发现了,就抓住了这篇散文的基本特点:这是"一个很普通的侄女对一个普通的伯父的追忆和怀念"。这样,就为这堂课的教学找到了一个切入点:循"伯父"这一称谓之"文"而"会心",体味作为伯父的鲁迅和蔼可亲的形象,以及贯穿全篇的浓郁的亲情。但仅仅有这一层的理解和把握还是不够的,要真正进入具体教学过程,还必须对文本的写作特点有更具体的把握。这就是好几位评课老师(江苏省海门实验学校周益民、江苏省扬州教育学院徐冬梅、河南省濮阳市实验小学武凤霞等)都谈到的,"回忆"文体的最大特点,就是"在回忆中(叙述)主体分裂为经历中的我和正在回忆的我",具体到《我的伯父鲁迅先生》这篇文本,就分裂为"10岁的我"与"19岁的我"。对"10岁的我"而言,鲁迅只是"伯父",而且他的许多话,"我"是不懂的;对"19岁的我"而言,鲁迅就不只是"伯父",而且是"鲁迅先生"了:她已经知道"鲁迅"的意义和价值,称为"先生"了,而且许多当年不懂的话,现在也懂了,写回忆文章的目的也是不仅要写出对"伯父"的童年回忆,而且也要写出自己当下对"鲁迅先生"的理解。这就是所谓"作者的叙述视角"问题,是"这一个"具体文本写作上的一个核心,同时也是"文"和"心"的契合点。刘老师抓住了它,就有了一个准确的"教学视角",即首先引导学生去体验"10岁的我"所见所感中的"伯父";然后,及时提示学生注意,"看看有哪些问题是当年小周晔所不明白的,九年以后才逐渐明白"。这是极重要,也很高明的一问,把整个教学引入一个新境界:老师和学生一起讨论"19岁的我"所"逐渐明白"的"鲁迅先生"的"心",他的精神和痛苦,也和作者一起,由对"和蔼可亲的伯父"的怀念升华到对"非同寻常的伯父"的体认,达到心的交流,这就是"循文而会心"。在我看来,在"会心"以后,还应该回到"文"上来,并作适当的提升,教学生写回忆文章的"叙述视角"的知识,并进行相应的训练。比如引导学生从自己作为"读者"的视角来重述《我的伯父鲁迅先生》所讲述的鲁迅故事,这既是一种写作的训练,其实也是一个进一步和鲁迅进行心的交流的过程,这就达到了语文训练和精神培育的结合,完整地实现了语文课程的目标。

讨论到这里,我们大概可以对鲁迅作品的选读,在小学语文教学上的意义和价值作一个总结。概括地说,主要有三个方面。

首先,就是刘老师所反复强调的,这是一个"鲁迅启蒙教育",通俗地说,就是"第一印象"的教育。孩子和鲁迅初次接触,留下什么印象,影响是深远的:高不可测,令人生畏,那就会使孩子终身远离鲁迅;可爱、可亲,又特别,就会使孩子愿意亲近他,渴望进一步了解他,这就为孩子一生的发展中,能够不断地从鲁迅及鲁迅身上所集中体现的中国现代思想文化传统吸取精神资源,奠定了一个基础,打了一个"底子"。这对中国年轻一代的成长,中国现代思想文化、民族精神的长远发展,是至关重要的。

其次,刘老师还强调鲁迅作品在小学语文教材中的意义:"无论是从唤起学生的阅读快感体验来看,还是从其文字表达上精练传神的技法来看,小学语文教材中其他所有课文均无出其右者。"这是一个极重要的论断。在讨论中有的老师提到,"小学语文教材应该有一些必读的篇目",通过这些必读篇目传递给学生"一些必需的母语语言、文学、文化的要素"(徐冬梅:《让母语教育回到儿童本位》)。我理解,这些"必读篇目",也就是"经典篇目",它应具有稳定性和持久性,成为教材的核心和基本支柱。徐老师说,这些必读的、基本的经典篇目"究竟是哪些?"这是需要有关专家和语文教师一起讨论的。我个人完全支持刘老师等一线老师的意见,鲁迅的某些作品,应该成为小学语文的经典教材选目。这也涉及对鲁迅的认识。人们比较重视鲁迅作品的精神价值,这是理所当然的;但如果因此忽略了鲁迅作为"中国现代文学的第一人",他对创造现代汉语民族语言的不可取代的巨大贡献和公认的经典意义,也会形成对鲁迅价值的遮蔽和贬抑。我在《中学生鲁迅读本》"前言"里就说过,"鲁迅作为现代汉语文学语言的大师,他的语言以口语为基础,又融入古汉语、外来语、方言,将汉语的表意、抒情功能发挥到极致,又极具个性和创造性。阅读鲁迅作品,不仅能得到精神的启迪以至震撼,还能得到语言的熏陶和美的享受",他的作品理应成为孩子学习现代汉语的范本。这里也还存在一个误解,仿佛鲁迅的语言艰涩难懂,不易为儿童所接受。我这次因刘老师的实验的启发,而和刘老师一起编了一本《小学生鲁迅读本》,重读鲁迅作品,就惊喜地发现,鲁迅有不少作品,进行适当的文本处理以后,是非常适合儿童阅读的,语言相当口语化,简洁、准确、传神,鲁迅式的幽默感里蕴含着无穷的儿童情趣,而且韵味十足,自有一种能够打动孩子心灵的"温暖"。初识汉语的小学生正可以通过这样的语言的熏陶、学习,感悟现代汉语的魅力。而刘老师的教学实践也证明,学生非常着迷于鲁迅的语言,课堂上经常爆发出欢乐的笑声,那是真正的语言享受。

在讨论中,蔡朝阳老师发表了一个很有意思的意见:写作和阅读,"都是一种还乡"。"对鲁迅而言,他在一个寒冷的冬日离开绍兴以后,此生再没有一次踏足故土。然而,鲁迅恰恰从来没有离开过故土,他的全部文学创作,都是从家乡出发,而又在远方对家乡深情凝眸。托尔斯泰说,写了你的家乡,便是写了全世界。这句话正可以概括鲁迅的创作。他的童年,他的故乡,是其创作的不竭源泉,这是他的来处。"而今天的"这些城里的孩子,现代的孩子","他们尽管有着更为幸福的(现代)生活,但他们的幸福,未尝没有失掉一些东西。里尔克甚至说,在离开村庄的道路上,更多的人将死于无家可归。幸而我们还有(像鲁迅作品这样的)经典的阅读。这种阅读,不但构建了我们的精神家园。更重要的是,我们凭借阅读,可以一再地回到那个源头,回到我们的来处"。——这样的分析,是有相当的深度的。我由此而得到一个启发:鲁迅作品还具有"乡土教材"的意义。从狭义的角度说,鲁迅作品可以做他的家乡——绍兴,浙东地区的"乡土教材",成为"校本教材"而进入课堂。刘老师作为鲁迅家乡的小学老师,率先进行鲁迅教学的实验,并得到同为家乡人的学生的强烈认同,这当然不是偶然的:这里显然有乡土文化的认同与传承的意义。但鲁迅又是属于全中国,以至全人类的,因此,他的作品更是一种广义的"乡土教材":这就是蔡老师所说的"精神家园"的意义。我们在前文的讨论中,之所以强调鲁迅作品的阅读对孩子一生成长的意义,就是基于这样的"可以一再地回到源头,回到来处"的意义。也如前文所强调,我们说的"家园",既是"精神家园",同时又是"汉语家园",这两者是密不可分的。

文本的选择、处理与教学方法

以上所说,都是关于小学鲁迅教学的几个基本理念的讨论。要真正进入具体的教学,还需要解决教材(鲁迅文本)的选择、处理和教学方法问题。在这方面,刘老师也有很好的思考和实践经验。

刘老师说得很好,"小学语文鲁迅教学的成与败,很大程度是要看选择的文本是否适合儿童学习","跳出意识形态局限,立足鲁迅本位的立场,从儿童的角度出发,选择合适的学习文本,这是鲁迅教学的基本前提"。

在本文一开始,提到我在《新语文读本·小学卷》的讨论中所发表的意见,其实也是探讨这个选材的问题:"一般说来,经典作品都太深太长,不适合小学生直接阅读。我想,有两个解决办法。一是节选片段,更大量的还是要用改编或重述的办法(即使是节选,也要作一些文字处理)。另外我们还可以选一些讲述历史人物故事的文章,帮助孩子们'走近大师'。"(《关于〈新语文读本·小学卷〉的通信》)刘老师在他的《小学语文教材中鲁迅文本的选编点评和建议》一文中也提出要进行节选和浓缩改编。也就是说,我们都认为,不是所有的鲁迅文本都适合小学生阅读,因此,必须有挑选;而且,即使是挑选出的作品,如我们在前文一再强调的,鲁迅回忆童年和描写故乡风物的散文、小说,也要进行不同程度的文本处理。

这同样是出于对鲁迅作品总是复杂与单纯,深刻与平常,荒凉与温暖的结合这样的文本特点的认识和把握。即使是回忆童年的作品,固然有他回归童年的内在的写作冲动,因而能够引起孩子的共鸣,但他的这种冲动又显然来自现实的刺激,因此,鲁迅在回忆中常有随手牵来的对现实中某些人和事,某种文化现象的批评、嘲讽,也有许多借题发挥的议论。同时,由于鲁迅知识渊博,会随时插入许多典故、古今中外的引文,而且有些作品本身就有很大的寓意性,童年生活、故乡风物的叙述、描写背后,都寄寓着更大的意义:这些溢出回忆的文字,都造成了鲁迅文本的繁复与丰富,对有相应的知识储备和人生阅历的成年读者来说,这都是鲁迅作品特耐寻味、思索的特殊魅力所在,但对于知识、人生准备不足的小学生读者,就显然形成了阅读的障碍,所谓"读不懂"大概就由此而来。另外,文章的篇幅过长,也会影响孩子的接受。因此,为了适应小学生的接受能力和心理,就必须对总体适合儿童阅读的鲁迅文本进行一定的、有限度的处理。

我们在编选《小学生鲁迅读本》时,主要采取了三种处理方式:一是将篇幅较长的文章作分散处理,如将《从百草园到三味书屋》分为《百草园的泥墙根》《美女蛇的故事》《雪地捕鸟》《三味书屋的老师》四篇,和其他文章相配合,另组四个单元。二是进行节选,即把文章中的某些片段从全文中剥离出来,使其具有某种独立的意义,如从《狗·猫·鼠》中节选出《祖母讲的猫的故事》《隐鼠的故事》两个片段,独立成篇;从《好的故事》里,将对山阴道旁的河水的描写独立出来,变成一篇相对单纯的状写家乡风物的文章。三是对原文作压缩处理,保留文章基本骨架,删除孩子难以理解的文字,略加个别的连接语,成为一个"简本",如将四千余字的《我的第一个师傅》压缩成近两千字的新《我的第一个师傅》。

正像我们在《后记》里所说,"我们深知,对鲁迅作品进行这样的处理,将复杂、丰富的鲁迅文本简化、单纯化,可能对鲁迅作品造成某种损伤",但我们同时又掌握了一条原则——"只删不增不改","这就能基本保持原文原意,不至于发生歪曲,因此,即使有'损伤',也是在可以允许的有限范围内"。而我们坚持作简化和单纯化处理,则是出于前文所说的"鲁迅本位""儿童本位"的双重立场,企图找到两者的平衡点。同时,也是出于这样的一个理念:"鲁迅作品是要读一辈子,常读常新的。"学生先读他们可以接受的简本,获得第一印象,产生进一步阅读的欲望,就为以后接触繁本全文,获得深入理解,打下基础,"这样的由简到繁的过程,是符合鲁迅作品接受规律的"。

最后要谈的是刘老师的教学方法。我没有这方面的实践经验,也非语文教学法的专家,无法作全面总结和评价,只能略谈我感兴趣的一二点。

我首先注意到,刘老师对"诵读"的重视,始终突出"声音"在教学中的作用。这或许是小学教育的一个特点。我想补充与强调的是,"声音"在我们这里讨论的坚持"鲁迅本位""儿童本位"与"语文本位"的鲁迅教学中的特殊意义。

如果细读鲁迅《从百草园到三味书屋》里关于百草园的草木虫鸟的描写,就不难发现,鲁迅的观察、感受与描写的中心,始终是"声音"(鸣蝉长吟、蟋蟀弹琴)与"色彩"(碧绿的菜畦、紫红的桑葚)。可以说,敏感、醉心于声音与色彩之美,是鲁迅感受世界的基本方式,而这也正是儿童初次发现世界的特点。因此,突出"声音"(同时应突出"色彩")正是抓住了鲁迅与儿童感受方式的契合点。

前文讲到鲁迅作品是学习汉语的范本,而汉语的一个重要特点,就是它的"装饰性"与"音乐性"(周作人语),鲁迅的语言正是把汉语的这一特点发挥到了极致。我在大学和中学进行鲁迅教学时,都提醒学生注意和学习鲁迅语言所特有的音乐美和绘画美,并因此非常重视诵读。我说:"鲁迅作品里的那种韵味,那种浓烈而又千旋万转的情感,里面那种可意会不能言传的东西,都需要通过朗读来触动你的心灵","讲鲁迅作品,最重要的是读。靠读来进入情境,靠读来捕捉感觉,产生感悟,这是接近鲁迅内心世界和他的艺术世界的'入门'的通道"(《与鲁迅相遇》)。而小学阶段儿童的"入门"学习,如前文所说,正是具有强烈的感性特点,注重情境,感觉和感悟,鲁迅作品中许多深厚的意味、情感,是只需要儿童"意会",而不必"言传"

深究的。中国传统的蒙学教育,对经典的阅读,采取先朗读、背诵后析义的教法,是从汉语的特点出发的;我以为也在一定程度上适用于鲁迅作品这样的现代经典的教学。我在中学讲鲁迅,就作过这样的试验:将鲁迅《野草》里的片段组合成《天·地·人》一文,不作任何解析,只让全班学生站起来"喊读",在喊读过程中,我发现学生的眼睛发亮了,似有所悟,却又无法言说,我以为教学目的就已经达到了。我在刘老师的课堂上,也发现了"喊读"这一教学方式和环节,真有若获知音之感。

　　我还注意到刘老师在讲《我的伯父鲁迅先生》时,采取了分角色朗读的方式,这样的"表演性"是符合孩子接受特点的,如周作人所说,它能够让孩子得到"团体游戏的快乐"(《儿童的文学》),即使严肃如鲁迅者,也是可以进行游戏性的学习的。

　　刘老师的教学中,还有一个"深度开拓"的环节,也很具启发性。他在《少年闰土》的教学中,就有这样一个极富创造性的设计:在引领学生充分感悟少年闰土的博识和勇敢,"我"和闰土之间的深厚情感,这一课的基本任务已经完成以后,刘老师突然提示学生,30年后,"我"和闰土还有一次见面,并引导学生想象他们见面时可能有怎样的反应。学生自然作出种种美好的设想,刘老师又顺着孩子急切渴望的思绪,把孩子从梦幻带回到现实的思考中:30年后的闰土为何如此陌生和冷漠?这在孩子心理上形成巨大反差,但刘老师又不作更多发挥,点到为止,这就是所谓"引而不发","止于所当止"。如武凤霞老师所说,当学生"带着满心的疑问走出课堂的时候,也正是他们带着满腹的渴望走近《故乡》的时候,语文学习的目的之一,不就是要激发起孩子阅读鲁迅的欲望吗?"这样,刘老师的鲁迅教学就具有了一种开放性,并且成为"学校教育(小学、中学、大学)中的鲁迅教学"工程的一个有机组成部分。

　　这就是刘老师心目中的"小学鲁迅启蒙教育":它"在孩子的心

田播撒着鲁迅的种子,让鲁迅成为孩子的亲密伙伴,让孩子成为鲁迅生命的延续。也许,在今后追求幸福人生的漫漫路途上,孩子有了鲁迅的陪伴,可以活得更清醒,活得更明白"。我要补充的是,老师的生命也同样在场,不仅成为鲁迅与孩子之间的桥梁,也同时在孩子与鲁迅的生命中吸取力量,享受幸福、快乐,获得教师的价值、人生的意义。

2008年9月2—8日

辑三

静悄悄的教育存在变革

读李国斌《我的学生我的班》

　　一位年轻人，辗转托人将这本《我的学生我的班》寄给了我，并且附了一封信，自我介绍说，他原先是四川一个边远山区某中学2001级1班的学生，李国斌老师是他们的语文老师和班主任，在李老师的带领下，度过了终生难忘的三年时光。以后上了大学，有了工作，他和全班同学都时时怀念自己的班级，感激李老师的教诲。但万万没有想到，李老师突然患上绝症，在重病中勉力写出了这本回忆录以后，心血耗尽，所剩日子已经不多了。他和同学们不知该为自己的老师做些什么，就想到要请我，为李老师写点什么，对他的工作作一个历史的评价，也算是临终前的慰藉吧。如此重托自然使我十分感动，而我在认真阅读了这本用生命写就的著作以后，更感到李国斌这样的普通老师的分量，其价值和意义是应该大书特书的。于是，就写了如下文字——

　　翻开李国斌老师的《我的学生我的班》，就看到这样一段自白——

　　我知道，作为学校一个小小的班主任，虽然没有呼风唤雨的本事，不能左右学校的教育规定和要求，不能决定教育的"大气候"，但是我可以营造教育的"小环境"。在遵循教育自身的规律和学生身心发展的规律的前提下，按照自己对教育的理解和思考，在我管理的班级进行教育改革实验。

我的心为之一动。

想起了刚刚为一位远行的老师写的文章里,谈到的对教育的一个观察:我发现,在全国各地,都有一些第一线的老师,他们是教育理想主义者,更是具有行动力与创造力的教育实践者。我对他们的存在选择,作了这样的概括和描述——

从改变自己的存在开始,以建设自己作为建设社会的开端。在意义真空的教育大环境里,进行有意义的教育的实验。牢牢地把握当下,不寄希望于一劳永逸地解决教育弊端的所谓彻底、根本的变革,而宁愿采取现实主义和经验主义的态度,不是为了美好的明天,而是要创造美好的今天的每一堂课。从民间开始,立足于自身,立足于和自己一样的独立的人们,面对具体的一个个的学生,做一个普通的教师应该做的事情,相信只要有一个人这样去做,就会带动周围其他的人们。

全国各地的这些老师和他们的学生们,都在努力地改变自己的存在,改变着教育的存在,并在这样的改革过程中,把握个人的存在意义,实现对意义的承担。这是一场将决定教育命运的静悄悄的变革。(《教育本质上是理想主义者的事业》,载2012年2月9日《南方周末》)

很显然,因这本书而刚刚结识的,这位四川边远山区的李国斌老师,也是这场"静悄悄的变革"的自觉参与者,而且有了具体的变革成果:他和他的学生一起创建的"永远的2001级1班"。

这是班级上一位学生在校期间的一个感受——

当我一走进学校,就像走进了另一个世界。这里很静,隔离了外面的无聊、空虚、喧嚣。这里很静,但却充满了活力和竞争,充满了朝气和希望。每当走进学校，我就知道自己的存在，知道自己该做什么了。也许，这里同校门外的赵镇格格不入，我们好像脱离了尘世。但是，这里却通向北京、上海……通向一个在赵镇永远也无法感受到的世界。

多么希望高三的气氛和感觉扩展到我的家，扩展到全社会啊！

这些学生后来离开学校，走进大学或社会，但在他们心灵深处却留下了这样的永恒记忆——

进大学这么久，最深的感触是：我们那个纯洁、温暖的集体再也不会有了，大家在联系中感叹最多的便是这点，都很怀念那个集体。李老师，您的确创造了一个世界上最好的集体。也许您会认为我们不如现在的学生聪明、活跃，但我们纯洁、真诚，再也没有谁能比得上。那时候班集体强大的凝聚力，我们再也体会不到了。我们怀念以前的同学，更怀念带领我们凝聚在一起的班主任——您！感谢您给予我们的一切，感谢您为我们做的一切！

您用您的心血在那样一个重要的阶段，让明亮的颜色盖住了暗淡，留下了重重的一抹温暖的色调。在人生最宝贵的六年，您为我们画上了明亮的基调，以后无论走到哪里，它都将伴我们一起成长。

诚如学生们所说，"在西部那么一个小地方，还有这样生动的素质教育"，实在是一个教育的奇迹。

学生们说："每当走进学校，我就知道自己的存在，知道自己该做些什么。"这就意味着，李老师和他的同事与学生一起创造了一种

"教育的存在"，它是和外部社会不一样的存在：当社会陷入喧嚣、空虚、无聊时，学校里的班级集体却是安静、充实，充满活力和希望的。社会永远是现实的，而学校却应该永远是理想的，我们说教育是一个理想主义的事业，就是这个意思。这就是说，当李老师和他的学生创造了"2001级1班"这个"不一样"的"存在"时，他们就已经接近了教育的本质和本性。像学生们所感受到的那样，正是在这样的存在环境里，他们的生命"画上了明亮的基调"，"留下了重重的一抹温暖的色调"，他们变得"纯洁"而"真诚"。这其实正是作为基础教育的中小学教育的基本使命：为孩子的生命打下真、善、美的光明的底子。如学生们所说，"以后无论走到哪里，它都将伴我们一起成长"。是的，孩子们终将走出学校，走向社会，他们将面对社会的复杂，陷入理想与现实的矛盾，从而引发许多的痛苦：这都是成长必须付出的代价。但他们从小就已经在学校里打下了真、善、美的底子，面对社会中的假、恶、丑，他们就有足够的精神力量与之抗衡，光明的底子愈深厚，抗衡黑暗的力量愈强大。尽管他们会有困惑，有妥协，有调整，但终究不会被黑暗所吞没，更不会和黑暗同流合污，而能够最终守住从青少年时代就深深扎根在心灵中的做人行事的基本原则和底线。这正是中小学教育的作用、影响和力量之所在。

不少人感叹今天世风日下，许多人，包括年轻人，都陷入精神的堕落，突破了道德的底线。如果进一步追问，就可以发现，许多人的堕落，就是因为他们在学校读书，特别是接受中小学教育的时候，没有打下一个真、善、美的光明的精神的底子。我们的教育的存在，过早地和社会存在趋同，在有些地方甚至有过之而无不及：社会不安静，学校更喧嚣；社会腐败，学校也不干净；社会空虚，学校同样虚无，等等。这样的教育存在，使得我们的孩子从小就有了和他们的年龄不相称的世故、冷漠、阴暗、空虚，这样的未老先衰的生命是脆弱的,进入社会,是无力抵抗灰暗的侵蚀、诱惑的。我多次说过,我们的中小学教育给孩子留下什么样的童年的、青少年的记忆——是宁静的,还是浮躁的;是温暖的,还是阴冷的;是蓬勃向上的,还是消极退缩的;是阳光的,还是灰暗的;是多彩的,还是无色无味的……都将决定一个人的一生。我还说过,中小学教师的生命的全部意义和价值,就在于能够成为学生童年记忆中最温暖、最光明的那个瞬间,我称之为"神圣的瞬间"。

李老师的书,最大的魅力,就在于它展现了一个又一个这样的神圣的瞬间。我在欣赏、赞叹的同时,也有几分感伤:因为在现实中,这样的神圣的瞬间越来越少见。但这也是一个启示:只有把李老师的努力放在中小学教育的现状下,才能显出它的意义和价值。如前所说,李老师所做的,无非是按照教育的本性、本质去教学,是回归教育常识、常理;但现在我们的教育的问题恰恰在于对教育本性、本质的背离,不按常识、常理办学。这样,李老师和他的学生所创造的"2001级1班"的教育存在,不仅和社会存在相异,而且也和现实的教育存在不同,成了教育现状中的"少数"。从另一个角度说,李老师在他的教育实验里,改变着学生和他自己的存在的同时,也在改变着现行教育的存在。我称之为"静悄悄的变革",就是这个意思。

我们的讨论,还可以深入一步:这是怎样的变革?它有什么特点,能够给我们怎样的启示?在我看来,主要有三点。

首先,我注意到,推动这场"静悄悄的变革"的,是李老师这样的边远地区的普通教师,如我们前引的他的自述所说,他不过是一个"小小的班主任","没有呼风唤雨的本事,不能左右学校的教育规定和要求,不能决定教育的'大气候'"。从本书的《我的故事》里,我们还知道李老师来自社会的最底层,是历经艰辛,甚至是带着屈辱的记忆走上教育岗位的。因此,他所推动、参与的变革是从底层开始的,这是民间的教育实验。他的动力,不是来自教育行政部门的指令,而是出于内在生命的需要和教育的良知,李老师说,他是"带着过去,带着心里的'光明'和'黑暗'走进同学们的世界,构成了我的教育"。这是"我的教育",不是领导要我做,而是我自己要做。因此,他所要进行的教育变革,不仅要改变学生的存在,也要改变自己的存在;教学的过程不仅是塑造学生灵魂的过程,也是塑造自己的灵魂的过程;不仅要求自己走进学生的心灵,也要求学生走进自己的心灵。作为教师的李老师有着极强的"对每一个学生生命负责"的责任感,也有着极强的自省意识,他时刻反省自己,害怕自己的教学失误(他称之为"教学败笔")会伤害学生的心灵,影响他们的生命成长。这正是李老师的书最让我感动与震撼之处。我由此而意识到,李老师和他的学生,已经成了一个生命的共同体:他们努力走进对方的心灵,相互负责,一起成长。这是真正深刻的教育变革,不仅改变了老师和学生的生命存在,改变了师生的关系,而且对我们已有的教育观念、方式,以至教育体制,形成了挑战。

其次,我注意到,尽管李老师所进行的变革构成了对现行教育存在的事实上的竞争,但他却有意识地避免直接的冲突,而选择在现行体制下进行局部变革的道路。这具有两个方面的深意。其一,立足于"建设","立"字当头,"破"在其中。其二,这更表明了一种难得的自我清醒:如前文所引李老师的话说,我"不能决定教育的'大气候'",却"可以营造教育的'小环境'"。清醒地意识到自己能做什么,不能做什么,也就意味着对自己的力量和限度,都有一个科学的分析。这样就不但能够在可能的范围内最大程度地发挥自己的生命能量,而且也减少了许多不必要的阻力和损耗,显示了教育的智慧和成熟。

当然,另一方面,这也决定了李老师的变革实验本身的局限,李老师对此也是清醒的,并因此时时有无力感与孤独感。学生们都感到李老师深受儒家思想的影响；在我看来，最重要的，就是他是以儒家"知其不可为而为之"的精神，来从事教育变革实验的。他献身于这样的事业的生命，也就多少给人以悲壮感。但如学生们注意到的那样，道家思想也在他的心里"有深深的烙印"，因此，他也总能以洒脱的态度，面对一切，越是重病缠身，他越是坦然、淡然、从容：他的教育事业和生命是合而为一的，都已经进入了一个很高的境界。

最后要说的，是李老师不仅有高远的理想，而且有现实主义和经验主义的行事风格。他并不期待彻底的变革，也不把希望寄托在所谓"美好的未来"——我说过，这是我这样的老一代理想主义者曾经有过的追求，这里是有着深刻的教训的；在这个意义上，李老师是一位新时代的理想主义者，他和他的学生是有着更多的一致之处的，他们要创造的是"美好的今天"，要在现有的生活中获取生命的意义和价值。因此，他们所推动的教育变革，不仅是从"自己"做起，而且是从"现在"开始，从每一堂课、每一次教育行为、每一个教育细节开始。一位学生长大后回忆自己的成长过程，这样对李老师说："是您的一个握手和一句话改变了我的一生。"这绝非夸大之辞，而是一语道破了李老师所推动的教育变革的特点和魅力所在。他是把理想融入日常细微的教学工作之中，认真上好每一堂课，精心组织好每一次班级活动，不期待奇迹发生，只要求有微小的变化，移步而换形，潜移而默化，不苟求立竿见影，一切着眼于长远的发展。这是每一个有心的教师都能做到的，也就有可能产生辐射作用，带动周围的人。我在本文一开始就说过，在全国各地都有像李老师这样的有理想、有行动力和创造力的老师，在共同推动"静悄悄的教育变革"。这样的发生在教育底层的变革，尽管在今天的教育现状中极容易被忽略，但却是真正决定着教育的命运的。

李老师用他的教育生命告诉我们，一个普通的中学教师究竟能够走多远。正是李老师和"李老师"们用自己平凡的教学活动,悄然无声地改变着学生,改变着自己,也改变着教育,创造着一个新的教育存在,这是真正深刻的教育存在变革。教育的脊梁,教育的希望,在这里,在这里。

2012年2月18日、19日

坚守,需要韧性与智慧

——王雷《战战兢兢的讲台》序

　　为王雷老师的教育随笔写序,这是王栋生老师交给我的任务,我欣然从命,不仅是因为王栋生、王雷是我的母校南师附中的老师,我似乎有义务为之鼓吹,更因为我对王雷这个年龄层次的老师有特殊的兴趣和关注。

　　我一向认为,语文教育和改革的关键在于教师,而我对语文教师队伍又有如下观察:五六十岁老教师,像王栋生这样的,有强烈的人文关怀和丰富的教学经验和智慧,自然是目前中学语文教育和改革的顶梁柱,但他们即将退休,于是,就有了"'王栋生'以后"的问题。这些年中学陆续进入了一批二十多岁的年轻教师,无疑是教育的新生力量,但他们不仅存在一个不断积累教学经验的问题,而且有一个致命的弱点,如王雷文章所说,他们自身就是在应试教育中培养出来的,走上教育岗位,就很容易"无师自通地一头扎进应试教育的怀抱里"(《应试教育的报应来了》)。这样,我们的目光,就不能不转向王雷或比他年龄稍小的三四十岁上下的中年老师的身上。他们上大学期间,或直接受到80年代的启蒙主义教育,或在90年代还感受到启蒙主义的余光,因此他们是能够和"王栋生"们对话的;另一方面,他们在加入中学语文教育队伍后,又直接承受着日趋严重的应试教育的巨大压力与诱惑,夸大点说,他们的从教,正好经历了"滑坡"的全过程。应该说,这一代教师的分化是最严重的,在压力和诱惑下,有的迎合而高升,有的消沉了,然而,也还有人在艰难中坚守,王雷大概就是其中的一位,他们有时或许会有五四以后鲁迅"两间余一卒,荷戟独彷徨"的感觉。因此,他们是最应该被关注的,因为他们才是今天的中学语文教育和改革的真正骨干和接班人,"'王栋生'以后"的路,还要靠他们去走,去闯。同时,他们也是最需要支持的,因为他们不仅承担着教学工作和家庭生活的重负,而且在当下基础教育的体制内,事实上是被忽略、压抑的,处于孤立无援的地位。他们内心的焦虑、煎熬,恐怕是我们这些局外人所难以体会的。因此,我越来越意识到,我,以及像我这样的关心语文教育的学者、社会人士,应该关注这些教学第一线的中年教师,他们的精神状态,语文教育思想和实践,决定着中学语文教育的现在与未来。

我就是怀着这样的期待视野来读这本教育随笔的,并从中看到了王雷老师,或许还有"王雷"们思想、精神的两个侧面。

首先是直面现实,敢于说出真相,时时发出忧愤之声的王雷。他的《语文教学,我的八个不明白》让我读得心惊肉跳——

第一,母语是人的第一素质,如此重要的学科在中学却始终处于陪衬的地位,学校不重视,学生没兴趣,教师无奈何,究竟是为哪一般?

第二,学生学了十几年语文,又是自己的母语,怎么到头来,语文素养还那么寒碜,字写得东歪西倒,书不肯读,文章不会写?

第三,一个人的语文素养是很容易被别人了解的,看他写个东西,听他说几句话,再了解他喜欢读什么书,怎么读的,就很清楚了。如此简单明了的事情,到了语文高考中,怎么就变得那么复杂起来了呢?

第四,语文应该怎么学? 多读多思考,多说多练笔,仅此而已,哪有那么多高深的理论?

第五,语文应该怎么教? 想方设法让学生多读多思考,多说多练笔,仅此而已,哪有那么多玄虚的东西?

第六,语文应该怎么考? 几篇文章阅读,一篇作文,足以考出一个人的语文素养和能力,要那么多花花哨哨的东西干什么?

第七,语文教学和考试沸沸扬扬改革了20多年,除了把教师改得越来越不会教,把学生改得越来越不想学,把青少年的人文素养改得一代不如一代,还改出了什么呢?

第八,以上问题无不清清楚楚明明白白真真切切,怎么就好像大家都约好了似的,一起犯糊涂,还犯得津津有味的?

说的都是事实,讲的都是常识,但就像那件皇帝的新衣,无人说破——因为已经见怪不怪了,已经懒得说了,还怕被人说自己"偏激""多管闲事"。但王雷不能视而不见,不能无动于衷,不怕别人说三道四,因为他觉得这一切和自己有关,他也有责任。于是,又有了这一番沉痛的话:"课堂上,面对五十多个活生生的生命,我常常感到战战兢兢,无所适从,我不知道我该讲些什么和怎么讲",当看到那一双"迷惘的眼睛",从中"读到的是孤独和无助,痛苦又麻木","我突然明白了: 在这里,没有谁脱得了干系,我同样参与了","我们每一个人都是有责任的!"(《站在教室的讲台前,我战战兢兢……》)真正打动我,让我感到震撼的,正是王雷的这一发现。因为关于中学语文教育的批评、牢骚,我们已经听得多了,但像王雷这样把自己摆进去,追究自己的"责任"的,不说绝无仅有,大概是少而又少的。但这却是一个真正的教师必然有的态度: 因为他是以学生生命的健全成长为自己的使命,并且在教师工作中寻找生命的意义与价值的,他必须为学生的生命和自己的生命负责,因而对学生和自我生命的异化,他必然是极度敏感而痛苦的；因为他又面临着尽管对现行教育体制的弊端有清醒的认识，作为一个普通教师却又不得不、不能不遵从其规则的矛盾，他的负罪感就是这样产生的。

我还是赞成王雷的这一选择："教育现实需要我们作深切的批评和自我反思，并更应有切实的行动"，"我们要更加充分地利用周围已经存在的某些空间，这样的空间实际是存在的，我们应该一起来努力扩大这个空间"。[《对谁负责？负什么责？——从宝玉挨打说起（附讨论）》]。我注意到王雷的这篇文章，写于2004年。不知道王雷老师今天是否还坚持这一点？因为从2004年到2010年，六年间，王雷说的空间是越来越小了。如王雷所清醒地估计到的，这些年基础教育的最大变化，是应试教育的逻辑已经"内化"为学生的"自觉要求"了；今天王雷这样的教师还要进行改革的实验，首先就要遭到学生的反对，更不用说他们背后的强大后盾——那些望子成龙的家长们了。

但我们都是孔夫子的"知其不可为而为之"的人生哲学的信徒：只要还有一点空间，我们就还要行动，谁叫我们是教师呢？只要我们还在当教师（王雷说，他除了当教师，已经不会做别的事了，这是实在话），而且心还不死，我们就总要在教师工作中寻求某种意义，于是，我们也就要在不同程度上坚守我们的某种教育理想。

王雷认为，要在日常教学工作中坚守教育理想，首先要有自己的语文教育观。这也是我深以为然的。因此，我读王雷的教育随笔的另一个关注点，就是他在长期阅读和教育实践中形成的属于自己的语文教育观。他在这方面的许多精彩论述，都给我很大的启发。我试图作一个概括，他对中学语文教育大概有四个坚守。一是坚守基础语文教育的"人性"："语文应该是最具人文关怀的一门学科"，"作文就是做人"（《谁在写？为什么写？》），语文教育的核心是"以文化心"，不能"动心"的知识灌输与能力训练都是失灵魂的"残缺的教育"(《残缺的教育:动脑动手不动心》)。二是坚守语文教育的"诗性":"人是寻求意义的动物,人是寻求诗意的动物,只有在诗意的状态下,人才出场"(《也说"没意思"》),"青少年应该和诗歌结下不解之缘",它"培养审美趣味",陶冶性情,让学生的"头脑、精神直至灵魂变得澄明、丰富、深刻和美好起来"(《语文教学:呼唤诗性——诗歌教学随想》)。三是坚守语文教育的"生活性":"教育就是生活"(《教育理想主义者存在的理由》),"为什么不引导学生去关注和思考发生在他们身边的精彩纷呈的事件? 我们天天看到、听到、感受到的活生生的现实,为什么不能进入学生的视野,进入语文、作文,乃至高考的试场?"(《柔性暴力和话语霸权》)四是坚守语文教育的"书卷气":"中学语文教育的任务就是要把学生培养成为读书人、文化人"(《语文教学:呼唤诗性——诗歌教学随想》),"语文课是干什么的? 很简单:读书! 教师和学生一起读!"(《语文教育:建构学生的精神世界》)"读书是一种习惯,习惯是一种生存方式,生存方式就是人的命运,也是民族的命运。"(《读书是一种习惯》)"语文教育的'北'在哪里? 在阅读和写作,在思考,对话与交流。"(《〈语文考试说明〉该寿终正寝了!》)

我担心这样的摘句式的概括叙述,会遮蔽了王雷老师论述背后的生命气息:对他来说,这都不是抽象的理论、理念问题,而是连接着活生生的教学和社会实际,这里有他对教育和社会的审视与批判,远忧和近虑。

关于最后一点,我还想作一点发挥。正如王雷老师所说,语文教育问题,说复杂也简单,现在是冲出迷雾,脱虚就实,脱繁入简,还原常识的时候了! 语文教育其实就是三件事:读书、思考、写作,打下基础,养成习惯。说得更简明一点,就是"读、思、写"三字诀。语文教育的理念与实践确实存在各种分歧,争论至今不断;但其实大家还是可以找到"最大公约数"的,在我看来,这三字诀就可以成为共识。

我们是不是可以放下分歧，抛弃一切花架子，实实在在地在"读、思、写"三件大事上下功夫？如果再进一步，得到体制的保障，无论是语文教学评估、教师培训，还是高考出题、评分，都围绕着"读、思、写"来做文章，语文教育还是很有希望的。

当然，这又是一个理想主义的预期。我们还应面对现实。这一点，王雷是看得很清楚的：语文教育不仅自身的问题多多，而且在更深层面，还连接着社会体制与国民性，因此，应试教育和素质教育的拉锯战还将长期持续下去，每一个有理想、有良知的语文老师还必须在两者之间长期挣扎。王雷不无沉痛地说："我设想的是通过一代人两代人的努力，改变基础教育的面貌，这个设想看来是完全不符合现实情况的。"（《后记：太阳从来不怕别人批评》）那么，王雷老师是积20年教学的经验，才了解"现实情况"，从而懂得了改革，基础教育改革，语文教育改革的空前艰巨性的，他也终于接近了鲁迅对改革的认识。鲁迅当年就说，要准备"改革，奋斗三十年，不够，就再一代，二代……这样的数目，从个体看来，仿佛是可怕的，但倘若这一点就怕，便无药可救，只好甘心灭亡。因为在民族的历史上，这不过是极短时期，此外实没有更快的捷径"（《忽然想到》）。不知王雷老师，以及一切有志于语文教育改革的朋友，有没有做好"奋斗几代人"的精神准备，也就是说，不要指望在自己这一代，以至下一代就看到自己教育理想的实现，这一点必须想透，如王雷所说，不要说"希望"，就是实实在在地"参与"，就是要"只顾耕耘，不顾收获"，或者用王雷引述的一位同事的话说，就是"与学生一起承担"，一起挣扎、努力（《人活着究竟有没有魂灵的？——我的工作总结》）。这就用得着鲁迅的韧性精神：认准一个目标，比如前面说的"要引导学生读书、思考、写作"，就认真履行，"与其不饮不食地履行七日，倒不如也看书也履行至五年，或者也看戏也履行至十年，或者也寻异性朋友也履行至五十年，或者也讲情话也履行至一百年。记得韩非子曾经教人以竞马的要妙,其一是'不耻最后'。即使慢,驰而不息,纵令落后,纵令失败,但一定可以达到他所向的目标"(《补白》)。就是说,要把实现自己语文教育信念的努力常态化。这里有两条原则,一是要"慢而不息",二是要懂得迂回、妥协,这就需要有教育智慧,学会在有限的空间内,做自己愿意和能够做的事。

这样,我的这篇序言也就有了一个题目:《坚守,需要韧性与智慧》。——就以此语赠予王雷和"王雷"们。

2010年2月21—23日

共同营造扬善抑恶、宽容、宽松的教育环境

——读杨林珂老师的《万言书》

一位朋友寄来了《华商报》上西安某中学的杨林珂老师的《万言书》，这是他"被家长告状，被领导约谈"后的自辩词。此文发表后据说轰动陕西教育界，报纸上展开了热烈的讨论。这位朋友希望我也能发表点意见。于是就写了这篇文章。

读了杨林珂老师的"万言书"，我一则以喜，一则以忧，最后仍怀希望。

先说"喜"，就是我的感动和欣慰。这些年，我一直在寻找"真正的教师"，而且总有收获；每有发现，必欣然为文。在《做教师真难，真好》和《钱理群语文教育新论》两本书里，我总结了十位真正的教师的教育思想与经验，他们分布在北京、上海这样的中心城市，南京、福州这样的省城和湖北县城与农村。最近，我又连写了两篇文章，写南海之滨的深圳的马小平老师和四川边地小城的李国斌老师所做的教育实验。现在，我又在西安古城发现了杨林珂老师。所有这些发现恐怕都不是偶然的，它是反映了当下中国教育的一个重要现象的：在全国各地，从城市到农村，从中心地带到边远地区，都出现了一批优秀的教师，他们在教师队伍中所占比例不大，但绝对数量却不小，作用和影响更不可忽视。在我看来，这些教师的出现，应该是教育改革的重要成果；同时，这些真正的教师所遭遇的困境，也在一个

相当重要的方面，反映了教育和改革的某些深层次的问题。这就启示我们：杨老师并不是孤立的存在，在讨论"杨老师教育现象"时，应该有一个教育的大视野，而不能只局限于西安一个地区。

我之所以把"杨老师"们称为"真正的教师"，是因为他们的教育理念与实践，不仅体现了教育的本性、本质和教育的良知，而且体现了我们正在推进的教育改革的基本精神。在杨老师的理解里，"教育是一个生命对另一个生命的影响"，他的教育信念与追求是"震撼心灵，开启智慧，健全人格。目的是要学生学会独立思考、独立判断，进而达到独立行动，成为一个心灵博大、精神坚强的人"。他的教育有一个基本贯穿线，就是"一切为学生的生命成长负责"，在我看来，这是真正的教师的最重要的标准与标志。而且这样的教育理念和自觉追求，是完全符合教育改革所倡导的"以人为本"的教育观念的——我更愿意把它叫作"立人的教育"。杨老师所要倾心培育的"独立思考，独立判断，独立行动"的人才，也是国家最需要的创新型人才。而且最为难能可贵的，是"杨老师"们把这样的教育信念和理想融入日常细微的教学工作之中，"认真上好每一堂课，精心组织好每一次班级活动，不期待奇迹发生，只要求有微小的变化，移步而换形，潜移而默化，不苛求立竿见影，一切着眼于长远的发展"。因此，我说他们是在"用自己平凡的教学活动，悄然无声地改变着学生，改变着自己，也改变着中国的教育"，我称之为"静悄悄的教育变革"。

杨老师还是一位优秀的语文教师。这些年大家把语文教育越说越复杂，弄得一线教师无所适从。现在，就需要回到常识：所谓语文教学就是"爱读书、爱写作、爱思考的老师，带领着学生读书、写作、思考，打下基础，养成习惯，并在这一过程中享受快乐，体验生命的意义与价值"。现在我在杨老师的教学中所看到的，就是这样的回到常识的自觉努力。杨老师是一个真正的读书人，这是语文老师最基本、最重要的素质。杨老师说，他把所有的课余时间都用在读书学习上，甚至上厕所、晚上泡脚都在阅读。他每年阅读量绝不少于1 000万字，写读书笔记约在8万—10万字。这是杨老师的《万言书》让我最为感动之处。我想，如果多一些这样的嗜书如命的老师，我们的语文教学将呈现出怎样一个可观的局面啊！

而我最为看重的，是杨老师所做的一切，完全是出于内在生命的需要。杨老师说："教书是我的安身立命之本，我别无选择，只希望在学生的精神世界里延续一下我的生命"，"我不想满足于无意义的生存，总想给这社会留下点什么"，也"为自己的生命做些什么"。因此，对杨老师来说，认真教书和进行教育实验，不是完成领导布置的任务，而是"我需要"；不是为了"让他人满意"，而是要"自己满意"。我曾说过，教育改革基本上完全是自上而下，由政府行政部门主导的，这自然有其合理性，因为教育从来就是国家行为；但如果缺乏自下而上的民间改革的支撑，就会造成一切依靠行政指令，改革的内在动力不足的问题。因此，像杨老师这样的发自内心的改革意愿和行为，就显得特别有意义。

通过以上的讨论，我们不难得出这样的结论：杨老师这样的真正的教师，自愿自觉的改革者，理所当然地应该是中国教育和改革的动力、依靠对象和骨干力量。

但现实中的杨老师，却被视为"不识时务者"，家长上告，领导约谈，处于尴尬境地。而且这并不是个别现象。我之前在《南方周末》上发表了一篇为深圳马小平老师所写的文章《教育本质上是理想主义者的事业》，当期还有一篇报道，就谈到了马老师的遭遇：他被许多家长围住，责问他为什么不按应试教育的一套教学，马老师显得很疲惫，甚至有些手足无措，最后泣不成声（曾鸣：《一个中学老师的"教育家梦"》，载2012年2月9日《南方周末》）。我读到这一幕时，心都凉了，感到阵阵刺痛。教育第一线的"杨老师"们，在"前仆后继"地奋斗，却得不到理解、支持。教育改革的动力被当作阻力，教

育的依靠对象成了被忽视、指责的对象,这无异于教育和教育改革的
"自噬"与"自杀"。我们是在用自己的手来摧毁好不容易形成的民
族教育的筋骨和脊梁啊,这难道还不触目惊心吗? ——这就是我的
忧之所在。

我从杨老师的遭遇里,得到了一个重要启示:今天我们来讨论
教育问题,不能只局限于教育内部,教育问题同时是一个社会问题,
它不仅涉及教育内部的老师与学校领导及主管学校的各级行政部门
的关系,教师与学生的关系,而且涉及家长与学校、老师的关系,社会
舆论与教育的关系,而学校内外关系又是相互影响与渗透的,比如家
长与老师的关系,就会直接影响学生和老师的关系,等等。这一次事
件是由家长告状引发的,就更加显现了教育中的家长问题,让我们看
清楚:家长可以成为素质教育的动力,反过来也会成为应试教育的
社会基础。对杨老师这样的教育改革者和有志于教育改革的学校
领导来说,他们的最大困境,就在于他们的教育改革实验常常遭到家
长,以至学生的反对,这有点类似于鲁迅所说的"无物之阵",这是多
数人,多年形成的习惯势力,而且是出于善良动机(即所谓"为了孩
子好")的反对。这就是前面讲到的马老师面对家长的围攻,感到特
别无奈和无力,甚至手足无措的原因。这里也就提出了一个如何处
理好教师、学校领导、家长、学生、各级教育行政部门,以及社会舆论
这诸多方面关系的问题,这也就是我们所说的教育环境的问题。这
是应该提到教育议事日程上的关系教育改革健全发展的大问题。

我想提出讨论的,有两个问题。首先是,我们能不能在教育行政
部门、老师、家长与学生之间,寻找一个最大公约数,达成某种共识?
我很赞同杨老师的意见:"我希望用人生教育统摄和抑制应试教育下
的功利冲动,把生命教育、理想教育放在重要的位置上。当然从现实
的生存的角度来看,高考的成绩也是很重要的。但必须在中间找到
一个平衡,要用人生大目标统摄高考小目标。"这里,既坚持了自己

的基本教育理念与理想,强调了生命教育、理想教育,即着眼于学生一生的长远发展,又面对学生现实的需要,即要考上大学,承认必须重视高考的成绩。于是,就提出了要在人生大目标与高考小目标之间,在长远的生命发展与眼前的生存需要之间寻求平衡。这或许也就是鲁迅所说的,"一要生存,二要温饱,三要发展"吧。我设想,追求这样的生存与发展目标的相对平衡,是可以作为一种共识的。因为大家都有着共同的责任,就是要为我们的学生、孩子的生命负责,他们生存与发展两个方面的需求,都是不可忽略的。当然,这只是相对的平衡,而且出于不同的观念,不同的立场,对两个方面的要求,会有不同的侧重:一般说来,像杨老师以及我这样的教育理想主义者,比较注意学生一生的长远发展,因此,杨老师强调,必须"用人生教育统摄和抑制应试教育下的功利冲动",这也是我赞同的。而一些家长或学校领导则可能更重视眼前的生存、高考的需要。在我看来,有不同的侧重是难免的,可以理解和求同存异;但将任何一方面唯一化,却是有问题的。一般说来,即使是杨老师这样的坚守理想主义的教师,也不会完全忽视学生的高考。我所尊敬的、也被我称为真正的教师的、我的母校南师附中的王栋生老师,就这样说过:"高中完成两个任务就很好:一是在培养语文素质的同时给他一粒人文精神的种子,一是设法帮他搞到一张进大学的门票。"我相信杨老师也是这么做的,而且也是可以做到的。

现在的问题,或者主要危险在于,在一些家长、学校领导、老师、学生以及部分社会舆论那里,高考的要求被绝对化,以至唯一化,成了学校教育的全部,这就把狭窄化的功利教育推到了极致,也造成了严重的后果。这正是杨老师所要质问的:"如果我们让学生的词典里只有'拼搏'、'奋斗'、'成功'这几个可怜的词,那么请问:学生的生活在哪里?生命在哪里?那种让生活和幸福不断滞后的教育注定不是成功的教育。因为生命不是无限的,一切也都是有保质期的,

60岁时你能回到16岁吗？用什么呵护生命的快乐与生存的质量？"我也曾说过，"我们的中小学教育给孩子留下什么样的童年的、青少年的记忆——是温暖的，还是阴冷的；是蓬勃向上的，还是消极退缩的；是阳光的，还是灰暗的；是多彩的，还是无色无味的……都将决定一个人的一生"。请所有的家长，所有的教育工作者，都正视这个问题：如果我们真的爱孩子，就要为他的一生发展负责，万万不能以任何借口，剥夺孩子健康、快乐、幸福的童年；否则，我们将后悔一生！而教育又是不允许吃后悔药的！

其实，即使从功利的目的出发，我们也应该有一个长远的眼光。我经常对北大的学生说，知识社会和信息社会对人才是有自己的特殊要求的，一是应变能力要强，二是创新能力要强。未来社会的竞争是一个素质、学养的竞争，要在激烈的竞争中获得自己的发展，就需要有三种能力：终身学习的能力、研究的能力，以及思维的能力，包括思维的开阔性、广泛性、创造性、批判性和想象力，等等，这都是不能等到大学来培养，而要从中小学训练起的。从这个角度看，杨老师遭到一些家长质疑的他对学生独立思考和批判性思维的培养，才是真正有远见的。

不可否认，老师、学校领导、家长、学生之间，总会有这样那样的意见分歧和矛盾，杨老师说得很对，要所有的人都赞同自己，是不可能的。现在的问题是，面对分歧和矛盾，我们总是以恶意猜度别人，并往往采取告状之类的非理性的极端手段，人为地造成矛盾的激化，关系的紧张。这是当下社会充满戾气、怨气，相互不信任的风气，在教育领域的表现。我曾经说过，每个人、每个群体、社会，都是善恶并举的。健全的个人、群体、社会总能扬善抑恶，彼此以善相处；如果反过来扬恶抑善，彼此以恶相待，个人、群体、社会就出了问题。社会环境、教育环境都有问题，是最不利于内部健康力量的发展的。我们也正可以从改变教育生态环境入手，至少我们所在的地区、城市、学校、班级的小环境，还是可以逐渐改善的。在我看来，这一次由《华商报》组织的讨论，就是改变教育生态的有意义的尝试，通过坦诚交流，教师、教育行政部门、家长、学生和社会舆论之间，有了更多的理解和同情。如果我们能因此营造出扬善抑恶、宽容、宽松的教育气氛，鼓励实验，允许失败，不横加干涉，不相互指责，不骂杀也不捧杀，在这样的环境里，就能够最大限度地减少内耗，校园内外各种力量的积极性都能得到有效的发挥和良性互动，我们的教育和改革就真的迈出了重要的一步。

2012 年 2 月 29 日

后　记

　　在写出了《我和中小学教育》,对我参与中小学教育改革二十多年的历史,作了一番总结以后,许多朋友都劝我将有关文章编选成册,算是一个"留言"。我确实写了很多,但我并不认为在理论上有多大创造,说的都是常识,会随着时间的流逝而被遗忘,是留不下的:我有这样的自知之明。因此我的中小学教育的言说,对自己的意义是高于它的实际作用的;当然,我也有过一个奢望:或许在与我直接接触,或者通过读我的书而间接交往的部分老师心目中,会留下一些美好的记忆,能够这样,我就心满意足了。因此,我最珍惜的,是那些与第一线的老师进行精神交流时写下的文字。这里有对"中小学教育是干什么的,什么是真正的教师"的真诚思考,有对中小学教师的生存困境的直接面对,有对"如何坚守教育,推进教育变革"的苦苦探索,更有对老师们的创造性劳动中积累的教育思想、经验与智慧的总结。我也在这一过程中得到成长,多少有了些自己的想法,可以说是这些老师将我引进中小学教育之门的。我由此而形成了三大基本信念。

　　第一,我坚信,一切教育理念,一切教育改革措施,都要最后落实到老师的课堂教学上,并接受检验。因此,第一线的老师理所当然是教育的主体,教育改革的主力、依靠对象。教育行政部门、教育研究部门,都应该为第一线老师服务,让他们独立自主地、自由地从事教学：这是教育的当务之急。

第二，我坚信，"实践出真知"，真正具有生命活力的教育思想，存在于民间，存在于第一线教师的真实与严肃的教学实践里。要创造中国自己的现代教育，不能指望简单地搬用中国传统的或外国的理论，借鉴是必要的，但立足点应在总结我们自己的实践经验。

第三，我对中小学教育的教学改革仍存有希望。原因是我发现，仍然有很多老师出于教育良知，艰难地坚守在教学第一线，凭着他们的教育韧性精神和智慧，在有限的空间里，改变着自己的教育存在，有限而有效地影响着学生，这就是我所说的"静悄悄的教育存在变革"。在我看来，这正是中国教育的希望所在。对这样的教育自身的力量，我同样坚信不疑。

本书正是因这些真正的教师而写，书中这样的给我教育与启迪的老师有17位之多，我因此永远心怀感激。本书又是为像他们那样的老师而写，真正可以留下的，是这些老师的劳动创造、教育精神与经验。我自己如果要有所"留言"，那么，这三大坚信，就是最重要的"留言"。最后要说的，也还是那句话——

"这是我最后的服务。在做完了能够做的一切以后，我把祝福送给仍坚守在第一线的老师们。"

邵